岩　波　現　代　文　庫

# 網野善彦
# 対談セレクション
## 1　日本史を読み直す

山本幸司［編］

学術 472

JN043210

岩波書店

# 対談セレクション刊行にあたって

『網野善彦対談セレクション』は、網野氏の没後二〇年に際して、二〇一五年に同じく岩波書店から刊行された『網野善彦対談集』全五冊に収録された対談を、新たな観点から整理・取捨し、改めて現代文庫版全二冊として再編集したものである。

再編集にあたっては、より日本史固有の分野に近い話題で、日本史の問題点や再考すべき点について論じたものと、日本史を広く世界史的な視野から論じたものという二つの観点から対談を選び、1・2に分けて編成した。

網野氏が逝って、すでに早二〇年。そうした時の流れにつれて、網野氏の仕事や歴史学に与えた影響、あるいは社会史と呼ばれるような学問の動向について、ほとんど知らない世代も多くなっている。そうした状況で、たとえ対談集であっても、網野氏の業績の一端に触れ、そこから興味を抱いて、直接、著書に取り組むような人たちが増える一助ともなれば幸いである。またすでに網野氏の仕事に接した人々であっても、対談の場合は、相手とのやりとりの中で、著書では触れられていないような未完成の構想や、意想外の発想などが、思いがけずも示されるのに気づくことがあるかもしれない。

個々の対談の内容については解題に譲るが、一言お断りしておきたいのは、対談セレクションと銘打ちながら、第2冊の末尾に神奈川大学大学院における網野氏の最終講義を収録した点である。これは元となった対談集でも第一冊の末尾に収録したが、この講義は網野氏が学問論を含め、広い観点から歴史学に臨む立場を表明したものとして貴重であり、時期的にも網野氏の業績の中では最終期に属するものとして、対談全体を理解する上で役に立つとも考えられるので、敢えて収録した次第である。

二〇二三年一二月

山本幸司

# 凡　例

一　『網野善彦対談セレクション』は二〇一五年に岩波書店より刊行された『網野善彦対談集』全五冊に収録された対談・鼎談の中から取捨して、全二冊に再編集したものである。

一　タイトルは、初出時のものとした。

一　各対談・鼎談の冒頭に、対談者の紹介、初出情報、『網野善彦対談集』収録の際に底本として用いた版の書誌情報などを掲げた。

一　本対談セレクションの底本としては『網野善彦対談集』を用いた。

一　『網野善彦対談集』収録に際して底本にあった注記は取捨選択され、残されたものは本文中に（　）で示してある。

一　本文中に〔　〕で示した注記・補足は、『網野善彦対談集』および本対談セレクション収録に際して付加されたものである。

一　本対談セレクションの注を作成するにあたり、『網野善彦対談集』収録に際して付したものに増補・訂正等を行ったが、それについて個々に注記はしない。

一　『網野善彦著作集』(全一八巻・別巻、二〇〇七―〇九年、岩波書店)に収録されている論考は、【著作集1】のように示した(数字は収録巻数を示す)。

# 目　次

校注 萬井良大

**網野善彦**　一九二八―二〇〇四年。東京大学文学部史学科卒業。日本常民文化研究所研究員、東京都立北園高等学校教諭、名古屋大学文学部助教授、神奈川大学短期大学部教授、同大学大学院歴史民俗資料学研究科教授、同大学経済学部特任教授を歴任。日本中世史を中心に列島の歴史像の変革に挑戦し、「日本」とは何かを問い続けた歴史家。
『蒙古襲来』『無縁・公界・楽』『日本中世の非農業民と天皇』『日本の歴史をよみなおす』『網野善彦著作集』(全一八巻・別巻)など、多数の著作がある。

司馬遼太郎◆網野善彦

# 1　多様な中世像・日本像——現代日本人の源流をさぐる

**司馬遼太郎**（しば・りょうたろう）　一九二三—九六。作家、評論家。大阪外国語学校蒙古語部に在学していたが、学徒出陣のため仮卒業して満州に出征。復員後、産経新聞社に入社。文化部長、出版局次長を歴任。同社退社後は歴史小説、ノンフィクション、エッセイなどを多数執筆。
著書に『竜馬がゆく』（文藝春秋新社）、『坂の上の雲』（文藝春秋）、『街道をゆく』（朝日新聞社）、『司馬遼太郎全集』（全六八巻、文藝春秋）など。

●**初出／底本**　『中央公論』一〇三巻四号、一九八八年四月（のちに司馬遼太郎『対談集　東と西』朝日文芸文庫、一九九五年に収録）／『網野善彦対談集』2

## ひらけゆく加賀平野の風景

**司馬**　中学生のような質問なのですが、「中世」というのはどこからどこまでなんです？

**網野**　私が高校で教えていたころは、「中世」というと、「鎌倉幕府成立から室町幕府の滅びるまで」という形で教えておりました。いちおう常識はそういうことになっております。ただ、最近は院政期(一〇八六年〜)、つまり一一世紀の後半ぐらいから中世を考える、あるいは保元の乱(一一五六年)から中世を叙述するというやり方がぼつぼつ出てきています。

**司馬**　関東及び諸国における武士の勃興というあたりからですか。

**網野**　武士が政権に近づいてくるころということですね。『愚管抄』(1)に保元の乱から「ヒシト武者ノ世」になったという有名な文句もありますし、実際、荘園公領制(2)が本格的にできはじめるのはだいたい一一世紀の後半から一二世紀ですから、そのへんを中世の始まりの画期とする考え方。

ただ、その前後の時代の見方には、揺れがありまして、一〇世紀を非常に大きな時期区分とする見方もあります。それから南北朝期に時代区分の重点を置く考え方があると思います。

東京系、京都系ということでは必ずしもないのですが、鎌倉幕府の成立、江戸幕府の成立で時代を切るという見方、これは完全に東的な区分なんです。そして南北朝を非常に重視する見方は、西的な区分、というよりも京都・畿内的な区分といっていい。不思議なことですが、学者の世界でもそういう傾向はありますね。

**司馬**　面白いですね。関東と関西という、それぞれが属している自分の地縁とか山川草木の中で考えていると、そうなりますでしょうね。

ぼくは、「中世はいつごろからいつごろまでか」ということにさほどの関心はありませんが、自分なりのメドがあるような気がします。いま「保元の乱」とおっしゃいましたが、武士というものが力を持ってくるところから中世が始まるかと思っています。以下のことは一〇年ほど言い続けていて、ひょっとしてお耳に入ってるかもしれませんが、農機具としての鉄器の生産があがって、ふつうの人にも手に入るほどに安くなっ

(1)　承久二年(一二二〇)頃、前天台座主《ざす》・慈円によって著された歴史書。保元の乱ののち武者の世となった経緯と原因を明らかにするために書いたとされる。天皇家と摂関家の協力関係である「魚水合体」と、武家を朝家の守りとして政治に参加させる「文武兼行」を実現することが、末代であるこの時代の道理であるとし、摂関家を排斥して討幕を計画する後鳥羽上皇とその近臣を批判した。

(2)　一一世紀頃より形成され、太閤検地によって終焉する、中世における土地制度。網野によって提唱された研究概念。荘園を私的土地所有、国衙領《こくが》(公領)を国家的土地所有として対置させるのではなく、荘・名・郡・郷・保などを行政単位としての一面ももつ請負《うけおい》の単位とし、中世の土地制度を包括的に捉えようとした。また荘園・公領の東日本と西日本のあいだにある異質性は、荘園公領制とともに中世国家を支える重要な柱であった人的支配関係における東西の違い(西日本の神人《じにん》・供御人《くごにん》制と東日本の御家人制)に対応するとしている(網野「日本中世土地制度史の研究」「荘園公領制の形成と構造」【著作集3】など参照)。

たころというのをその一つのメドにしています。私ども子供のころでも全くの木鍬というのがありましたね。それから、本体が木製ではあるけれども、額縁のように金属をちょっと付けてある鍬もありました。おそらく奈良朝時代などではふつうの百姓の私物の鍬は木鍬だったのでしょうが、官が持っているのは鉄の板をはめた鍬だったと思うんです。それでもなお庶民の手には入らないので、私的に開墾することは困難だったにちがいない。事実、奈良朝のころはあまり墾田はやりません。

おっしゃるところの荘園の成立が一〇世紀、一一世紀に始まりますと、そろそろ私的な耕地——墾田——を造成しようかということになってくる。けれども、かんじんの鉄の鍬が手に入りにくい。そうすると灌漑用水もできにくい。

　ところが、平安後期ぐらいになると、中国山脈地方での鉄の生産が非常に盛んになる。また、関東のあたりでも鉄生産がそろそろ盛んになって、有力者が持つようになった。有力者は後に武士といわれる人だとして、それが律令体制からの逃亡者、苦労人たちを召しかかえて鉄の付いた鍬で開墾させ始めた。そのような時代の底流のおかげで、関東地方という、ひろびろと大きいけれども大ざっぱな水流が南北を貫いている地方で——そのためかつてはなかなか水田化できなかった地方が——平安後期になると、これができるようになる。そして、それぞれ武士と後によばれるようになった私人たちが京都の公権力をかいくぐって少しずつ田地をふやしていったろう。これが関東武士の起こりだったろうと想像します。

それでドーンと――独りしゃべりするようですが――時代が下がりまして、鎌倉幕府がだいぶ衰えてくるころから加賀平野もそういうような状況になる。加賀平野もなかなかの扇状地でして、いま見ると、たいへん立派な平野のように見えますが、平安時代にはまだ拓かれていなかったでしょう。洪水のたびに残っている水溜まりが方々にあって、ヨシ、アシの類が生えていて、稲を植えても腐ってしまうというような状態で、加賀平野の山寄りのほうは古くから拓かれているにしても、平場の土地では水田化されていなかったと想像します。

それが鎌倉が衰えてきて室町につながっていくころに、開墾地主が、それこそ雨後の筍のように成立したような気がします。それが後の加賀一揆を起こす地侍《じざむらい》のもとになるのではないか。

だんだん時代が下がって、室町も爛熟時代になって、爛熟という言葉が使えるからには、だいぶ室町権力が衰えたころになりますが、加賀一揆はこの地侍と真宗坊主の連合で、織田信長がやってくるまで百年つづく、ということが私にとって中世のもっとも好ましい景色として映っています。

以上のことはむろん平安後期に拓かれていく関東平野、鎌倉末期に拓かれていく加賀平野を代表に見立てただけで、この二つの大平野だけでなくて、やがて日本列島ほとんどがそういう状況になっていったろう。そうすると、お米がたくさん穫れた。農業生産高が上がった。平安後期には関東でお米がたっぷり穫れて人をたくさん養えた。これが鎌倉政権の樹立につながってゆく基礎になった。また室町時代には加賀平野だけでなく諸方にあたらしい水田ができて、人口もふえた。

農業生産があがったという言い方は、べつなように言いなおすこともできます。ふえただけのお米で何人養えるようになったかと考えたほうがわかりやすい。奈良朝の時代に律令農民一人が、遊んでいる人を何人養えたろうか。遊んでいる人、つまりお上の役人とか僧侶とか、わずかな人数しか養えなかったろう。平安末期ぐらいになると、関東で武士という――武士も耕作してはいますが――非耕作人を一人の農民でだいぶ養えるようになった。

それから鎌倉末期から室町期にかけては、加賀平野の例にあるように、これだけお米が穫れますと、遊び人である武士や僧や、あるいは聖《ひじり》とか、私度僧《しどそう》のような官によらざる僧侶、それから物語して歩く人、連歌をする人、絵を描く人、むろん後には真宗坊主をも養うことができたろう。京の都ではお能をする世阿弥たちを養うことができたろう。

室町時代は中央の権力が弱くて、諸国のほうが言うことを聞かない。おまけに南北朝時代という戦乱の時代がきて、伯(叔)父と甥が一枚の田圃をめぐって戦い合う、そういう時代ですけれども、西のほうの九州では中国から盛んに本を買う。その本の買い主は京都の公家であったり、坊さんであったり、あるいは諸大名であったりしている。だから、盛んに本を買い、牧谿《もっけい》の絵を買い、いろんなものを倭寇たちが買ってきて、日本の文化意識に新しい刺激を与えつづける。この基礎は、お米がゆたかになったということでしょう。さらにお米の前に、水田の開墾の隆盛がある。その開墾の前に鉄鍬がある。鉄鍬の前に、鉄が安くなったということがある。

室町時代には、われわれの生活文化とか、芸能とか、あるいは文章――『太平記』とか『平家物語』とか『義経記』とか『徒然草』といった日本語による文章――を書くということが起こってきます。そうすると、室町時代は、乱世ではあっても、生活文化の最も華やかな時代、花盛りの時代だったのじゃないか。というよりも、これは古くは内藤湖南さんの説(3)ですが、ぼくらは平安時代の子でなくて室町時代の子じゃないか、というような気持ちになってくるのです。

まあ、中世についての私の基本的なイメージは以上のようなことです。きょう、網野さんのお話を伺うのを楽しみにしてきたのは、中世について、よきひと(4)――これは中世人である親鸞の用語ですが――に会ってよきことを聴けるということなんです(笑)。

## 鉄と人間の好奇心

**網野**　ちょっとお尋ねしたいのですが、司馬さんが「加賀平野が」というときにお考えになっていらっしゃるのは、やはり一向一揆のことでございますか。

**司馬** はい。ひょっとすると家の宗旨が浄土真宗だったからかもしれません。そしてまた昭和二〇年代の六年間ほど京都支局で新聞記者をしていたころの受け持ちが大学と宗教で、宗教といえば本願寺のことですから、一週間のうちの四日ぐらいは西本願寺でゴロゴロしていたことにもよるといえます。西本願寺でゴロゴロしてますと、加賀一揆というものが、もう何百年前なのにじつに身近に感じられました。おまけに当時、加賀から本山にくるお坊さんは非常に思想的な人が多いんです。加賀、能登のお坊さんは「西田哲学がどうだ」とか「マルクスと親鸞とはどうだ」とか言いたがる人が多いんです(笑)。

後になって富山とか金沢とかに行きますと、お坊さんがみなたしかに知的な感じがいたしました。そういうことから、これもえらく時代が後世になりますけど、西田幾多《きた》郎《ろう》(5)とか鈴木大拙《だいせつ》(6)が生まれる素地があるんだろうと思うんです。鈴木大拙も浄土真宗の家に生まれますが、禅坊主さんになれと言われてなる。なるけれども、浄土真宗のことが忘れられずに、妙好人《みょうこうにん》(7)の発見をしたり、浄土真宗における「他力で真を得たら悟りと同じだ」という非常に大胆な結論まで持つようになっていく。

あるいは西田幾多郎さんが西洋哲学をおやりになっていても——浄土真宗における阿弥陀如来の解釈は華厳経によっておるわけですから、華厳経を読みますと、まるで西田

（3）　応仁の乱を期に日本社会が大きく変わったとする説。内藤は講演「応仁の乱に就て」で「それ（応仁の乱）以前の事は外国の歴史と同じ位にしか感ぜられませぬが、応仁の乱以後は我々の真の身体骨肉に直接触れた歴史」（（　）内は校注者）であると述べ（「応仁の乱に就て」『内藤湖南全集』第九巻、筑摩書房）、各分野の研究者に大きな影響を与えた。司馬は内藤を「偉大すぎるほどの歴史家」と高く評価し、著書『街道をゆく　九　秋田県散歩・飛騨紀行』（『司馬遼太郎全集』第六〇巻）で大きく取り上げている。一方、網野は内藤の時代区分を、近代史学やマルクス主義史学の時代区分とは次元を異にした社会・文化的な区分とし、一四〜五世紀を民族史的次元（自然と人間社会とのかかわり方）の変化とする自説とも重なるとしている（『日本史大事典』（平凡社）の網野「時代区分」の項【著作集17】参照）。

（4）　親鸞が法然を指して「よきひと」と呼んだことを指す。出典は『歎異抄』第二条の「親鸞にをきては、たゞ念仏して弥陀にたすけられまひらすべしと、よきひとのおほせをかぶりて、信ずるほかに別の子細なきなり」である。

（5）　一八七〇―一九四五。哲学者。石川県金沢市近傍の宇ノ気村（現・かほく市）出身。東京帝国大学文科大学哲学科選科にて学び、金沢四高教授、学習院教授を経て、京都帝国大学文科大学教授などを務める。大正二年（一九一三）、文学博士。西洋哲学と、仏教や儒教などの日本の伝統的思想とを統合して独自の哲学を構築、『善の研究』（岩波文庫）などを著した。『西田幾多郎全集』（全二四巻、岩波書店）がある。

哲学を読んでいるような感じなんですけども——華厳経を仕入れるという形で自分の思考の編み目、思考の回路にしていった。西田さんが九州とか東京で生まれると別のものになったろうなと思うんです（笑）。そうしていくと加賀一向一揆ということになるわけです。

**網野**　ははあ、なるほど。そういうことですか。

**司馬**　で、加賀平野の——いわば開墾されて早々の（つまり開墾者の子か孫の代の）——地侍たちは、自ら耕して得た田地を富樫のような室町幕府が命じただけの守護になぜ納めなきゃいけないのか、それよりも浄土真宗の寺をつくって坊の主《ぬし》に納めるほうがいいと考える。

具体的にいいますと、当時、地侍の一建立《いっこんりゅう》で建てた寺が多うございますね。しかも浄土真宗はお嫁さんをもらうことができる。となると、地侍がその次男坊をお坊さんにしても、可哀そうなことはない。その上、郎党が檀徒になって、寺の維持が容易になる。福田《ふくでん》ということです。浄土真宗の寺には寺領がないが、寺領は檀徒の信心の中にある——福田ですが。

おまけに浄土真宗というのは仏教諸派の中で唯一の教義のある宗旨だった。ふつう、仏教諸派というのは悟りを開くか、ある種の気分をもつための行儀、あるいは修行法というものがありますが、教義はもたなかった。浄土真宗は『教行信証《きょうぎょうしんしょう》』があり、そしてあまり読まれなかったとしても『歎異抄《たんにしょう》』(8)があります。そうした教義があったからこそ、在家人である地侍にとって理解しやすかったのでしょう。

(6)　一八七〇―一九六六。仏教哲学者。石川県金沢市出身。鎌倉円覚寺の今北洪川、釈宗演のもとで禅の修行をし、明治三〇年(一八九七)、宗演の推薦により渡米。イリノイ州ラサールのオープン・コート出版社の編集員を務めながら仏教の普及に努めた。帰国後は東京帝国大学文科大学講師、学習院教授、真宗大谷大学教授を務めた。戦後、再び渡米してコロンビア大学、ハーバード大学で仏教思想を講じた。和文著作は『鈴木大拙全集』(増補新版、全四〇巻、岩波書店)にまとめられている。

(7)　もとは「優れた人」の意であったが、中国の善導が仏を念ずる者を「人中の妙好人」と注したことから、浄土教の篤信者を指すようになった。天保一三年(一八四二)に石見国浄泉寺の仰誓《ごうせい》が編纂した浄土真宗信者の『妙好人伝』が刊行されて以降、特に真宗の篤信者を指すようになり、現在まで数多くの妙好人伝が刊行されている。『妙好人浅原才市集』(春秋社)は禅僧でもある鈴木大拙によってまとめられたものであり、特異である。

(8)　浄土真宗の聖典。著者は親鸞面授の弟子で、常陸国河和田に住んでいた唯円《ゆいえん》とされている。親鸞から学んだ教説と、親鸞没後の信徒の異端を歎いて批判した内容。司馬は出征が決まったとき『歎異抄』と出会い、親鸞にだまされてもいいやという気になって、兵隊になってからは肌身離さず持ち、暇さえあれば読んでいたという(『司馬遼太郎全講演』第一巻、朝日文庫)。

それとともに地侍たちは、浄土真宗を通して京都のふうを受け入れますですね。蓮如という人が京都ふうの文化をその教義と一緒にセットで持ち込んでいる。そうしますと、土地の者は、ローマがガリアの地にやってきたような、それほど巨大でないにしても、小さなローマを浄土真宗に感じたのじゃないか。そういうのが加賀への私の面白さになっているんです。

**網野**　いまのお話のはじめに、鉄のことをおっしゃいましたね。ぼくも一一世紀ごろが、鉄器の普及の上で、たしかに一つの時期を画しているのではないかと考えているんです。

たまたま私は鋳物師《いもじ》のことを勉強してみたんですが(9)、その鋳物師が鉄製の農機具をもって諸国を歩き始めるのが一二世紀には確認できる。廻船で堺から瀬戸内海、北陸にまで行くんですね。農機具は鍛冶の製品ですけれども、なぜか鋳物師がそういう鍬や鋤、それに鍋や釜をもって全国を遍歴し始めるんですね。その背景には当然、鉄の生産の増大があったと思うので、それは一一世紀に遡りうると思います。

しかし鉄器は発掘ではほとんど出ないのでよくわからないんですね。

**司馬**　鉄はたいてい腐って消えますものね。

**網野**　ええ。それに古鉄として回収してしまうんですね。全部鋳直し、鍛え直しをやるので、遺物としてはほとんど残らない。

しかし、一二世紀後半ぐらいの畿内の名主《みょうしゅ》クラスの家の財産目録には鉄製の鍬や鋤がでてくるんですね。一二世紀、鎌倉時代の後半になりますと、小百姓もみな鎌や鍬、鋤を持っている。これまでは、鉄製の農具の普及は一三世紀後半以降である、といわれておりましたけれども、これはかなり引き上げることができると思います。いまのは西日本の史料で、関東ではないのですが、関東の開発も鉄製農具の普及と確実に関係があると思いますね。

**司馬**　私、兵隊のときに中国東北地方におりまして、休みのたびに自分が持っているかぼそい中国語の知識が失われないように、農家に寄っては「これは何だ」「あれは何だ」といって単語帳をつくっていたんです。中国東北地方は標準語に近い言葉なものですから。単語帳をつくっていて、鍬、鋤の種類の少なさに驚いたんです。ずいぶん鉄が足りないんだという感じがしました。私の母親の里が農家なので見当がつくのですが、日本の農家というのはどこの村のどんな小百姓でも壁一面にズラーッと農具の鍬、鋤が

---

(9)　網野は、名古屋大学文学部国史研究室による『中世鋳物師史料』の編纂に深く関わり、その中心史料となる「真継家文書」をもとに、中世の鋳物師に関する論文をいくつか発表している。これらの論文は、のちに『日本中世の非農業民と天皇』【著作集7】にまとめられた。また『日本史大事典』(平凡社)の網野「鋳物師」の項【著作集8】に鋳物師の歴史を簡単にまとめている。

並べてあった。

網野　しかも、ほんとにいろんな種類のものがありますね。

司馬　いろんな種類。筍を掘るだけの、先がタンザクのような鍬とか、一目的に一道具といっていいほどです。ところが中国東北地方ですと、一道具を多目的に使わざるを得ない。これはよほど停頓していたんだと感じました。それともう一つ思いましたのは、室町時代の日本の官貿易も私貿易も輸出品目の上位に鉄があった。つまり日本刀の形で輸出されていた。いまでも刀屋さんでは、おなじ古刀でも室町の刀だと安いんです。むしろ下がった年代の江戸時代のほうが高い。室町のは数打ちといって安い。

網野　大量生産ですからね。

司馬　それは備前あたりで夜を日についで打ちつづけて、簡単にこしらえて中国に輸出していた。これだけ輸出したのに、当の中国では一振りもいまなお発見されていません。あれをどうしたのか。ぼくはひょっとしたら、切ってカンナにしたり、他の刃物にしたんじゃないかと思うぐらいなんです。中国の近代以前の鉄はハガネがすくなくて、鋳物《カスト・アイアン》が主ですから、日本やヨーロッパの製鉄とずいぶん違った発展の仕方だった。中国古代に鉄が現れて、鉄器が現れるときに——これは感動的なほど偉大なことですが——最初から鋳物の形をとったようですね。ヨーロッパでは一五、六世紀になって高炉ができて鋳物がやっと可能になります。

中国はそういうわけですから、非常に高い熱を出す炉を最初から発明していた。そして中国の場合、長らく農機具は鋳物だった。武器も魏の曹操の鉾もおそらく鋳物だったでしょう。また近代に現れる青竜刀も鋳物ですね。ともかく鋳物を武器にしていた。鉄の歴史としては異様です。

もう一つ、話が中国に偏って恐縮ですが、中国に鉄が現れるのはいつごろか。これはいろんな言い方があるのでむずかしいところなんですが、どうやら秦の兵隊の矢じりは真鍮のように硬い銅冶金製品だったらしいですね。これは秦の始皇帝の兵馬俑《へいばよう》の出土品からわかります。だからあの最強の軍隊でさえ真鍮の矢じりだった。

しかしそれ以前の戦国末期には鉄が存在したという気配はあります。漢以後、大いに普及した。漢の武帝のときには、もう鉄に関する官吏を置いていますから、これはもうたいへんな鉄器の普及があったろうと想像できます。そうすると、漢の武帝が匈奴《きょうど》を征伐するために出した衛青《えいせい》とか霍去病《かくきょへい》(10)とかという名将の兵隊たちは、匈奴が騎馬でやって

(10) 衛青(?—前一〇六)は、前漢時代の将軍。姉(のちの衛皇后)が武帝の寵姫となったことから取り立てられ、対匈奴戦で武功をたてて長平侯に封ぜられた。のちに大将軍を経て、武官の最高位大司馬に任ぜられた。霍去病(前一四〇—前一一七)は衛青・衛皇后の甥であり、若くして衛青に従って対匈奴戦に参加し、大功を挙げた。それにより衛青とともに大司馬に任ぜられたが、二四歳で夭折した。

くると、兵を砂上に折り敷かせて矢を射ることで対抗した。それで十分匈奴を倒せる。本来、銅時代の矢じりならとても匈奴のようなつよい騎射部隊には対抗できないんですけども、漢の武帝の軍隊の矢じりはノミのような鉄であったに違いない。これは私の空想なんです。

**網野**　面白いですね。それは鋳物ではなくて、鍛鉄ですか。

**司馬**　いや、そこらへんはわかりません。何にしても鉄は重いですから、遠くへ飛んで鋭く貫きます。

**網野**　鋳物の矢じりというのはちょっとね(笑)。

**司馬**　考えられませんね。ですから鍛鉄だったかもわかりませんね。そうすると、鍛鉄で相手の革の鎧を貫いたので、勝ちがたき匈奴に勝ち、北辺の災いを除いたのではないか。同時に、漢の武帝のころには国内的にいえば鉄器があまり多くなりすぎてコントロールせざるを得なかったんじゃないか。漢の武帝のときに儒教が採用されて、停頓の大思想が出発するわけですね。停頓こそ良いという思想です。鉄というのは人間の好奇心を煽りたてる。ノミを打ち、カンナを持ち、ノコギリを持つと、いろんなものをつくりたくなる。青銅器時代とはずいぶん違って、好奇心の表現ができる。鉄というものを人民に持たせておくと多様化が進みすぎてたいへんなことになる、というのを漢の武帝が、これも想像ですが、鉄そのものを恐れるのでなくて、どうもこの時代は昔と変わってきたと思ったのではないか。

これもまたうんと何千年、時代が下がって、日本のことになります。私どもが少年時代の日本の大工さんの道具の種類が非常に多かった。ものすごいですね。敷居だけを掘り込むカンナとか、一人の大工さんがいろいろ持っておられる。それに比べて中国のほうはその道具のレベルが低くて、数が少ない。すくなくとも南宋の末や明《みん》の時代には鉄器の慢性的不足があったんだろう。

朝鮮の大工になりますと、お菓子の器、猫足付きのお盆のようなものだと、一本の木から全部足までくりぬいてつくっています。それが朝鮮民具の面白さですが、日本の江戸時代の大工のように木の組みあわせを得意とする連中が見たら大笑いするんじゃないかと思いますね。それは道具の不足。朝鮮の場合はおそらく李朝のいちばん最初に遡ってもそうだろうと思うんですけども、村々が土法によって鉄をつくっていた。

中国も同じです。中国の場合は鋳物で、朝鮮の場合は鍛鉄らしいんですが。われわれの古代に影響を与えた朝鮮の製鉄は砂鉄から鍛鉄をつくるものでしたから、おそらくその後の朝鮮の村々も鍛鉄によってつくっていたろう。

これは大正の初めごろだろうと思うんですが、滝川政次郎さんの古い書き物の中に、滝川さんが朝鮮に旅行したときに、村人が河原に出て大焚火をして、そこに砂鉄を撒いていた。どうするのかと聞くと、農機具をつくるんだと村人がこたえたそうです。

その情景を押さえますと、日本の室町初期には、すでに製鉄は山陰・山陽の脊梁をなす中国山脈の方々で専門の製造業者が踏鞴《たたら》を踏んでやっていたものですから、日本と韓国の歴史の開きがある。鉄を中心にすると、比べものにならないほど、こちら側のほうがマスプロダクションに近い。そして流通も相当な発達を遂げていたんだろう。その間隙を縫って鋳物師が一二、三世紀ごろからそろそろ動きだして、室町時代は盛んに歩いていたんだろう。鍛鉄とは別の系列の鉄製品をつくるために歩いていたんだろう。そういうような中世への想像で、網野さんのようにきちっとした史料があってのことではないです。

## 芸能を尊ぶ伝統

網野　面白いことには、日本の鋳物師は銅と鉄を両方扱うんですね。冶金の専門家に伺いますと、銅冶金と鉄の冶金は全然質が違うはずだというんです。しかし実際は、お寺の梵鐘もつくりますし、普通の鉄製の鍋、釜もつくる。これは考古学的にも最近発掘された遺跡ではっきりわかっています。これはずうーっと後までそのようです。中国はどうだったのでしょうかね。いままでの日本史の考え方だと、すべて中国に先蹤《せんしょう》ありという考え方でやっておりましたので、ちょっとそのことが気になります。

さきほど、室町は非常に華やかな時代であり、現在のわれわれの出発点というお話があったと思うんです。それはぼくも全く同感ですが、ただ日本の場合、たぶん中国などと違って、芸能をたいへん大事にする伝統がある。これもちょうど中世に入るころから出てくるような気がするんです。

手工業者の技術も広い意味の「芸能」なんですね。それも含めて、職能を「芸能」と表現する、そのそれぞれにはみな芸能に即した「道」がある。これは貴族・官人まで含めてそうなんです。貴族・官人もある種の芸能をもっている、大臣は大臣流の「芸能」をやらなきゃならないということがある。日本の社会の中のかなり大事なところにそういう発想があったと思うんです。

それが大きく広い基盤になっていて、室町以降、さきほどおっしゃったような、鍬や大工道具も用途に応じたさまざまな種類をつくり出すということが出てくるんですね。どうもそういう伝統があるような気がするんです。

**司馬**　それはおそらく中国、朝鮮という一枚岩の儒教の国、精密な儒教の国からいえば、士《し》大夫《たいふ》たるものが芸能に携わるということはあり得ないことで、そんなことをやればもうそれだけでその大官は没落するだろうと思いますし、士大夫たるものが小人のように身を労して大工道具を喜んで持っていたりなんて考えられない。日本では、たとえば室町時代の京都の伊勢氏のような権門勢家では馬の鞍を、当主がつくるならわしだった。そのために「伊勢氏の鞍(11)」というのでみな珍重した。当主がつくるんですからね。

そういうようなことは朝鮮、中国なら一日で室町幕府の大官である伊勢氏は没落する。

それから鎌倉の頼朝が元気なころに、義経の思い女であった静御前が鶴岡八幡宮で白拍子《びょうし》《しら》の舞を舞うときに、諸大名がその楽隊を編成します。あれは素晴らしいですね。もう感動的な場面だと思います。

**網野**　そうですね。琴の家とか、そういう「道々」の家がちゃんと貴族の中にも出来上がってくるという、ご承知のとおりのことがあるわけです。ぼくは、古いころの朝鮮の社会にも同じように職能を世襲するという慣習はあったのではないかと思っていましたが、司馬さんはこれを日本独特とお考えになっているんですか。

**司馬**　独特です。時代を離れて雑談ふうにばっかり私は言っておりますが、早稲田大学の朝鮮語の先生をしている尹学準《ユンハクジュン》という人がおりまして、この人の中公新書『オンドル夜話』、あれは面白い本です。よく朝鮮、韓国人で「私の家はヤンバン(両班)⑫だった」という人がいますがたいていは嘘で(笑)、尹学準さんのところはほんとうで、ヤンバンの家の暮らしからあらゆることを細々と描いておられる。その中でいちばん面白かったのは『赤壁の賦』⑬を朗誦していたら、遠縁の古老といった、つまり父に準ずる人が怒鳴って「やめろ。そういうものを読むなら『論語』や『孟子』を読め。そういうものはやくざ者の文章だ」といって怒るくだりでした。

その話を私は、京都の花園大学の姜在彦《カンジェオン》という『朝鮮の開化思想』(岩波書店)という本で学位をもらった人に聞きますと――この人も正真正銘のヤンバンですが――自分も『詩経』は読むなと言われたというんですね。それほど朝鮮の儒教は固い儒教ですね。中国の儒教のほうでいえば、『詩経』はむろん孔子さまが古詩三千のなかから三百を選んだといわれていますし、しかも孔子自身、「詩三百、一言もって之を蔽《おお》う。思い邪《よこしま》なし」なんていい言葉を残したものですから、中国人は『詩経』は珍重しますけれども、朝鮮人になると、もうそこまで固くなっていく。

日本ですと、王朝時代から江戸時代まで『詩経』は尊重されましたし、また詩以外の

---

(11) 伊勢貞衡が寛文一二年(一六七二)に古来の系図を改新して作ったとの記載のある「伊勢系図(別本)」(『続群書類従』第六輯上)によれば、伊勢貞長が将軍より鞍と鐙の作り方について尋ねられたことがきっかけで、貞長は大坪道禅の家に伝わっていた鞍・鐙の作り方を残らず学び、その家職を譲られたとある。また代々作られてきた鞍・鐙の寸法は『鞍鐙寸法記』(『続群書類従』第二四輯上)に詳しい。貞長は義満の御伴衆として仕えたが、兄貞行の系譜が代々政所執事を務めた。

(12) 高麗および李氏朝鮮時代の特権的な官僚身分。両班の名前は、東班(文班)と呼ばれる文官と、西班(武班)と呼ばれる武官に分けられることに由来する。両班は地主層であり、官職・官位を独占し、兵役・賦役が免除されるなど、さまざまな特権を有していた。

(13) 中国、宋代の詩人・蘇軾(蘇東坡)によって撰された韻文。蘇軾が長江に舟を浮かべて赤《せき》鼻磯《びき》を遊覧中に、その場所を三国時代の古戦場赤壁に見立てて作ったもので、蘇軾の代表作。

管絃といった芸能の道でも、たとえば京都の公家の西園寺家というのは琵琶の家元をなしていましたですね。琵琶の家元をなしている限りは、琵琶の神さまは女神なので、嫉妬されるから女房をもらわない。それで西園寺の当主はずっと独身主義でいくとか、それはまるで芸能人の、芸人の風を公家が一つの面としてもっていた。(14)こういうことはちょっと中国、朝鮮では考えられません。だから固い朝鮮儒教からいえば、日本は儒教を勝手気ままに楽しんでいるというぐあいになりかねない。

だから、自分がその国に属していて言うのはおかしいですけれども、日本史の発展というのは東アジアではたいへん面白い。

**網野**　たしかにそう思いますね。朝鮮の社会の場合、何か日本と体質的に似た面があるのに、儒教ががっちり形を固めてしまうというところにいまのお話のようなことが出てくるんだと思います。ところが日本の場合でも、律令国家という整った体制が一時デンと社会の上にのっかったことがある。しかしそれを社会が取り込んで自分のものにしていく経緯がじつはきわめて日本的な特質じゃないかなという感じがいたします。

**司馬**　ということは、基本的には「室町に儒教なし」と考えてもいいかもしれません。むろん書物としては儒教はあった。それも中世ではふんだんにありました。書物は官貿易船や倭寇がせっせと買ってきて、室町の書庫というのがどこにあるかべつとして、たいへん精密な書庫が積み上げられたと思うんですけれども、しかし、社会習慣としての儒教はなくて、日本の古来のお行儀作法だけで社会の秩序を安定させていた。

倫理的には儒教が基本になるよりも、関東武士がおこした「名こそ惜しけれ」という凛々しさというものが何か倫理の代用みたいなものになっていて、社会を壊すことなく続いていたんじゃないでしょうか。

鎌倉北条氏が滅ぶときに、仲時(15)が近江の番場峠で切腹しますが、何百というまわりの人が一緒に切腹した。北条仲時のような阿呆殿様でも、それに仕えている人は「名こそ惜しけれ」で、うろたえた真似はしなかった。というのは、どうもこの儒教の国は西洋のような倫理ではありませんが、その倫理がある。日本にはそれがなかったというと寂

(14)　平安時代には官司請負制(本書対談6、注(8)参照)によって、貴族の家はもともと家職・家業を持っていたが、応仁の乱以後、そうした官司の請負では生活が困難になった貴族たちは、古い時代からの伝承を根拠とし、西園寺家は琵琶、四条家は庖丁道、飛鳥井家は蹴鞠というように、当主自ら技芸を身につけて家元となり、門弟に技芸を伝授することで家の経済を支えるようになった。

(15)　一三〇六—一三三三。鎌倉北条氏の一門で、最後の六波羅探題《ろくはらたんだい》(北方)。元弘の変では後醍醐天皇を捕らえ隠岐に配流する。正慶二年(元弘三、一三三三)五月、後醍醐の綸旨《りんじ》を受けた足利高氏(のちの尊氏)らにより京都が陥落、六波羅探題(南方)の北条時益とともに光厳天皇・後伏見上皇・花園上皇を奉じて関東へ落ち延びるところ、近江国番場宿で在地の反幕府勢力に包囲され、麾下四百余名とともに自刃した。

しいことになりますので、北条氏の最期の情景を思い出したんですが、そういうことがずっと社会を壊さずに保ったんじゃないでしょうか。

## 西の見方、東の見方

**網野**　先ほどの職能の世襲、とくに貴族までが職能の家になるという傾向は、ぼくは西日本の社会の特色だと思うんです。それに対して、いまの「名こそ惜しけれ」のほうは、これはどうも東日本、鎌倉武士という印象がある。北条氏が滅びる場合でも、死んだのはみんな北条氏の一族の家来で、将軍の家臣、御家人はほとんど北条氏に殉じていない。ですから、主従の関係を非常に重んずる習慣が出てくるのは、どうやら鎌倉・東国のほうからじゃないかと思うんです。ぼくはまだその両方をどう統一して、日本を考えたらいいかということが差し当たりわからないので、むしろいままでの日本像をどんどん解体していくほうが面白いと思っているんです(笑)。

**司馬**　面白いですね。

**網野**　生活倫理にまでは儒教が入っていないというのは、全くおっしゃる通りだと思うんです。これは別の角度から申しますと、室町以降、江戸まで含めて、結局、日本人の場合、自分たちの生活を律する一つの宗教的な枠組み、倫理を持たないままここまで来た。よく言われますように、日本人には宗教なしということですね。そうした中で一向宗は、いちばんそうした可能性を持っていたように思うのですが。

**司馬**　そうですね。明治に入って、宗教という造語ができて、この造語はキリスト教のイメージでつくられました。宗教には教祖と教義が必要なんだ、それに教典。この三条件にいちばんぴったりするのは仏教諸派ではまず親鸞、浄土真宗ですね。

**網野**　日蓮宗にもそれがあるかもしれませんが、真宗がいちばんそれを持っていた。加賀の一向一揆は、その点では稀有のあり方だったと思うんですけれども、それが全部、俗権力によって徹底的に叩き潰されてしまった。キリシタンもそうでした。

それがいい、悪いというのではなくて、現実にそういう事態を日本人の社会が生んだということの持っている問題が、何かいまだに尾を引いているような気がして仕方がないんです。ですから、おっしゃるような意味で、室町時代が、まさに現在の日本人の生活――もっともそれもいまや壊れつつあるのかもしれませんが――の当面の出発点になることはいろんな面からみて明らかなことだと思います。

室町以前の時代は、いろいろ調べてみますと、これまでの常識ではちょっと摑み切れない要素が出てまいります。自然との関わり方がちがう、呪術的な要素が非常に強い。そういう時代のことをあらためて現在のような時代になって考えてみることに意味があるのではないかと思っています。

これまでの歴史家の考え方に二つの流れがあって、これははじめのところで言いました京都と東京ということも関係するのですが、律令国家ができたこと、それが日本の歴史を規定したという面を非常に重視する考え方と、むしろそれを壊したほうに積極的な意味を見いだす考え方と二つの見方があると思います。

大きな見方として、律令国家の存在を日本の社会の中でどう考えるかということです。先ほどから出ている問題にこれはみんな引っかかってくることで、どちらかというと、東京方はそれを壊していったほう、つまりさっきの関東武士、鎌倉武士について「ここに中世あり」、という見方をする。ところが京都方の場合には、いや、あれは結局は律令国家に取り込まれてしまった、王朝国家に取り込まれてしまったと見るわけです。

**司馬**　どうも日本は二つあるわけかなあ。

**網野**　いまでもそういう議論がつづいておりまして、将門《まさかど》をはじめとして、東日本に独自な国家があったという主張は、東京の学者に多いんです(笑)。ところが頼朝はせいぜい王朝の侍大将にすぎない、結局は王朝のほうに取り込まれてしまった、室町幕府も結局は王朝のほうにすり寄っていったではないかという方向で考えるのが西のほうに多い(16)。

そう言うといつでも叱られるのですが、ぼくは両方ともに意味があると思うんです。日本の問題を考えるときに、この両方の見方をきちんと押さえておかないと、ほんとうの意味で日本を理解できないと思うんです。

**司馬**　私はどちらかというと、関東で勃興してくる土地リアリズムの政権――鎌倉幕府――が律令体制を壊して日本を大きく推進させて、日本らしい日本をつくったというほうなんです。

**網野**　司馬さんは西なんだけれども……(笑)。いや、東のぼくも逆の面をもっておりますけどね。

**司馬**　室町がわれわれの生活文化と美意識の先祖だとすれば、鎌倉幕府がわれわれの倫理観とか、われわれが持つリアリズムの先祖だと思っているわけなんです。まあ、関東ならずともそういう現象はあります。たとえば四国の伊予と土佐の境に非常に高い山がありまして、その山の中に檮原《ゆすはら》という……。

**網野**　宮本常一《つねいち》さん〔本書対談9、注(8)参照〕の「土佐源氏」(『忘れられた日本人』〔未来社、のち岩波文庫〕所収)に出てくるところですね。

**司馬**　ええ、そうです。いま町になっておりまして、そこへ二回行きました。千枚田というのを見たいと思いましてね。それはなしがたい営みで山の頂上まで石垣を築いては水平化して田圃にし、さらに石垣を築いては水平化して田圃にし、それはもう一枚の

(16)　前者は佐藤進一〔本書対談4、注(1)参照〕の東国国家論、後者は黒田俊雄の権門体制論を指す。この論争については本書所収の対談3「北条政権をめぐって」を参照。

水平地面でどれだけお米が穫れるのかと思われるほど面積の狭いものまで含めた千枚田というのがあちこちにあります。

それはいつごろそうしたのかというと、平安時代のある時期に、伊予から律令の逃亡民が来てつくり始めた。伊予は先進地帯で、土佐は少し遅れていたところです。谷川の水をはるかに汲み上げて水田化しているわけですから、よほどはげしい労働なんですけれども、そのよほどの労働をいとわずにきたというのは、律令体制というのはそれほど辛いものだったかと思わせる実感がわきます(笑)。

律令体制は生産手段を公有するという意味で一種の社会主義でしたからね。国家と土地に縛られた農奴に近い状態なものですから、自由が欲しかったんだろうと思うんです。かといって、散漫に檮原で地方社会をつくるんではなくて、寄り親らしきボスがいて、その寄り親に寄り添って子方がいてという、いかにも日本式の安定構造が檮原でも形成されていたような感じです。

気のきいた連中、つまり以下のことができるだけの体力と、連れていってくれるよき親玉をもった連中は関東に当時行ったと思うんです。そこまでは行けないから伊予境からちょっと越えて土佐のあのなしがたい、耕作しがたい山地を開いたんだろうと思うんです。あれを見たときに、律令はペケ！という感じをもつ(笑)……。

**網野**　それは西のほうのふつうの見方とはたしかに違うかもしれませんね。ところで土佐は、あれ、異国だと思われているんですね。あそこは鬼の棲む国だとか……。

**司馬**　「鬼国」だと言われていました。

**網野**　日本国の境を表現するときに、「南は土佐」と書いてあるのがございますね。やはり土佐はちょっと特異な風土……。

**司馬**　どうも平安、鎌倉あたりまでは人の住むところではないと思われていたようですね。

**ひらがなとカタカナ**

**網野**　最近、文字の勉強をしていまして非常に不思議なことにいくつか出くわしました。私はこれまであちこちの江戸時代の古文書を見る機会がありましたが、何気なしにそれをずっと読んですましてきたんです。ところが、今ごろになって、だいたいどうして、九州の古文書と東北の古文書をぼくが読めるんだろうという疑問にぱったりとぶつかった。これはごく最近なんです。まことに不明なことなんですけれども。

実際、四、五年前に鹿児島へ行ったときにも、バス停で立っている隣のおばさんたちの話が何もわからないんですね。ゲラゲラ笑っているんだけども、何を笑っているのか全くわからない。

そういう経験をいくつかしているうちに、ふと、なんで読めるんだろうという疑問にぶちあたったんです。そういう関心で見ていると、鎌倉時代でも読めるんですね。それは決して中央から行った武士の書いた文書ではなくて、土着の武士の文書で、ひらがなに漢字をまじえて書かれた古文書でも読めるわけです。日本人が均質だとよく言われますが、これは文字社会だけのことで、インチキがあるんじゃないかという気がし始めてきましてね。

文字の中でひらがなとカタカナの役割については、前からずっと気にはなっていましたが、いろいろ調べていくと、どうもカタカナのほうは口語を表現する文字のようですね。鎌倉時代の古文書をほぼすべて調べてみたのですが、どうも口語の表現になるとカタカナが使われる。鎌倉時代までですと、神さま、仏さまに願いごとをしたり、誓ったりした文書にカタカナが多く出てくるんです。

口頭でしゃべる言葉自体が呪力をもっていた時期があったと思いますが、そういうことと結びついた文書にはカタカナが盛んに使われる。それから、お寺の坊さんの書くものにもカタカナが多く出てくる。

ところが、ひらがなはそうじゃないんですね。ひらがなは最初から書く文字として使われている。だから「書」にもなるんでしょう。カタカナはまず絶対に「書」にならない。

それでは、なぜ、ひらがなが広がっていくか。室町から江戸時代になると、カタカナは少数派になってくるんですね。古文書ではほとんどカタカナは使われない。ひらがなと漢字まじりがどんどん広がってくるわけです。九州でも東北でも両方とも読めるというのは、このひらがな漢字まじりの世界なんです。

そうすると、もとを辿ると、これ、律令国家まで行ってしまうんですね。つまり漢字が外から入ってくる。それを受け入れたのはもちろん首長クラスの上層の人でしょうけれども、それが組織された律令国家が徹底的な文書主義なんです。これはそうとう徹底していたようで、出羽の秋田城からも、一生懸命手習いをした形跡のある木簡が出てくる。役人になるのには、どうしても文字を知らないといけないということがあるわけですね。

しかも、日本の場合は、文字をきわめて素朴に、まことに真面目に受け入れている。それは日本の社会が未開であったことの表れともいえますが、外から入って来たものに対して神に対するように非常に真摯に立ち向かっている。たとえば大宝の戸籍を見ておりますと、私はとてもいい字を書いていると思うんです。木簡の字も実にいい字ですね。それは、美術史の対象になるようなものではないにしても、見方によってはぼくなんか、空海の字よりもわかりやすい(笑)。

**司馬**　安定した字ですね。

**網野**　あれはやはり字に対して非常にまっとうにぶつかっているせいなんだろう、それで、ああいう綺麗な字が書けたのだと思うんです。そういう内発性があるから、ひらがなやカタカナも日本の社会の中から生まれてくるんだろうと思うんです。

ところがいっぺんかぶさった国家の文書主義は、ひらがなが使われ始めた平安時代以後も、ずっと影響しています。とくに江戸幕府は徹底した文書主義だった。幕府が命令して、この様式で書いてこいといえば、どこの村でもきちんとした帳簿を書いて持ってくる。こんな国家はまず世界にないと思うんですね。

**司馬** そうですね。おかげで日本史の、とくに中世以後の学者は、中国史の学者よりも古文書が多くて大変ですね。

**網野** そういう文字の世界だけに目を向けていると、日本人はみんな同じように見える。しかしこれは完全な錯覚で、その上皮の下には実は話の通じない世界が現実にはある。しかもまた面白いのは、日本の文字表現はものすごく多様なわけでしょう。漢字、ひらがな、カタカナで組み合わせをやると七とおりある。

**司馬** 組み合わせをやると、七とおりありますか。

**網野** ですから、カタカナと漢字、ひらがなと漢字でもそれぞれ面白い文字表現ができるし、カタカナ、ひらがなだけでもまたちがった表現ができる。それを文学者は意図せずして、俳句にせよ、和歌にせよ、散文にせよ使ってきたと思うんです。それが文学の世界でどこまで自覚的にやられてきて、どういう効果を発揮しているか、ということは考えてみると、面白い問題ではないかなという感じを持っておりましてね。

**司馬**　重要な問題ですね。日本の口語と文語とが、いや、文語というより、文章語とが別個に発達した。文章語は文章語として、そういう言語としてずっと持続し、かつ全国に広がっていて、口語はまちまちでしゃべっていたと。だから口語世界ではローマ字化すると別の言語ですね。「わたし」というのも薩摩と他の地方とは違うんですから、おそらくヨーロッパのスペイン語とイタリア語との違いよりもひどいわけですね。

**網野**　と思います。イタリア語とスペイン語はそれぞれ自分の言葉で七〇パーセントは通ずるそうですね。

**司馬**　日本の方言世界では通じ合いませんですね。結局、ヨーロッパの場合は、教会がラテン語を持っていて、これをヨーロッパの共有語にしていた。ラテン語は読み書き文章で、おしゃべりしませんから、それでヨーロッパが安定していたというのと同じで、日本はラテン文章のかわりに文章語があったのじゃないか。

**網野**　はい、ぼくもすぐラテン語を思い出したんです。たしかに似た要素も持っていますね。ところが日本の場合、もう一つ重要な問題がある。ラテン語ですと、これはやはり教会なんですね。俗人はあまりラテン語はやらない。文字は教会が独占している。だから俗人のほうは、貴族でも文字を知らなくてもやっていけるという形のようなんですね。

従って、口語が広がってくる過程でも、たとえばルターがドイツ語で初めて聖書を訳したというふうに、教会からことがおこってくるわけですね。

ところが日本の社会の場合、文字を俗権力が握ってしまう。たしかにお寺はある役割を果たしていますし、特に親鸞や日蓮のような鎌倉新仏教は、ひらがなの文章や和讃などのカタカナの文章を広めるのに大きな役割を果たしそうな気配がありますし、戦国のころのキリシタンも口語を文字にしている。しかし、それはついに支配的にならないまま弾圧されて、また江戸幕府が上からかぶさってしまうという経緯をとる。

これは、中国ともよく似ているところがあるんですね。あんなに多くの民族からなる国が漢字で統合されている。

ぼくは何人かの人たちと一緒にある中国人の学者と議論していて、そのうちに「漢民族、漢民族とあなたは言うけれども、どうも見ていると、まるでばらばらで、話も通じないようじゃないか」という話にだんだんなってきまして、その中国人の学者に「漢民族とはどう定義したらいいんですか」とたまたまぼくが聞いてしまったんです。そうしたら、彼は胸を張りまして、「漢字と儒教だ」と言うんです。「しかし、それならわれわれだって漢民族になる可能性があるじゃないか」とまたごちゃごちゃ言っておりましたら、彼が突然、「日本人とはなんですか」。

**司馬**　うん、なるほどね、逆襲。

**網野**　ぼくは答えられなかったですね(笑)。まさか「天皇」とは言えません。昔なら、そう答えた人もいたでしょうけども、そんなことは言えない、というよりもそうは思っていないわけですから。「ひらがな」もそのとき、ぼくは頭に浮かばなかったんですね。それにしても「ひらがな」で日本人とも言えない。これはショッキングな経験で、それから日本人とはなんぞや、というのを……。

**司馬**　大変なことだ……(笑)。

**網野**　あれやこれや考えているんですが、だんだんむしろ日本を解体していくほうに向かってしまう。で、解体しながら日本とはなにかという問題を考える。そのほうがほんとうの筋道が出てくるのではないかと最近は思っているんです。解体ばかりしているとだいぶ人から叱られますけれども……。

## 侍の謡と町人の浄瑠璃

**司馬**　文章語と口語とが二次元的に社会に古くからある、という点では中国と似ているという話ですが、たしかにそうですね。五世紀にネストリウスが東方へ追われて、七世紀にその徒が唐に入って景教とよばれた。空海が入唐《にっとう》したころも、青い瓦に白堊《はくあ》の壁の教会を彼は見たはずです。一三世紀ごろまではほそぼそとつづけていたといいますが、その後絶えた。

それが、大正の初めだったか、陝西省《せんせい》の畑の中から「大秦景教流行中国碑(17)」という八世紀の碑が掘り出された。大さわぎになったのですが、その当座、フランスの学者が非常にそれには眉にツバをつけまして、百姓や土地の小役人にそれが読めるはずがないと言った。当時はフランスがシナ学の一大淵藪《えんそう》でしたが、淵藪の地でも最初はそういう反応があったそうですね。

ところが日本の学者は「それは読めるはずだ」と当然そう考えた。要するに中国の文章というものは、辛亥革命以後、だいぶ口語が文章の中へ入りましたけども、だいたい中国の文字言語は古代から変わっていない。そしてむろん口語は別ですが、科挙の試験は広東人は広東音で受けるわけで、習う文章は一つであって、『孟子』も『論語』も広東人は広東音で習い、福建人は福建音で習う。

**網野**　福建音で習うんですか。

**司馬**　福建音で習って読むわけです。これが非常に重要なことでして、私の知り合いで、そんなに私よりもかけ離れた年齢ではないんですが、学校がほぼ同級生だった人に、陳徳仁という人がいます。いまは神戸の華僑の名望家です。

その人の家は明治の末年に神戸にきた広東人なんです。日本の年号でいうと、明治三八年だったかに科挙の試験は清朝によって停止されているんですけれども、情報が伝わらなくて、神戸では賢い子弟を持つ華僑の家は受験勉強をさせていた。

海岸の方面に科挙の試験のための予備校の先生がいまして、そこの広東語の先生のところへ彼は通っていた。ですから非常に正確な広東語ができるようになった。そうしているうちに、近所の人から「おまえ、そんなもの終わったんじゃないか」と言われて、親御さんが非常にそれから迷うんですけども、その迷う話は別として、大正時代に科挙の試験の受験勉強をしていた人がいたということですね。いま神戸の孫文記念館の館長さんをしています。ご自分がつくった記念館です。

それからみると、広東人は広東語で習う。予備校では広東人の先生が福建人の弟子をとることはないんですね。だから、音は別だということで、文章を守ってきた。日本の場合は、文章は一音で読んでいますね。鹿児島の人も津軽の人も同じ読み方で読んでいて、これがちょっと違うところです。

**網野**　そこが非常に違うと思うんです。これは司馬さんならどこに根拠のある話かご存じかもしれませんが、薩摩の人が江戸に出てきて言葉が通じなかったので、謡《うたい》の言葉でしゃべって、ようやく通じたという話がありますね。井上ひさしさんも『國語元年』(中公文庫)で同じような問題をとりあげておられたと思

(17)　唐代の中国にネストリウス派キリスト教が伝来したことを記念する石碑で、七八一年に建立された。大秦はローマ帝国、景教はネストリウス派キリスト教を指す。

いますが、最初の話に戻りますと、琵琶法師や説教師のような芸能民はかなり広く歩き回っている。この人たちが文字にはすぐならないけれども、口語と文語の間みたいな文章を広めている。これが日本語の性格を考えるときに、大きな意味をもつのじゃないか。

**司馬**　あると思いますね。その井上ひさしさんの取り上げられたエピソードはわりあい明治以後もささやかれ続けたものなんですが、典拠がよくわからないんです。しかし、典拠というより、こういうことで理解すればいいと思うんです。

中世を語るべきだのに江戸時代の話になって申しわけないんですが、謡をやらないお侍はないわけですね。謡といえば言語教育で、しかも標準語教育。それからレトリックの教育。それがあって、芸能化しておるわけなんです。節がついております。ところが町人は、謡をやりませんのですね。浄瑠璃をやるわけです。江戸の中期頃からの習慣だと思うんですが、江戸、大坂の町人で、浄瑠璃、義太夫をやらない町人はいない。やらないと、掛け合いごとができませんですね。これは町人の言語教育をなしていたということで、要するに謡であれ、浄瑠璃であれ、標準口語である、こう理解されていたようですね。

**網野**　ああ、そうですか、町人は浄瑠璃か。それはとてもよくわかるなあ(笑)。お侍が芸能をやるところに日本社会の特徴がある、という前の話と完全につながってきますね。その前提は中世にあると思うんです。鋳物師と同じように遍歴する芸能民は中世でも活発ですからね。説経節もかなり広まっていますでしょうしね。

そういえば、琉球では一五、六世紀ぐらいからひらがなを公文書に使い始めるんですね。面白いことにカタカナじゃなくてひらがなが入るんです。

**司馬**　ひらがなのほうですか。

**網野**　ええ。琉球王国内の役人の任命状には、琉球語をひらがなで表現した文書が使われています。さっき言いましたように、本州、九州では口語表現にはカタカナを使っていた。坊さんの世界でも、江戸の儒者もカタカナを使った。漢文を訓読するときの訓点がカタカナの起源ですからね。

だから、琉球に口語表現が入るんだったら、あるいは坊さんや儒者の世界が琉球に影響したのだとすれば、カタカナでいいはずなのですが、ひらがなが入っている。

ぼくの想像ですけれども、これは女性の芸能民の活動によるのではないか。実際、琉球には比較的最近までアンニャ[18]という被差別民がいたのだそうです。いわゆる被差別部落はないんですけれども、被差別民はいたわけで、アンニャは行脚《あんぎゃ》からきたのだそうで

---

（18）　網野が言及するアンニャは、沖縄の門付け芸人のチョンダラー（京太郎）のことであろう。アンニャはチョンダラーたちの住む村の名前であるが、その語源について宮良当壮《みやながまさもり》は、「行脚」ではないかと推測している（「沖縄の人形芝居」『日本民俗誌大系　第一巻　沖縄』角川書店、一九七四年）。

すよ。そういう遍歴する芸能民の影響がどうも言葉や文字の上では大きかったんじゃないか。

中国や朝鮮でも、そういう芸能民はずいぶん動いているはずですが、このように文字の世界と口語の世界とを結ぶ接点で動くということは、おそらくなかったのではないか。

**司馬** なかったと思います。まあ、日本の芸能民というのは、中国、朝鮮と比べると、たいへんステータスが高い。

**網野** 相対的にはそうですね。江戸時代には、卑しめられている人たちもいますが、どこか芸能の世界を尊重するという風土が日本の社会にはあるんですね。

**司馬** 特にお能の場合ははっきりと権力の中で一つのステータスを持っていますね。だから、江戸時代が始まった頃は、大名が江戸城内で自ら演者になって狂言などをやるのがはやる。島津なにがしか忘れましたが、薩摩の殿様の薩摩守なにがしがいっこうに稽古しなくて、召し抱えの能役者がハラハラする。当日になりますと、その若い藩主が将軍の前に出て、ちょっとうまく真似できませんが、「ここらあたりに隠れもない薩摩守でござる。日本に並びなき大名でござれば」と言って「ヤイヤイ、太郎冠者、あるかヤイ」といってワキを呼び、「あとはよろしくやれ」と言って引っ込んだそうですが(笑)、できない人なりにユーモラスであれば、将軍も笑って芸能はめでたくなるわけです。

さっきのカタカナ、ひらがなの問題ですが、こういうのはどうなるんでしょうか。『源氏物語』はずっとカタカナとひらがなで筆写されていって、誰もカタカナにしなかった。『太平記』はどうも普通はカタカナ表記である。あれはどういう理由ですか。

**網野**　それは私にもわからなくて、国文学の方に伺ってみたことがあります。女性のために仏教に関する記事をまとめた『三宝絵詞』(19)のように、本来はひらがなだったものが僧侶によってカタカナに書きかえられている。本来、ひらがなで書かれたものがお坊さんの世界に入るとカタカナになってしまうんです。『平家物語』の場合でも『延慶本・平家物語』や『源平闘諍録《げんぺいとうじょうろく》』(20)のように寺院に伝わった本はカタカナまじりになっています。

---

(19)　九八四年に源為憲によって編まれた説話集。冷泉天皇の皇女、尊子内親王に仏門に入るときの参考書として献上された。絵と詞章から成り立っていたが、絵は現存しない。

(20)　『平家物語』の異本のひとつ。巻頭の「祇園精舎《ぎおんしょうじゃ》」に続いて平良文の子孫（坂東平氏）の系譜を伝える。なかでも千葉氏を良文流の嫡統とし同氏の伝承を多く載せていることから、千葉氏の関係者によって書かれたと考えられている。また他の異本にはない独自の視点が多く見られ、平将門が妙見菩薩の御利生によって東国を従えたとすること、その平親王（新皇）の末葉に千葉氏を位置づけていること、また源頼朝に千葉常胤のことを「日ノ本将軍」と呼ばせていることなど、東国人の国家観を窺わせる。

司馬　なるほど。『太平記』もひょっとしたら、長く寺のほうが持っていて筆写して……。

網野　ええ、おそらく伝本の系統だと思うんです。それまで国文学者も文字表現まではあまり気にしなかったようですね。

司馬　網野先生のふわーっと出てきた、カタカナ、ひらがな論のセオリーをちょっと広げてみますと……。

網野　いや、まだセオリーとは言えない(笑)。

司馬　どうでしょう、『平家』や『太平記』は口誦という形で、辻であるいは村々で演じていくものだから、カタカナなんでしょうか。

網野　いやあ、ちょっとそこまでは言いにくいと思います。むしろ、ひらがなでも書かれた『平家』や『太平記』が芸能民の言葉に乗って語られ、それが広がっていくことが、どこかで庶民が文字を書き始めるときに、大きなよりどころになるのではないだろうか、ということは考えられます。さきほどの話は文書についてのことで、ここでは口語がカタカナだといってよい。速く書けるせいもあるのかもしれませんけど、カタカナで書く。しかし文学の世界になると、一筋縄ではいかなくなる。

口語でいちばんはっきりしているのは、室町、戦国ぐらいに禅宗のお坊さんが中国の古典などを講義した、その講義録があるんですね。「抄物《しょうもの》」といいますが、これは全部カタカナです。

**司馬**　あ、そうですか。

**網野**　「人ニモ不仕シテ公界モノテ、我ハ人臣チヤホトニ……」とか、「クガイノチイサイ男ヲ云タソ」とか、カタカナで書かれている。口語の筆記をするときには、カタカナが使われたんですね。江戸文学はあまり知りませんが、やはり音声の部分にはカタカナを使っているようです。

妙な例になりますが、このあいだ『江戸の枕絵師』（河出文庫）という本を見ていたところ、ここでは口語はひらがななんですが、男女の発する最後の音声だけは、カタカナなんですね。

**司馬**　なるほど。

**網野**　庶民の世界でカタカナが使われるのはそういうとき、音声がおもだったのだろうと思います。

それからもう一例、文書の例で、村方騒動で村役人を糾弾したとき、庄屋の家に「火札」という文書を貼っているんですね。放火の予告をした札なんですが、その最初に「天命」と書いてある。それは漢字です。そのあと、ほとんどカタカナの口語で、「村役人ツトメサセルト両ムラヤキハラフゾ」などと書いています。これは江戸時代の栃木の実例で、人から教えてもらって知ったんです。

司馬　庄屋の家の表にそれを貼る場合に、カタカナ、しかも口語だと迫力ありますね。ひらがなで文語でやると、つらつらとして、ちょっと迫力欠けますが……。

網野　ええ。たしかにカタカナという文字に対して日本人が持っていた何かがある。よくご承知の徳政一揆[21]（一四二八年）のときの「正長元年ヨリサキ者《は》カンヘ四カンカウニヲキメアルヘカラス」（正長元年以前に関しては神戸四カ郷にはいっさい負債がない）という借金破棄宣言、あれもカタカナですね。もちろん文語になってはいますが。

司馬　迫力ありますな。

網野　カタカナでぶつける。落とし文、落書も、みんなカタカナです。

司馬　はあー。

網野　その伝でやっていくと、今後まだまだいろいろ面白いことが出てくる可能性はある。ぼくがやったのは、中世の文書だけですからね。たとえば明治になってから、突如としてふえる法律や軍隊用語はカタカナですね。

司馬　私どもの軍隊時代もカタカナ文書ですね。

網野　しかも非常に妙な文章のカタカナを使うところがございますね。

司馬　「ヨウスレバ」とかですね。「必要であれば」ということなんですが、よく使います。

網野　なぜ、明治になって法律と軍隊でカタカナを使い始めたのか。江戸のお触れ書きはひらがなまじりです。「五箇条の誓文」でカタカナが入ってくる。

**司馬**　明治の軍隊文章というのは、メッケルというドイツから招聘した参謀少佐が明治一七、八年ごろに陸軍大学校と参謀の参謀学というものを植えつけたときに確立したわけです。そのときの助言として「軍隊の文章は、簡潔にして解釈の動かない文章であるべきだ。日本人よ、それを確立しなさい。そうでないと、お互いの連絡とか上下関係のスピーディーな通信ができない。それをやりなさい」といってできたそうです。だから、山県有朋らが中心になって軍隊文章は成立した、と私は思っています。とにかく軍隊はひらがなはだめなんです。カタカナの世界です。

## シイタケが飛び交う東シナ海

**網野**　前のお話に戻ると、室町時代は文字の普及度からいったら、ぼくは画期的な時期だと思います。

**司馬**　ああ、そのようですね。

---

(21)　正長の土一揆。近江国で徳政令を要求した一揆が起こったため、守護六角氏は徳政令を出した。これを皮切りに京都、奈良、さらには畿内近国へと広がっていった。京都では徳政令が出されなかったものの私徳政が行われ、その他の地では徳政令を勝ち取り、年貢未進の破棄が承認された。

網野　最近、室町時代の木簡が草戸《くさど》千軒《せんげん》町〔現・広島県福山市〕の遺跡から大量に出てきましたが、これは走り書きでなかなか読めないんです。東大の石井進(22)さんが「これはおそらく江戸時代の商人がつけた帳簿の原型じゃないか」といっておられた。つまり、取引があると、サッサッサッと書くということが始まっているのじゃないかというんですね。全くそうだろうと思うんです。

江戸幕府は、どこの村でも町でも少なくとも何人かは文字を書ける人がいることを前提にして権力が組み上げられているのですが、その条件は室町には完全にできているわけですね。そのかわり、字が汚くなります。

以前のような文字に対する謙虚さというか、文字というものを神、仏のように思って書くという姿勢はガラガラッとなくなっていく。そのへんで日本の社会のあり方に大きな変動があって、しかもそこから現在の日本が始まってくるということでしょうね。

カタカナ、ひらがなの文字の問題にしても、現代につながるものが何かあのへんで固まってくるように思いますね。先ほど申し上げたように宗教が全部つぶされてしまうとか、俗権力が文字の世界を掌握してしまうとか、いろいろ数え上げられると思うんですけれども、そういうマイナス面もだいたいこの時点でできてしまう。

そのへんを自覚的に考えるためには、それ以前の世界まで含めて、どんどん日本を解体してみる必要があると思っているんです。そういう点でぼくは、『韃靼《だったん》疾風録(23)』を愛読しておりまして……。

**司馬**　どうもおそれいります。

**網野**　とにかく日本人もあちこちに行っている。玄界灘を越えて対馬まで行けたのは縄文からなんですからね。対馬から先はすぐ朝鮮半島なんで、そういう海を越えたつながりを北にも南にも西にも東にも考えると、案外、日本列島は、日本国じゃなくて、別の地域、海を媒介にした地域にいくつか分解できるかもしれない。そういう視野から、日本の各地域の文化の性格を考えていったほうが面白いんではないかという感じがいたしましてね。

**司馬**　たしかにこれをやらなければならないでしょうね。鹿児島の大口というところに天文年間の棟札が二〇年ぐらい前に出たそうですね。天文年間だから中世の末期になるわけです。大工さんが書いていた。「この神主はけしからんやつで、焼酎を飲ませない」と(笑)。焼酎はそのころからあったということの唯一の証拠になっているんですけども、それがカタカナなのか、どっちなのか。

**網野**　それはどっちなのだろうなあ(笑)。

(22)　本書対談4、対談者紹介参照。草戸千軒の木簡については、「木簡から見た中世都市「草戸千軒」」(『石井進著作集』第一〇巻、岩波書店)参照。

(23)　清朝興隆の時代の日本・朝鮮・満州を舞台とした司馬遼太郎の長編歴史小説(中公文庫)。

**司馬**　そこでその焼酎ですが、これは蒸溜酒ですから、やはり西のほうからきて中国に入り、そして沖縄を経て薩摩に入ったんだろう。それが中世の末期に入った。中国も焼酎、つまり蒸溜酒が出るのはそんなに古い昔ではなくて、日本とほぼ変わらないのではないか。一説ではシャムから福建省に入った。そこから琉球に行って薩摩に来たというルートを言う人がありますが、それにしてもだいたい中世末期。

網野さんがおっしゃるように、海ということを考えないといけない。焼酎がひとりでやってくるわけではないんですから。焼酎が運ばれてやってきて、岸辺の薩摩人に振舞われる。これはうまいもんだから作り方を教えてくれということになりましょう。やってきた人も、しばしば土着してしまう。ですから人間の混合、文化の混合がずいぶんあったんだろうと思いますね。

**網野**　私の見た古文書で非常に印象深いんですけれども、若狭の一、二宮の神主の系図(24)の中に、室町時代に没年を中国の元号で記している人がいるんです。

**司馬**　ほおー。

**網野**　他のはみな日本元号で書いてあるのに、一人だけ、なぜか系図に中国の年号で書いてある。最初、こんな元号ないな、なんて思ってみたら、中国のなんです。なんであいう元号を若狭の人が系図の中に書き込んで、それがいままで伝わっているのか。日本海は、文献ではそう出てこないけれども、人の往来はずいぶんあったのではないかと思いますね。

**司馬**　いちばん私がヘエーと思うのは、中国料理で欠かせないシイタケなんです。干しシイタケを戻してダシをとる、あるいはシイタケそのものを食べる。ダシは麺類のダシにするというのがある時代から——料理が発達した南宋のころだと思いますが——中国では行われていた。

道元の『正法眼蔵』を見ますと、彼が明州に上陸する際、自分一人だけがヴィザかパスポートか知りませんが、その関係でちょっと手違いがあり、船に一カ月ほど残されるわけです。上陸できない。

退屈しているところへ、ちょうど明州の近所の大きな禅寺の炊事をやっている老僧——四川省生まれのようですが——がやってきまして、「倭船と見たが、シイタケあるか」ときかれる。倭船と見れば干しシイタケを持っているというわけです。中国ではシイタケができませんのですよ。

**網野**　あ、そうですか。

**司馬**　感動的なことですね。その老僧は典座《てんぞ》という炊事係ですが、雲水が三百人ほど

(24)　網野善彦「若狭一二宮社務系図——中世における婚姻関係の一考察」【著作集14、二四六頁】参照。

あした集まるので中華ソバをつくらなきゃいけない。ラーメンといっても、お寺のことですから、おダシは動物性でなくてシイタケです。

だからおまえ、持っていくか。そうしたら道元さんは貴族の子でまじめな人ですから、すぐ宗教問答に持っていく。「あなた、ずいぶんおトシのようだけども、いまだに炊事係か」と言ったら、そのお坊さんが「外国の人よ、あなたは何か禅というものを誤解しているんだ。禅はこれをやることなんだ」といって教えて、道元さんがもう瘧《おこ》りが落ちたように頓悟するわけです。そのときシイタケなんですね。

陳舜臣さんのおじいさんが神戸のたいへんな名望家で、中華料理の材料の貿易商をされておったんですが、陳さんにシイタケというのは中国になかったのかと聞きましたところ、似たようなものはあるんだけど、ああいう香りが出ないんだ、だから日本からいまだに輸入しているんだというわけです。向こうはその商売の本家ですから、その言うことはほぼ間違いないと思うんです。

そうすると室町時代に盛んにシイタケが向こうへ行っていて、シイタケでダシを取るというのも中国人から教えられたんだろうと私は勝手に思っているんです。日本料理のお吸い物や汁物はシイタケのダシがなければ成立しない。精進料理もシイタケのダシがなければ高野豆腐はたけない。

ということになると、中国の禅寺が発明したのかどうか知りませんが、お料理法が室町に伝わって、こちらはもともとシイタケのある国ですから盛んにそれをまた自分の料理に使う。東シナ海という広大な海を隔ててシイタケが飛び交っているという感じが面白いと思いますね。

**網野**　コンブも似ているのじゃないですか。江戸時代にはずいぶん大量に中国に流れ込んでいる。それも琉球が媒介して中国に入れている。いまでも沖縄がいちばんコンブの消費量が多いというのは、ひょっとすると、中世にまで遡ると思うんです。コンブが北海道ないしは陸奥のほうから大量に日本海を運ばれていただろう、おそらくこれは北回りでも中国に入っているのではないかなどと想像するんですが、これもまったくあり得ないことはないと思うんです。

**司馬**　蝦夷錦《えぞにしき》がそのルートを痕跡づけていますものね。あれはもうなんていうか、感動的な商品ですね。

**網野**　ほんとうにそうですね。

**司馬**　秀吉が朝鮮侵略をしましたときは、肥前名護屋《なごや》城が本拠で、徳川家康がしょっちゅうおそばにいた。そこにはるか松前からお殿様がご機嫌伺いにやってきた。そのとき松前の殿様が錦の胴服を着ておりまして、その錦が普通で見る錦でなくて、非常に精巧ないい感じだったので、「君はいい胴服を着ているね」とかたわらの家康が言ったんですね。松前は家康にもおべっかしておかなきゃいけないので、「これは蝦夷錦というものでございます」といって、早速差し上げたわけです。

蝦夷錦は室町時代にすでに現れていると思うんですけれども、そのもとを辿れば、明朝の漢人が官服を着る。官服はむろん錦ですが、その錦は主として蘇州でつくられる。蘇州でつくられた官服を北京の人が北京で着ておって、古びたものを長城を越えて遼東――後に日本人が満州とよんだ土地の者に渡し、トゥングース系の土地の人間が人参を持ってくると、これと交換する。それが沿海州にまで及び、沿海州の樺太アイヌが何か物をもってきて――それがコンブであったかどうかわかりませんが――錦をもらう。それが千島のアイヌにまで伝わっていて、千島アイヌがまたその錦をなんらかの交易で樺太アイヌから手に入れる。それが北海道つまり蝦夷本島のアイヌの手に入り、それで松前のお殿様の手に入ると。それが後に家康の時代になると、江戸に行って、お坊さんの衣とか、女の人の帯地になるというようにですね。

蘇州という南の土地のものがはるかに千島、樺太まで回って、最後に江戸へやってくるというその交易の仕方というのはたいへんな範囲ですね。

**網野**　そうですね。ちょうど一五世紀の半ば、応仁の乱のあとに、夷千島王《えぞがちしまおう》(25)という王様が、朝鮮国王に『大蔵経』をもらいたいという使者を送っているんです。最近その事実が発見されたんですけれども、その使いが持ってきているのがコンブと織物なんですね。これは蝦夷錦ではないかななんて思ったんです。

それとトナカイの角らしいものを贈っている。そしてその使いが言うには、自分の国は「野老浦」の東にある。たぶんこの「野老浦」は挹婁《ゆうろう》だろう。

**司馬**　沿海州から松花江《スンガリー》あたりにいたトゥングース系の民族ですね。

**網野**　はたして夷千島王と名乗る人が実在したのか、それがどういう人であったか、学者の間で議論がありまして、安藤氏(26)という津軽の豪族ではないかという説が有力です。安藤氏はまさに安倍氏の裔であることに誇りをもっている一族で、最近の研究だと、この安藤氏は津軽から若狭あたりまでの日本海側はもちろん、下北を回って太平洋に出て仙台の近くまで動いていたというんです。

**司馬**　荒海ですけどね。

**網野**　まさに荒海だと思うんですけれども、下北を越えているとすれば、日本海を越

(25)　『朝鮮王朝実録』によると、成宗一三年(一四八二)四月に「夷千島王遐叉」の使者を名乗る宮内卿という人物が、朝鮮王国に来て大蔵経を求めたという。しかし夷千島王と宮内卿の筆跡が同じであったり、夷千島の形勢についての知識もないことから、朝鮮王朝は夷千島王の存在を疑い、偽使として対応した。この夷千島王の正体については諸説あり、安東氏説を採用する研究者が多いが、網野は渡島半島上ノ国あたりの首長だったろうと推論している(網野「北国の社会と日本海」【著作集10】参照)。また近年は、長節子《おさ》による対馬島民説が有力視されている。

えて朝鮮には当然いくでしょうね。

それにしても、夷千島王と名乗る意識が日本列島で生まれてきたということは、やはり室町時代でなければ起こらない。南のほうでは琉球国王が誕生する時期で、あの時期に日本列島は四分五裂になる。その状況が次の時代をつくりだすんですね。そのさいに海の交流をもっと考えると、日本の地域についてのとらえ方も、だいぶ違ったものになるのではないかと思うんです。

**司馬** その夷千島王のちょっと北にカムチャツカ半島があって、カムチャツカ半島にやはりトゥングース系というか、アジアモンゴロイドの人々であるカムチャツカダールとロシア人が後におよぶ民族がおった。彼らは千島アイヌと交易していまして、千島アイヌが持ってくるものは和人の針だそうですな。縫物の針。その縫物の針ばかりはカムチャツカ半島ではできない。

もともと鉄に始まった今日の話なんですけれども、非常に鉄の生産の盛んだった室町期ぐらいから江戸初期に至るまでの間を考えますと、カムチャツカダールは、はるかなる南の日本を針を持ってくるところだ、針をつくって千島アイヌが持ってくるところだと思っている。

琉球も、琉球王朝ができる頃よりもちょっと前に製鉄がやっと始まっている。製鉄が始まりますと、鍬・鋤という兵器よりも猛々しい道具によって、ここはおれの作った畑だ、あるいは隣の畑まで侵略したくなる土地の私有というあの猛々しさが生まれるわけですが、琉球王が成立しますと、製鉄をあまり奨励しなくなる。

というのは、人の心をいままでの純朴のままにしておきたい。棍棒一つで穴を掘ってタロイモを植えていた時代には、苦労が多くて、隣の田圃まで侵略したって、おれの尽力ではとてもだめだ、耕作しきれない、というので穏やかだったのが、鉄器が入ると猛々しくなるということだったでしょう。

琉球の鉄器の鍛冶場と踏鞴《たたら》とを見ますと、たいてい伝承としては和人がこれをつくって、ここで製鉄したんだと言われていますから、それも室町初期の和人だろうと思うんです。

何かわざわざ日本を鉄の国だと片よせて言うのは面映ゆいんですけども、日本はとに

(26)　中世における陸奥国津軽地方を拠点として活動した豪族。前九年の役で討たれた安倍貞任の子高星の後裔を称する。一五世紀以降は「安東」と表記するようになった。同氏は鎌倉時代は得宗被官となって、津軽地方における得宗領の地頭代や「蝦夷の沙汰」を行い、十三湊《とさみなと》を拠点に日本海を中心に広く交易を行っていた。室町時代中期頃に南部氏によって十三湊を追われ蝦夷地に渡るが、のちに陸奥国檜山(現・秋田県能代市)に拠点を移し、戦国大名へと成長した。戦国末期に秋田氏を名乗り、近世には二度の転封を経て陸奥国三春藩主として明治まで存続した。

かく安く鉄が出来る。高温多湿で樹木は盛んに生え、それを木炭にする。一山伐って何トンかできるだけなんですが、その一山は三〇年で復元するようですね。特に山陰・山陽の山脈は三〇年でまた元通りの木炭ができる程度の太さに、植林せずしてできるようです。ですからまあ、まあ、鉄を多産する条件はあるわけで、その鉄生産の条件のよさが平安末期ぐらいから実り始めて、武士が勃興していく。そして室町期には加賀平野が耕されていく。

**網野**　最初の話に戻ってきた(笑)。

**司馬**　というのがぼくの中世の景色なんです。

## 日本史、遠交近攻の構図

**網野**　景色は人によってそれこそいろいろで、鉄が猛々しいとおっしゃいましたけれども、まさに現在、さきほどの西と東の歴史家の見方の違いが非常にはっきり現れておりますのは、日本の普通の庶民の目指しているのは、やっぱり平和と安穏である、それが庶民の一つの理想的な願いだ、こう主張なさるのが西なんです。

**司馬**　あ、そうですか。

**網野**　それを猛々しく打ち破るのは殺し屋の武士たちである、ということになりまして、武士の評価は俄然、低くなる傾向が一方であるんですね。

その全く逆は、武士こそ開発の領主である。最近、石井進さんが言っていることは大変面白い。西のほうの田圃は、谷田が多い。ところが、東のほうではちょうど頼朝の時代から関東平野の湿地帯が盛んに開墾され始めます。それを西に持ち込んだのは東の武士で、地頭は西の低湿地を開発したというんです[27]。

**司馬**　なるほど。

**網野**　これは東のほうの評価で、武士はもちろん関東に新天地を拓いたと同時に、西にもそういうプラスもしておるんだというのが東の主張です（笑）。けれども、こうしたものの見方は、日本人の中でもかなり違うことはたしかで、鎌倉幕府ができる時期を英雄時代としてとらえる見方は東の日本人にははっきりあると思うんです。しかし西はこれを否定する。たしかにこのとき西は東に蹂躙《じゅうりん》されたところがありますからね。

またこれ以上言うと、いろいろあちこちで怒られるけど、面白いのは、東北も関東に蹂躙された時期がある。

**司馬**　まあ、平泉《ひらいずみ》の滅亡後は関東に隷属した形になりました。

**網野**　ええ。ですから東北の歴史家たちが案外、西の歴史家と相通ずるわけです。関

---

（27）石井進「地頭の開発」（『鎌倉武士の実像』平凡社ライブラリー）。

東はどうも九州と相通ずるらしいという(笑)。

ここまで言うと、また調子に乗りすぎると叱られるんですが、しかし、それは歴史的にみても、政治的な構図としては非常に古くからあるわけですね。後白河と奥州藤原氏、頼朝と九州とか、遠交近攻は事実としてありましたから。

**司馬** そうです。鎌倉幕府が成立をすると、頼朝は功績のあった御家人を西のほうへやりますね。そして、室町幕府が成立しても、また功績のあった御家人を西のほうにやる。頼朝の時代はほとんど九州一円に御家人が行きました。それで守護になり地頭になりました。それから兵庫県を含めた中国地方もほぼ御家人の勢力下に置かれた。これがないと、東西はもっと単純な際立ち方をするだけだろう。これがあってはじめて関東の風というのは西国に根づくわけです。

ここからちょっと方言のことをいうと、広島県あたりはずいぶん関東御家人が入っていましたから、広島の人は、いまでも東京へ行ったら、アクセントも「クモ」「ハシ」はじめ、広島アクセントの通りで通用します。広島の人は標準語どおりできるんです。

それから、ちょっとこれは中世と違うのですが、方言のことで調子に乗って申し上げますと、江戸初期に仙台の伊達家が宇和島のお殿様になったものですから、宇和島のいまの若い人は、東京へ行くと、その日から標準語になれるんです。それから大阪に来ると、その日から大阪弁になれる。非常に面白い二重性をもっている。

九州は、鎌倉時代にびっしりと九州に御家人が配られて、豊後の大友氏なんていうのは頼朝の落とし胤の子だと言い、そしたら、負けじと薩摩の島津氏も、おれのところも頼朝の落とし胤の子だ。その証拠に、いま二階堂とか児玉とか関東にしかない姓が島津氏の幕下にたくさんいるじゃないか、となってくるほどです。

それから思うと、よほど鎌倉御家人の影響は九州において強かったろうと思います。これは二つの文化がやっとここで結合したということでしょう。だけど、従者になったということでは、たしかにそうではあるけれども、西の人としてはつらいんでしょうな(笑)。

**網野**　東北のほうは、日本海交通が非常に活発ですから、東北と西の関係は非常に深いものがあるんですね。案外、西の方言が日本海側の東北にあるようなことを言いますね。

**司馬**　山形県の庄内地方や秋田県、それから佐渡島には上方の言葉や言い回しはずいぶん残っているようですね。これは室町時代からそうだと思います。

**網野**　言葉もそうでしょうが、構図からいうと、学者の構図が、どうもそうなりがちではあるんです。

**司馬**　面白いですね。日本も多様な感じで。非常にユーモラスですし(笑)。

# 2 東と西――歴史に息づく〝地域〟の特色

**森 浩一**(もり・こういち)　一九二八―二〇一三。考古学者、古代学者。同志社大学予科在学中に古代学を提唱。学生考古学研究会(のち古代学研究会)を設立し、学術雑誌『古代学研究』を刊行。大阪府立泉大津高等学校の教諭を務めた後、同志社大学大学院文学研究科修士課程修了。同大学教授。網野との対談・共著が数多くある。著書に『古墳の発掘』(中公新書)、『関東学をひらく』(朝日新聞社)、『地域学のすすめ』(岩波新書)など。

●**初出／底本**　森浩一編著『古代は語る　森浩一対談集――古代日本人の技術』河合出版、一九九〇年八月／『網野善彦対談集』2

**森浩一の語る網野さん――**　私はのどがかわいてもミックスジュースは飲まない。本当は冷たい水がうまいのだが、喫茶店ではオレンジとかバナナとか正体のはっきりした単品のジュースを注文する。

考古学や歴史学の進め方においても、ミックスジュースを好む人と単品主義の人とがあるようで、たとえば北海道から沖縄までのあちこちの地域から、適当に歴史事件や目立った遺跡などを継ぎあわせる概括的把握がまだ大勢を占めている。

これにたいし網野さんは、『東と西の語る日本の歴史』〔講談社学術文庫【著作集15】〕の著作にうかがえるように、日本の文化や歴史をミックスしてしまわないで、東日本・西日本という大きな地域の対比で見ようとしたし、それは啓蒙的には見事に成功している。

網野さんとは、この数年間、ほぼ毎月一回ある編集委員会で顔をあわせているが、感心するのは、文献(史料)の読みの深さである。つまり、古文書を読むだけならたくさんの研究者がおられるのだが、読めるだけではなくその内容から歴史的なおもしろさ・重要性にハッと気づく力の強烈さであり、俗っぽい言葉だが歴史センスのよさといってよかろう。

先日いただいた最新の論文には、中世に家財が差し押さえられた史料を地域ごとに比較し、意外と都の人の持ち物が貧しく、たとえば若狭の漁民の持ち物の多さに着目された。それなどを、なりわいとしては漁《すなどり》だけではなく、海上交通や商業活動をするという意味で海民とよんでおられる。

## 地域の背景にある大陸との関係

**森**　最近、日本の歴史の中で「地域」というとらえ方が盛んになってきています。たとえば考古学の分野でも古墳、土器、銅鐸などいろんなものを理解するのに、そうした考古学の資料から考えていくのではなく、これまでの大和朝廷一辺倒の歴史観の中へなんとかつじつまあわせをするだけ、というきらいが強かったように思います。しかし、それではどうやらだめだということに気づいてきました。そこで出てきた新しい見方が「地域」ですが、これは重要な視点ですね。

われわれが考えている地域は、吉備とか出雲といった大きな単位の地域だけではありません。たとえば、奄美諸島の一つに徳之島があります。徳之島の方言調査が数年前におこなわれたのですが、あの小さな島でも西海岸と東海岸とでは言語が違うんですね。沖縄に言語が似ている地域と、南九州に似ている地域とがあります。だから言語でいうと、徳之島のような一つの島でも二つの地域に分けて理解しないといけないわけです。

奈良県でも考古学的に見ると、現在では少なくとも四つの地域に分けて考えないと理解できないことがわかってきました。よく「大和の古墳文化」とか「大和の弥生文化」などミックスジュースのようにいう人がいますが、四つの地域に分けないと、弥生式土器の変遷、あるいは弥生文化から古墳文化への移り変わりはとらえられないわけです。

地域の問題は考古学だけでなく、おそらく近代史・現代史を研究する人にとっても根本的な問題になっているのではないかと思うのですが、網野さんは「地域」について現在、どうお考えになっておられるか、例をあげながらお話していただけますか。

**網野**　私の専門は中世史なので、最初の発想はそこからはじまっているんです。全国の荘園をあちこち見ていると、同じ荘園といっても性格が地域によってまったく違うんですね。

東国や九州では一つの郡がすべて荘園になることがあります。郡荘というのですが、これにたいして畿内近辺では田地がバラバラで、集落と耕地の実態からかけ離れているような荘園もある。荘園の構造を見ても、東国と九州中部以南はよく似たところがあります。

そういう非常に違った実態を持った単位を、ひとしなみに荘園ととらえて、単一の制度としてすませておくだけでは、本当の中世社会の実態はわかるはずはない。それで荘園の地域差、荘園に見られる地域の特質を考えるようになったわけです。

中世は政治的に見ても各地域に独自な権力がいろいろな形でできてくる時期です。そういう中世の社会を考えるとき、律令時代以来、古代国家の王朝が存在した中央、つまり京都・奈良をすべての中心に置いて考える見方と、東国に成立した鎌倉幕府を「国家」ないしそれに準ずるものと見てそこにもう一つの中心を求める考え方と、大きく二つに分かれているのです。

どちらにも根拠があると思うのですが、おもしろいことに西の学者はやはり前の説が強いような気がしますね。それにたいして東の出身者は、やはり関東は独自な地域である、あるいは東北まで含めて独自な地域だと考える傾向が強いようです。

それはともかく、私は日本をはじめから単一民族・単一国家と思いこんでしまったのでは、日本の社会は理解できないと考えているわけです。

たとえば平安時代中期の関東地方に平将門《たいらのまさかど》の国家ができると、『将門記《しょうもんき》』では平将門のことを「新皇」と書き、京都の天皇には「本天皇」という言葉を使っています。この点に関して、かならずしも「新」を高く評価しているのではなく、「本」のほうが優位にあると見ることもできますが、少なくともこのとき「新」「本」という形で、はっきりと東と西にそれぞれ別の権威が日本列島の社会の中にできたといえます。それはのちの歴史に大きな意味を持っているのです。

このことと、さきほどの荘園の地域差などを重ねあわせてみると、やはり日本列島の社会には古くから非常に異質なものを持った地域があるんですね。かなり異質な風俗・習慣・社会構造を持った地域が、日本列島の社会の中にあって、それはきわめて古くから、考えなくてはならない。

ということで、考古学の研究成果などとも結びつけてみると、非常に大ざっぱですが、東と西の違いは単純に日本列島の中で生じた違いではなく、海を通じての外の世界とのつながりにも関係しているのではないか。それを、もう少しそれぞれの地域について細かく調べていけば、いままでの日本の歴史の見方の中で抜け落ちていたいろいろな問題が出てくるのではないかと考えているんです。

**森**　平将門の時代は大陸でいうと非常に大きな国家の入れかえの時期で、朝鮮半島でも少し前の九三五年に統一新羅がほろんで高麗ができています。『将門記』を読むと、中国の東北部にあった渤海《ぼっかい》(1)を東丹国《とうたん》(2)がほろぼした(九二七年)、だから自分が新皇になるのだと(3)、根拠を東アジアでのよその国の革命というか激変に求めていますね。

**網野**　そうですね。

**森**　私は『将門記』のこの問題を重視しているんです。つまり、そういう東北アジアの政治情勢についての情報は、どこから入ってきたのかということです。朝鮮半島から九州、瀬戸内海、京都を経て東北に入るあたりまえのルートだったのか、それとも日本海ルートで大陸から直接入ったのか。おそらく大陸から直接、日本海ルートで入ったのではないかと思うんです。

**網野**　私もその可能性は大きいと思いますね。これよりさき、中国では九〇七年に唐がほろんで五代十国の乱(4)がはじまり、朝鮮半島でも新羅が分裂して高麗が建国されていますから、将門がそれらを根拠にあげてもおかしくはないのに、なぜ渤海と東丹国をあげたか。これにはかなり重要な意味があるような気がします。

東国の製鉄には、西日本の製鉄とは違った点があるそうですが(5)、そういうことを考え

(1) 七世紀末から一〇世紀初期まで、中国東北地方の南東部、朝鮮咸鏡道、ロシア沿海州にまたがる領域を支配した国。もとは高句麗に所属していたツングース系靺鞨人、大祚栄《だいそえい》によって建国された。始め国号を震としたが、唐より渤海郡王(のちに渤海国王)に封ぜられ、国号も渤海と改称した。唐の文物を取り入れながらも、時に敵対し、「海東の盛国」と評されるほど隆盛を誇った。しだいに内紛が相次ぐようになり、契丹《きったん》(のちの遼)によって滅ぼされた。

(2) 契丹の太祖耶律阿保機《やりつあぼき》が渤海を滅ぼし、その地につくった国。国王には長子耶律倍をたてた。建国の二年後(九二九年)には国使として裴璆《はいきゅう》を日本に遣わしている。ちなみに裴璆はそれ以前にも渤海の大使として二度来日している。

(3) 「去ぬる延長年中の大赦契王(「大契赧王《だいきったんおう》」の誤記)のごときは、正月一日をもて渤海の国を討ち取りて、東丹の国に改めて領掌せり。盍《いか》んぞ力をもて虜領せざらむや」(『日本思想大系 八 古代政治社会思想』岩波書店)。

(4) 唐が滅亡した九〇七年から、宋によって統一される九六〇年までの、五〇年間に及ぶ中国の内乱。中原《ちゅうげん》と呼ばれる黄河流域に五つの王朝が興亡し、その周辺には十余国が分立していたことから五代十国と呼ばれる。

(5) 高橋一夫の研究(「古代の製鉄」『講座・日本技術の社会史 5 採鉱と冶金』日本評論社)を踏まえた発言と思われる(網野善彦「鉄器の生産と流通」【著作集9】参照)。しかし、その後の製鉄史における研究の展開からも、この点については未解明の点が多いことが、山本幸司により指摘されている(【著作集17】校注一〇参照)。

ても西から入ってくる文化とは別に列島の外と交流するルートがありえたのではなかろうか、ということですね。

渤海の使節が頻々と日本海方面にやってきますし、中世の様子を見ても日本海沿岸の若狭、越前あたりの小さな海村が農村に比べて莫大な富を持っている。それは日本海での交易や貿易をやっていたからに相違ないわけです。

ということを考えると、朝鮮半島から北九州を経由するルートとは別に、将門の時代にすでに、まだ発見されていない北からのルートで、渤海を意識させるような条件が東国にあったのではないでしょうか。

われわれにはまだその糸が見えないのですが、考古学的にはどうでしょうか。

## 鉄仏の流行もアジアの情勢と関連

**森**　有名な多賀城の碑(宮城県多賀城市)には多賀城を中心とした世界観が書いてありますね。「都を去る何千里」からはじまって、そして最後にわざわざ中国東北部のツングース系の靺鞨《まっかつ》を基準にして、そこから三千里だと多賀城の位置をしめしています。その当時、九州や京都の一般の人は靺鞨などは知らなかったと思うんです。だから日本列島といっても、そういう国際関係を背景にしたいろんな地域があるわけですね。あるいは、早稲田大学の先生が論文にお書きになっていますが、駿河国に日持上人《にちじしょうにん》という人がいて、永仁年間(一二九三—九九)に中国へ渡ってお寺を建てようと発願して、二年のちに北京の北で建立に着手しています。(6) そのとき日持上人が渡っていったのが、のちに間宮林蔵(7)が行ったルートなんです。

するど、文献には明記されませんが、鎌倉時代の駿河国の人にとって、中国へ行くのになにも博多を経由しなくても、北海道のほうから行けるという潜在的な知識があった。関東・東北地方の場合、やはりおっしゃったように九州、四国、近畿とは違った国際的な雰囲気に包まれているんですね。

それと、鉄の問題ですが、東京都中央区人形町の真ん中に観音さん(8)があります。顔の長さだけで一メートル六〇センチもある鉄仏です。年代は鎌倉時代。復元したら、立像

(6)　ここで紹介されている日持上人の大陸渡航説は、現時点では史料的根拠も含めて疑問な点が多く、否定的な見解が大勢である。

(7)　一七七五(八〇年説もあり)—一八四四。江戸後期の測量家、探検家。常陸国筑波郡上平柳村(現・茨城県つくばみらい市)の百姓の子ながら、算術の才があることから測量術を学び、蝦夷地御用掛雇となった。函館で伊能忠敬に師事し、幕命により樺太調査を行う。一八〇八年、松田伝十郎とともに樺太が離島であることを確認、翌年単身で樺太に渡り再確認した。その際には、樺太西海岸のノテトから大陸側の黒竜江河口のデレンに渡った。その記録は間宮の著書『東韃地方紀行』として残されている。

なら六メートル、坐像でも相当な大型の仏像があったことになります。

もとは鎌倉にあったそうです。明治時代の廃仏棄釈のときにスクラップにするために持ってきて深川へ置いておいたところ、道行く人がおさい銭をあげて樽がいっぱいになった。これはスクラップにするよりさい銭をとるほうがもうかる、というので助かったんですね。現在はちょっとしたお寺に祀ってあって、毎月一七日がご開帳の日になっています。そういう高さが何メートルもある鉄仏は、関西では見られないものですね。奈良県に唯一ある鉄仏で四〇センチくらいです。

鎌倉・室町時代の大きな鉄仏は圧倒的に東北にかたまっています。一つは鉄の資源の問題でしょう。しかし鉄の資源の問題だけで解けるのであれば、なぜ有数の鉄の産地である出雲にはないのか、という問題になります。

そこでアジア全体を見ると、鉄仏が非常に流行するのは高麗です。新羅がほろんで高麗になると、とたんに鉄仏が大流行するわけです。

鎌倉・室町時代の仏像の特色を素材で分けると、東は鉄、西は木ですね。そして鉄のほうは、朝鮮半島の高麗の事情と一脈通じている。もっとも中国でも南宋のころには非常に大きな鉄の塔などが造られ、こんにちの広州に残っていますが(9)、日本に近いところではやはり朝鮮半島の鉄仏ですね。これは非常におもしろい日本の東と西の違いだと思うんです。

海を通じた外の世界との関係

網野　文化というか、社会全体の好みが違うのではないかと思いますね。鉄の仏像はブロンズに比べればあまりきれいじゃないですね。きれいではないけれども、なにかあのような力を持ったものを好む気風が関東にはある。尾張にも鉄仏がありますね。このあたりが西限ではないでしょうか。

同じようなもので、美術史家が「鉈彫《なたぼり》」とよんでいる丸ノミの痕を残した粗い木彫の仏像がありますが、これもやはり関東や東北で特徴的に見い出され、これも鉄仏とどこかつながっている。しかし、それだけではなく、東と西では社会構造そのものにも、かなり違うものがあるような気がするんです。

（8）　人形町大観音寺の鉄観音。もとは鎌倉小町通りにある鉄《くろがね》ノ井（鎌倉十井のひとつ）の前にあった鉄観音堂に頭部のみ安置されていた。言い伝えによると、もとは北条政子によって創建され正嘉二年（一二五八）の火災で焼失した鎌倉扇ヶ谷《おうぎがやつ》の新清水寺《しんせいすいじ》の本尊であり、それが井戸より掘り出されたことから「鉄ノ井」と名づけられたという。また胴体部分は崩れたため鉄観音堂内に仕舞われていた（『新編相模国風土記稿』巻八二、『新編鎌倉志』巻之四、参照）。

（9）　広州市の光孝寺には東西一対の鉄製四角多層塔が残されている。ただし造立は南宋時代（一一二七―一二七九）ではなく、五代十国時代の南漢の大宝一〇年（九六七）。

荘園の大きさの違いについてさきほども触れましたが、非常にラフないい方をすれば、東のほうはどちらかといえばタテ社会の傾向が強い。これにたいして、西は人と人の結びつき方が横につながる。ただ、南九州はまたちょっと違うような気がするんです。

いままでは、なんとなく農業がいちばん発達したところが中心だと考えられてきた。そうなると、どうしても畿内とその周辺地域ですね。しかも、そこがいちばん商業の発達したところであるという常識があったわけです。

ところが、中世に入って、百姓や侍クラスの人の財産や家が差し押さえられたときに、その財産をすべて書きあげられることがあるので、それを調べてみると、畿内に近い地域の農村部よりも、海辺の浦の百姓のほうがはるかにたくさん銭を持っていることがわかります。

都から離れた辺境の地域といままで考えられがちだった九州の五島の青方村(現・長崎県南松浦郡新上五島町青方郷)の人が、畿内地域の農村部の上層の百姓よりも、はるかにたくさんの銭や財産を持っているんです。

陸奥の十三湊《とさみなと》からは銭が発掘されているし、北海道の志苔《しのり》の埋蔵銭は有名ですね。薩摩の坊津《ぼうのつ》では江戸時代の清《しん》の銭を見たことがあります。海の役割をわれわれはもっと重視する必要があると思うので、ちょっと話がはずれますが、明治維新のときになんで薩長土肥が動きだすかということにも、海を通じての外の世界との関係が大きく作用しているのではないかという見方もできるように思えます。
考古学から見て、いかがですか。

**森**　南九州というと隼人《はやと》の世界ですね。考古学ではどの時代からの考古学的状況が隼人かというのは非常にむずかしいのですが、普通は鹿児島県日置郡市来《いちき》町(現・いちき串木野市)の市来貝塚から出土する縄文後期の市来式土器が、だいたい隼人的だと考えられています。

市来式土器というのは貝殻で模様をつけた土器で、あちらこちらに運搬されています。おそらく船で商業活動のようなものをやっていて、それにともなって動いているだろうと思うんです。

市来町には小さな潟があって、さらに川を少しさかのぼったところに港があったと推定されます。李氏朝鮮(一三九二―一九一〇)の正史である『李朝実録』などを見ると、市来某というのが盛んに向こうへ献上と称して行っています。室町時代になっても、幕府を介さずになかば独立した勢力として朝鮮半島の李朝と実質的な貿易をおこなっていました。

市来式土器のように考古学で標識土器になっているような遺跡のあるところは、のちの中世まで重要な場所だという一つの例ですね。

南九州の場合、お米の栽培ということではそれほどいい条件ではないんです。たしか奈良時代の文書によると、薩摩では蔵に入れる場合、「穀《こく》」にして入れずにモミ殻のついた粒、つまり穂首でたくわえていたとあります。

だから畿内に比べると後進的だと考える人もいるのですが、『南島雑記』[10]という江戸時代に奄美大島へ流された人の日記を読むと、奄美では湿度が高いために穀にして蔵に保存するとすぐに腐ってしまう、だから奄美では米は穂首のままで蔵に入れると、ちゃんと書いてあります。学者というのはすぐにどちらが先進的で、どちらが後進的かと考えるきらいがありますが、これは農業などのトレーニングをまったくしていない現代人の頭で考えるからですね。『南島雑記』によると先進でも後進でもなんでもないわけです。そこの地域の気候に応じた収穫法であり、貯蔵法なんです。だから、そういうことで考えると、まだまだ隼人というか隼人地域の問題も大いに評価できると思います。

私がおもしろいと思うのは、『新唐書《しんとうじょ》』という中国の歴史書の中に「邪古《やく》、波邪《はや》、多《た》尼《ね》」の三小国王があって、それが織り物の取り引きに来ると書いてあることです。波邪は隼人の地域のことでしょう。邪古は屋久島、多尼は種子島《たねがしま》ですね。だから奈良時代ごろには、中国の江南と独自に交易活動をおこなっていたのではないか。

種子島というと一五四三年の鉄砲伝来がよく知られているのですが、実際に行ってみると、製鉄遺跡がたくさんあります。鉄砲伝来よりも古いもののほうが圧倒的に多く、それ以後のものは少ない。鉄生産の盛んなところへ、鉄砲が伝来したわけです。漂着したポルトガル人の乗った船も、やはり種子島が交易の一つの拠点であったからやってきたのですね。

種子島銃は極端にいうとヨーロッパ人の長い身長に対応していた鉄砲を、アジア人の短い身長にあわせたものです。たんにコピーしたというだけではなくて、こちらの身長にあうように作りかえているわけです。

一六世紀の段階でそういう鉄の加工ができるところは、世界的にもあまりなかったでしょう。同じものを作るのであれば見よう見まねでできますが、工夫とか改良とかはできないと思います。その意味で南九州はこれからおもしろくなるところだと思っているんです。

**網野**　中世でも薩摩の村では稲を「石《こく》・斗《と》」ではなく「束《そく》・把《は》」で数えている例があります。意外にそういう伝統は後々まで残っていくんですね。

(10)『南島雑話』を指していると思われる。同書は奄美大島の地誌・図解民俗誌。著者は、お由羅《ゆら》騒動に連座して遠島処分となった薩摩藩士、名越左源太。「大嶹窃覧《だいとう》」「大嶹便覧」「大嶹漫筆」「南島雑記」「南島雑話」など諸編名があり、これらを総括して『南島雑話』と呼ぶ。

## 無視できない日本独自の伝統

**森**　荘園のことをちょっとお聞かせいただけないでしょうか。全国には大小さまざまな荘園がありますが、一般には荘園というのはお米がたくさん穫れるところだという思いこみがありますね。

**網野**　いままで荘園は、なにか一つの農業経営体のように考えられていました。もちろん荘園の中にはいろいろな経営がありますけれど、最近では、荘園そのものを一つの経営体と見るのは事実ではないと考えられるようになってきました。荘園の内部の単位である名《みょう》(11)も同じで、これもそれ自体は経営体ではないのです。荘も名も年貢・公事《くじ》(12)の請《うけ》負《おい》単位で、一種の行政単位と見るべきだという考え方が有力になっています。

これは別のところでも書いたのですが、そういう荘園から上納される年貢について、以前は荘園は水田を中心にしており、米が穫れるから、年貢も米だと考えられていました。

ところが実際に調べてみると、それはまったくの誤りなんですね。絹や塩、鉄や金も年貢になっているので、米の年貢を京都や奈良へ送っているところはむしろ非常に少ないのです。瀬戸内海の周辺の国と九州は米です。年貢にはもともと各地域の特産物、土産を上納するという調庸《ちょうよう》の流れをくむ性質があったのだと思うのです(13)。

ですから年貢にははっきりした地域差がありまして、美濃、尾張から東の諸国では米

(11) 荘園公領制下における収取の最小単位。名における納税責任者を名主《みょうしゅ》と呼ぶ。西国の荘園では、百姓名・地頭名・荘官名などで構成されており、名主と言えば一般的には百姓名の名主を指す。しかし、関東では郡がまるごと一つの荘園になっていたりするように、名の規模も西国のそれよりも大きく、また名主が武士として御家人となるなど、西国の荘園とは構成が異なっていた。

(12) 年貢は所当・乃貢・乃米・土貢ともいい、公領では官物と呼ばれることもある。名(前掲注(11)参照)を単位に賦課され、毎年領主に納める貢租のこと。網野は、御成敗式目の注釈書である『唯浄裏書《ゆいじょううらがき》』の記述から、年貢を領主と領民との互酬関係にその本質があるのではないかと考えていた。また公事も名に対して賦課される負担であるが、物品とは限らず、労働なども含む。共同体の行事に淵源をもつもので、公事を納めることが共同体の成員であることを示すものであった。そのため西日本では、名が均等になるよう編成された場所が多い(網野『日本中世の民衆像――平民と職人』【著作集8】参照)。

(13) 古代律令制における租税制度では、田の面積に応じて賦課して米で収納する租と、地方の特産品を納める調と、労役の代償として布(場合により米、塩、綿)を納める庸の三種類の税が中心であった。一方、中世の年貢は、その成立過程に不明な面が多いものの、一般的には租の流れをくむといわれる。ここで網野が「調庸の流れをくむ性質があったのだと思う」と述べたのは、年貢品目に米だけでなく地方における特産品も多く見られるためである(網野『日本中世の民衆像――平民と職人』【著作集8】参照)。

の年貢を出すところは例外的に点々とあるだけで、あとはぜんぶ繊維製品、絹や布、綿なんです。もちろん田地はあるわけですから、田地から穫れた米を交易ですべて絹や布にかえて、それを荘園支配者へ差し出しているわけです。

瀬戸内海の島は塩を年貢にしているところが多いのですが、そういうところでは秋に穫れた米を平民に貸して、そのかわりに塩を年貢として出させる。そういう交易をやっているのですが、このように物と物を交換することを、「手《て》」といいます。米を相手に渡して人を買うとき、その米を「人手米」という。同じように、米をさきに渡して、そのかわりに塩を取るときにはそれを「塩手米」というんです。いまでも「酒手」というのは「酒手銭」の略でしょうね。「手」には交易する、交換するという意味があるようです。

そういう操作を荘園でやっているわけです。ですから、これまで中世は自給自足経済と考えられがちだったのですが、私は社会を商品貨幣経済と自給自足経済にすっぱりと分けてしまうのは、ちょっと荒っぽいと思いますね。こういう年貢・公事を収取するときの交易だけではなくて、平民の日常生活に不可欠な品物、たとえば農村部での塩や魚貝類、海藻などは当然のことですが、鉄器は農具から台所用品まですべて市庭《いちば》(14)で入手されています。衣類も帷《かたびら》だとか小袖《こそで》などの上質なものはみんな市庭で買ってくるわけです。とすると生活の基本的な部分が、中世のかなり早い時期、平安時代の後半には市庭に出まわっていたことになるので、荘園の内部でも早い時期から市庭での交易、流通を考えておかないとまずいと思います。

荘園をたんに農業経営だけの世界、とくに稲作一色だけで成り立つと見るのは、かねがね言っていることなのですが、まったく間違っているし、この「常識」は訂正しないとまずいのではないか。少なくとも、稲作以外の山野河海での採取や手工業などのさまざまな生業のあったことを十分に考えたうえで、荘民の生活を考えなければいけないと思います。

弥生時代以来、稲作一色になったと考えるのではなくて、縄文時代以来の根の深い伝統も考慮に入れないと、日本の社会はわからないという気持ちが最近いよいよ強くなっているんです。

たとえば中世の時宗《じしゅう》の僧侶が着た網衣《あんぎん》というのがありますが、あれは縄文時代の織物と考えられるんですね。これは十分ありうることだと思います。中世の時宗の僧侶が

(14)　中世以前の表記。「ニハ」の使用例として、共同作業の場(狩庭《かりば》、網庭《あみば》、稲庭《いなば》、草庭《くさば》、塩庭《しおば》)、外部と交流する場(市庭《いちば》)、芸能が行われる場(舞庭《まいば》、乞庭《こつば》)、そして公の場(朝庭)などがあり、網野はニハを無主の場とした。また中世後期以降、一種の縄張りを指すようになり、文字も「庭」から「場」へと変化していったとする(網野善彦『中世的世界とは何だろうか』(朝日新聞社)の「庭」、同『歴史を考えるヒント』(新潮社)の「商業用語について」など参照)。

世を捨てて生活しようというときに、そういう原始的な衣類を身にまとったことには特別の意味があったのかもしれない。そういう意味で、考古学とわれわれとは無縁ではないわけです。

**森**　荘園の中での手工業的な生産や商業活動には、縄文時代以来のかなり長い伝統があるのではないでしょうか。だから世界史的な見方をするのも非常に重要なことですが、同時に日本の伝統というのも無視してはいけない。両方のかみあわせがいりますね。縄文農耕というと賛成する人も否定する人も、いままではアワやイモ、ソバなどいろいろ考えながら、縄文時代にはお腹のたしになるものを作っていた、いや作っていないというレベルで議論しておられた。

ところが実態がわかってくると、食べるものは意外と自然の山の幸、海の幸、川の幸などさまざまなものでいけますが、生活財はそうはいかない。たとえばロープなんて、船で沖に出るときは大小の綱がなければ、たちまち遭難する。これはじつに重要な物資ですね。

福井県の鳥浜《とりはま》貝塚では縄文早期、縄文前期ですでに四種類くらいの大小の縄が出ているんです。そして、その縄の半数くらいには麻を使っています。大麻を早くから植えて、縄の材料にしているわけです。

あるいは漆《うるし》を作るのに、混和剤としてエゴマの油がいります。『延喜式《えんぎしき》』には一升二合の漆にたいしてエゴマがたしか四合という比率が出てきます。かなり大量のエゴマがいるのです。

そうすると、鳥浜貝塚では漆器がたくさん出るだけではなくて、エゴマの実もたくさん出ます。おそらく最初から漆の知識の一環としてエゴマを作っていたと、私は考えているんです。ただ偶然、両方ありましたというのでは学問になりませんから。

そして、それを鳥浜だけで使うのかというと、おそらくそうではないだろう。かなりいろんな地域と、たとえば山のほうと交換をやっているだろう。その行動が日本の場合、基本的にはずっと残っていると思うんです。

**網野**　いまのお話でちょっと思い出したのですが、若狭の特産に椎〔シイ〕の実があります。中世の公事に若狭のシイが特産品として出てくるんです。太良荘《たらのしょう》がそうです。シイの実は採集によって採れるわけですね。中世の民衆生活のうえで、山野での採集はいままであまり考えられていなかったのですが、公事の中には山菜がかなりたくさん出てきますね。けっこう大きな意義を持っていたような気がするんです。

**森**　毎月二一日が京都・東寺の弘法大師の縁日ですが、奄美大島の人がシイの実を売りにきています。奄美ではシイの実をなかなか珍重しますね。高い飛行機賃を払って、わりにあわないと思うのですが、ずっと出ています。

## 父系的な〝東〟と女系的な〝西〟

**網野**　海を通じての外の世界との関係と同時に文化の伝統の深さみたいなものを考えなければいけないというのはまったく同感ですね。

私は海藻についても、もっと考えないといけないと思っているのです。海藻については戦後、研究した人は一、二しかいないのですが、古代の贄《にえ》(15)を見ると、ワカメなどの海藻や海苔には非常に大きな意味があった。しかし海藻はわれわれの食生活の中で、あまりにも日常化しているものだから、日本の社会が海藻を多食しているという特異性をわれわれはほとんど意識していないということがあると思うんです。

海藻を通じての朝鮮や中国、東南アジアなどの文化とのつながりが出てこないか、もう少し追いかけてみたら、なにかおもしろい問題が出てこないかな、と思っているのですが。

**森**　さきほどの荘園の話ですが、岡山県新見市に新見荘《にいみのしょう》がありますね。中心地はいまでも国鉄新見駅になっています。新見荘というとなにか豊かなお米地帯を連想しますが、ああいうところは本当の山奥という感じで、稲作には適さない荘園ですね。

川があって、川と道路との間にお寺がある。そのお寺の前で市《いち》が立っている。そしてお寺の裏に、いまでも川の中に船着き場が残っているんですね。私はそれを見たとき、荘園の中心地がやはり船着き場であり、交易センターであり、陸上交通の中心地でもあるということに驚いたんです。

**網野**　新見の町は高梁《たかはし》川の中洲の市庭がそのはじまりだと思うんです。中世の市庭は川の中洲や河原にできますね。これも広い意味では地域の問題になりますが、田地が多くある豊かなところにかならずしも町ができるのではない。むしろ町のできる場所は、水田や稲作と離れた中洲や河原、浦・浜や境なんですね。

新見の北部では鎌倉時代、鉄が年貢になっていました。さきほどの例に準じていうと、史料には出てこないのですが、たぶん「鉄手米」をさきに渡しておいて平民百姓から鉄を出させていた。これは間違いない事実だと思いますね。ですから鉄を一般の平民百姓が作っているのです。鉄は専門の職人がいなくても案外、かんたんに作れたのではないかという気がします。

新見荘には中世、職人として轆轤《ろくろ》師、それに鍛冶職人、檀紙《だんし》(16)という紙を作る職人もいました。新見は紙の名産地ですし、漆もたくさん採れた。ですから多様な職人がいたわけです。このように荘園での生活を農業だけで考えたのでは、ぜったいに本当の実態を

(15)　神や天皇に貢納する食品(神饌)。『延喜式』(本書対談8、注(3)参照)には、律令体制下での各祭祀における神饌品目・貢納量に関する記事が記載されている。渋沢敬三は「『延喜式』内水産神饌に関する考察若干」(『渋沢敬三著作集』第一巻、平凡社)において、贄における海藻類の重要性に触れている。

理解することはできないと思います。若狭の名《な》田荘《たのしょう》も山ばかりですからね。そういう意味で一つの荘園をより小さな地域に分けてとらえる必要があります。もともと荘園はさきほどいいましたように、年貢の請負単位なのですから。

最初にもいいましたが、とにかく東と西とではかなり荘園の内部構造が違うんですね。新見荘は広い荘園ですが、百姓たちの名《みょう》という体制はきちんとできている。いまでも、それは祭りなどのときには機能しています。

それにたいして、関東や東北の場合は広い郡のすべてが一つの荘園になる場合が多くて、小さな郷や村などの集落に分かれているのですが、名という単位はほとんどできないのです。

**森**　若狭には女性を中心にした系図[17]があるそうですが、あれも、やはり地域的な特色をあらわしているようですね。

**網野**　最近、非常に古い北条氏と大友氏の系図[18]が見つかったのですが、それを見ると、鎌倉時代ごろまでの東国武士の系図で女性が全体的には多くあらわれています。しかし、その女性の子どもまでを追いかけることはしない。だれのところへ嫁いだか、あるいは母はだれかなどは書いてありますが、そこからさきは追いかけていないわけです。

ところが若狭の一、二宮である若狭《わかさ》彦《ひこ》神社・若狭《わかさ》姫《ひめ》神社に伝来する「若狭国鎮守一二宮禰宜《ねぎ》代々系図」は特異な古系図で、男系だけではなくて、女系もしつこく何代も追いかけているんです。系図の中に出てくる女性の数が、ふつうの系図に比べるとはるかに多いんですね。双系系図といったほうがいいと思います。

若狭という国はふしぎに女性が表面に出てくるところです。太良荘にも非常にたくさんの女性が出てくる。これはもっと調べないといけないのですが、中世では村の寄り合いの代表に出てくるのは男性だということになっているのですが、若狭の海村の場合、女性が出ている場合もあるようです。中世前期には女性の名主《みょうしゅ》がいるし、女性の小百姓もいる。女性の御家人もいるので、そういう伝統と関係があるのかもしれません。

しかし、こういう傾向は西日本の古い系図にはある程度まで共通して見られますね。人と人のつながり方や女性のあり方が東と違うことによるのでしょうね。東はどちらかというと、家父長権や惣領権の強い父系的な傾向が強いような気がします。

西日本のほうにももちろんそういう傾向は中世後期には出てきますが、やはり家が横につながる傾向がある。姻戚・女系を重んじる。そういう社会構造の違いを、民俗学と

(16) 最も品位が高いとされた儀礼用の和紙で、宮廷や幕府の御用紙として使用された。楮《こうぞ》を原材料とする厚紙で、繭のような光沢をもつ点で奉書紙とは異なる。古代よりみられ、当時は「まゆみのかみ」「みちのくがみ」と呼ばれていた。
(17) 本書対談1、注(24)の文献参照。
(18) 野津本「北条系図、大友系図」(『国立歴史民俗博物館研究報告』第五集)。

共同で調べれば、まだかなりいろんな問題が出てくるでしょうね。

ちなみに、この若狭一二宮の系図には十七代禰宜・義文の没年が「建文弐年七月九日〔七日〕」と明《みん》の元号(建文弐年=応永七年、一四〇〇年)によって記されているんです。なぜかはわかりませんが、日本海沿岸では大陸と深い関係を結ぶ人がいたとしても不自然ではないですね。

**森**　土壌の違いみたいなものでしょうね。女性の問題でおもしろいなと思うのは、神功皇后伝説は圧倒的に西に多いことです。東へ行くと神功皇后伝説はかげが薄いですね。それと、さきほどの新見荘では東寺から派遣された代官が現地の人に殺されますね。殺されたあと「玉垣」という女性がその人のお葬式を出した。これが謎の女性ですね。現地妻のような雰囲気で書いている人もいますが、私はむしろ荘園の中で現地の商業活動を実質的にやっていた女じゃないかなと思うんです。

というのは古代の市にはわりあい女性が支配者にいるんです。玉垣をもっと新しい目で評価できるのではないでしょうか。

**網野**　おもしろいですね。遊女のあり方も西と東で違います。西の遊女は、船に乗りますでしょう。東の遊女は船に乗ることは少ないんです。鎌倉に一例ありますが、この点も東と西とでは違うのじゃないかなと思いますね。

**森**　中国に「南船北馬」という名言があって、北は馬が交通手段の中心になっているのにたいして、南の江南のほうではクリークが発達し、交通は船が中心になっています。すると日本の場合を見ると、どうも「西船東馬」ですね。

**網野**　ええ、その通りです。西では大坂湾、紀伊水道、瀬戸内海などは重要な幹線交通路ですし、海を舞台とした朝鮮半島や中国大陸との結びつきも活発でした。

いっぽう、東では「牧《まき》」が発達します。九世紀に入ると官牧が生まれますが、その中で馬牧は上野をのぞく関東の七カ国に駿河・遠江を加えた九カ国にあり、天皇に馬を貢進する勅旨牧も甲斐、武蔵、信濃、上野のように東国の牧でした。甲斐や信濃で「馬《ば》さし」を食べるのはその伝統ではないでしょうかね。

西船東馬という東西の地域的特性は、すでに古代にある程度まではできあがっていたと思われますね。

黒田俊雄◆網野善彦

# 3 北条政権をめぐって
## ——北条氏の執権政治は東国国家を目指したのか

**黒田俊雄**（くろだ・としお）　一九二六—九三。歴史学者。専門は日本中世史。京都大学文学部史学科卒業、同大学院入学。神戸大学教育学部助教授、大阪大学文学部教授を歴任。一九八三年に文学博士の学位を取得。退官ののち大谷大学教授。歴史科学協議会の代表委員なども務めている。「権門体制論」を提唱して学界に影響を与えた。

著書に『蒙古襲来』（「日本の歴史」八、中央公論社）、『日本中世の国家と宗教』（岩波書店）、『王法と仏法——中世史の構図』（法藏館）、『黒田俊雄著作集』（全八巻、法藏館）など。

●**初出**／**底本**　『中央公論　歴史と人物』七八号、一九七八年二月／『網野善彦対談集』4

## 北条氏把握の新しい試み

黒田　正直言いまして、私の感じでは、北条氏の時代というのは隔靴搔痒《かっかそうよう》というか、もうひとつよく摑めないところが残っていて、昔、通史(中央公論社『日本の歴史・蒙古襲来』)を書きました時も、どうしていいかわからない心残りがありました。そのころ、私の考えていたのは、戦前の政治史に対して、戦後社会経済史が非常に発展したので、社会の仕組みを中心に歴史をとらえていこうという段階で、それでどこまで歴史が摑めるかということでいろいろやってみた。そこでは結局北条氏というものを幕府の担い手という形でしかとらえられなかったわけです。頼朝との関係とか、幕府の中での執権の地位とかいったことだけで考えていた。ところがそれだけでは北条氏というものをどうもよく摑みきれないものだから、世相のいろいろな側面をみてみようとか、あるいは南北朝動乱へ向けての前ぶれのようなものが出ていて、そこにだんだん社会的な矛盾が蓄積されていることを指摘するなど、基本的には、そういう角度でみていた。

ところが、網野さんは、そういう戦後の新しい社会経済史的な発想をもう一つ乗り越えて、人間の生活の次元で幅広くとらえる新しい方法を呈示された(小学館『日本の歴史・蒙古襲来』【著作集5】)。そこでは、北条氏あるいは鎌倉幕府の理解の仕方も格段に深められていると思います。例えば網野さんのいわれる、農業民と非農業民の二つの世界という把握にしても非常に斬新ですね。要するに、今までは、封建社会といえば農業以外のものは補助的・副次的なものとしてしか考えないくせが歴史家の中にしみついていたわけですが、それに対して、網野さんはそうじゃなく、もっと重層的な構造があるということを言われたわけですね。

**網野**　政治史と社会史をいかにつなぎあわせるかという努力はしましたが、結局、政治史では佐藤進一さん(本書対談4、注(1)参照)とか石井進さん(本書対談4、対談者紹介参照)がおやりになったことの上にのってやった程度にすぎないんで、今のようにおっしゃられるとどうも……(笑)。

ただ、北条氏が幕府というだけでは摑みきれないといわれたところで感じるんですが、かつて佐藤さんが、北条氏は、普通伊豆の在庁(1)といわれるけれど、時政自身も四郎だけで何の官途も持っていない。千葉氏や三浦氏は介《すけ》(2)の官途を持っているのに比べて異様な感じがする。そういう関東の大豪族的な武士団と北条氏とは、出発点から少し違いがあ

---

(1)　山城国や大和国など「国」の行政を司る役所である国衙《こくが》にあって、その実務を担っていた役人。庁(役所)に在勤していたことから在庁官人と呼ばれる。国司の二等官(介)以下、雑色などによって構成される。郡司層の系譜を引く在地有力者層の出身者が多く、平安後期以降、開発領主となり武士化していった。また在庁のなかでも介クラスの有力者を、研究上、特に「有勢在庁」「有力在庁」と呼ぶ。

るんじゃないかということをいわれていた。事実、北条というのは伊豆の西寄りのあたりで、地理的にもあまり広いところではないし、北条氏の出発点は鎌倉幕府の中で、やや特異ではないかという気がします。それが以後の政治史にどういうふうに影響してくるかというのが、北条氏を考える上で大きな問題ではないか、と思います。

**黒田**　今のご指摘のような点が、恐らく鎌倉時代の最末期の得宗《とくそう》専制(3)段階での北条氏一門のやや特異な活動の仕方と関係があるんではないでしょうか。

**網野**　そこで私のほうから伺いたいんですが、以前黒田さんは、いわゆる権門体制論(4)を提唱されて、中世国家論に非常に大きな影響を与えられた。それまでは新しいものとしての武家があり、古いものとして公家があって、武家の力が強くなってきて公家を倒すという考え方が通説的だったんですが、武家もある意味では公家と同じ本質を持っており、公家もまた中世になって武家と同じ質のものに転換をしていく。その両者がそれぞれの機能を分担している国家を考える必要があるんだとおっしゃった。そうしますと、その中で北条氏をどのように位置づけられるのかという点を伺いたいんです。

**黒田**　その点は十分調べがつかないままで今まで来てしまったんですが、私が権門体制論を提起したときに、北条氏について考えましたことの一つは、要するに武家勢力——幕府と言ってもいいんですが——が、天皇家なり摂関家なり特別大きなものを中心にして、緩い連合をしながら幾つもの権門のグループに分かれている公家に、対抗する勢力としてできてきた。その場合、京都の諸権門に対する幕府というのは、将軍を中心にした強固な特色ある権門でなければならなかったので、最初は頼朝のような人物が必要であったわけです。ところが事実において、源氏将軍はすぐだめになってしまって、後を北条氏が引っ張っていく。昔は、北条氏が源氏の権力をいわば簒奪し、公家将軍、親王将軍も飾りだけに置いていたという言い方をされたけれど、そうではなく、公家出身とか親王とか、ともかく権貴の出自の人物を、将軍つまり武家の棟梁として置いておかなければいけない、つまり北条氏では権門になれないというところが、権門体制たる

(2)　国司の二等官。律令官制では四等級の職階制をとるが、国司の場合、上から「守《かみ》」「介《すけ》」「掾《じょう》」「目《さかん》」となる。国司の一等官である「守」はほとんどの場合在京しているため、在庁のなかでは「介」が一番上の階級となり、有力在庁の代表的な存在でもある。当時の有力御家人は国司の二等官「介」であることが多かった。

(3)　北条氏の宗家である得宗家による専制政治体制を指す。佐藤進一によれば、鎌倉幕府における政治史は将軍独裁政治、執権政治、得宗専制政治の三つの時期に区分できるとする。得宗専制政治は一二八〇年代後半に確立したとされる。

(4)　日本中世の国家機構は天皇家・摂関家などの公家、南都北嶺をはじめとする大寺社、そして幕府などの諸権門が、荘園や公領の支配を経済的基礎として、相互補完と競合対立によって成り立っているとする。この権門体制論は中世における統一的な国家機構の存在を前提とするが、幕府を東国国家とみる研究者からの批判がある。

ゆえんだと思います。私が今まで考えてきた北条氏の位置づけというのは、大づかみに言うとそういうもので、これはこれでいまもそう考えていますが、しかしそれは政治的な機構の上の位置づけにとどまっていますから、北条氏の独特の持ち味がはっきりしない。もう一つよくわからないままだったというのは、そういうことなんです。

ですから、源氏三代の時代から、承久の変後、執権政治の段階に移る時点でも、源氏将軍と北条氏との時代的あるいは段階的な相違と言えるものが何かあって、そこをはっきりさせないと事態の真の意味がうまく説明できない。私のような発想ではそれがはっきりしないわけで、網野さんの言われるように、北条氏は源氏将軍の時代からいわゆる豪族じゃないし、泰時の段階になっても豪族として権力を簒奪するんではなく、ちょっと違った形で実権を握るということに注目しなければならないわけですね。(5)

「東国国家論」について

**網野**　黒田さんの権門体制論を一応の前提としての話ですが、これは佐藤進一さんのお考えですけれど、鎌倉幕府、北条政権の一面には、東国政権という性質がある。ある種の独自な国家形成力を持った地域・集団が東の方にあって、その力が、例えば頼朝が西へ行こうとすると後ろから引きとどめる。つまり東国は東国として一つのまとまりを持とうという流れがあるんですね。そうした東国人の立場に立って考えてみると、西との関係をどうするかという葛藤が絶えず起こるんですが、源氏将軍から執権政治へという展開のうちに、どちらかと言うと東国主導型の路線が確立した。泰時の書簡にも控え目な言い方だけど、あっちはあっち、こっちはこっちというふうな気持ちが出ているように思われます。

そこで北条氏の場合ひっかかってくるのが、全国統治権の問題ですね。自分は主従制の頂点に立てないために、意識的に統治権のほうに近づいていくわけですが、そうなると、東国だけでなく、京都にも六波羅《ろくはら》探題《たんだい》を置くという形で、どうしてもだんだん西のほうに引きずり込まれざるを得ない状況になってしまった(6)。

日本の民族は今までは何となく一言語一人種というので一つに考えられてきましたが、じつは、国家を形成し得る可能性を持った地域・集団が東国とか、東北・九州とか日本の中でもいくつかあり得たんじゃないか。実際東と西という問題は、かなり後まで、ある意味ではいまでも日本の社会全体に影響を与えるようなある種の力をもった問題とし

（5）鎌倉時代の政治史において、第二段階の政治体制（前掲注（3）参照）。幕府政治の安定期において、執権を中心とする評定衆の合議によって運営された。佐藤進一は、建保元年（一二一三）に侍所別当であった和田義盛一族が滅ぼされ、執権であった北条義時が政所別当・侍所別当を兼ねたことにより、幕府機構における諸権力が執権に集中したことをもって執権政治の成立とした。

て存在しているわけで、そこに北条氏を考えてみる一つの角度がありはしないかという感じがいたします。

**黒田**　佐藤さんのお考えもそうですし、少し前、石井進さんも東国の地方権力、あるいは東国の国家ということを言っておられたし、石母田正《いしもだしょう》さんの考え方にもそういうところがあった。実際そうなんで、一民族一国家で、日本は昔から天皇中心だという発想があると同時に、かなり古くから東国と西国という分かれ方に注目する考え方があって、その両方をたたかわせることによって、歴史の研究もずいぶん進んだんじゃないかと思います。

**網野**　そうですね。どちらが正しいかという議論をする前に、いろんな考え方をしてみるということが大事な気がします。

**黒田**　ただ私は、将門《まさかど》ぐらいから始まり、平安時代を通じて東国の地方政権ないし地方国家への動きというものの線上で、鎌倉幕府を理解しようとする論旨も気持ちもよくわかるんですが、不遠慮な言い方をしますと、この発想は東京の人に強いですね(笑)。私は何も西の方にひいきする理由はないんですが、よく考えてみると、東国国家というようなことを言ってみても、結局のところ、別の国家はできはしなかったではないか(笑)。私たちの世代は戦争中、天皇制中心の歴史の見方に呪縛されたので、あんなふうにその呪縛から逃れられないのは歴史のどんな構造からだろうかと考えてしまうんですね。そこで、私の権門体制論というのは、東に幕府という別の政権ができても、新しい国家ができるんじゃなく、結局一つにならざるを得ない。幕府そのものは一面では東国の地方国家という性格を持っているし、独自の国家になる可能性も持っていたけれど、所詮はそれだけでは存立できる条件に欠けていたんじゃないかと思うわけです。

**網野**　逆の見方をしますと、西のかたは一つに見たがる傾向があるということも多少あるかもしれませんが(笑)、おっしゃる通り、東には確かに国家はできなかった。例えば北条氏の場合にしてもどうしても西のほうに手を伸ばさざるを得ない。逆に言うと、どうしてもそうさせざるを得ない呪縛力が西のほうにある。この力の根源は何かということを考えていくことも非常に大事な問題になると思うんです。

---

(6)　ここでいう主従制と統治権は、もともと佐藤進一が室町幕府初期の政治権力の特質を表現するために創出した概念であるが、網野はこの二つの概念を東国と西国の支配の特質の違いに敷衍した。東国では将軍が御家人と私的な主従関係を結ぶことによって支配する主従制だったのに対し、西国では天皇や寺社がその聖性などを通じて供御人《くごにん》・神人《じにん》を支配する統治権的人間支配が行われていたとする。そこに北条氏は供御人・神人を得宗被官として取り込むなど、〝統治権のほうに近づいていった〟と考えた。また統治権の淵源には、自然と人間とのかかわり方(民族史的次元)の問題があるともしている(網野「中世都市論」『日本中世都市の世界』【著作集13】、「天皇の支配権と供御人・作手」『日本中世の非農業民と天皇』【著作集7】参照)。

その意味で、権門としてすべてを同じ質のものにしてしまうのではなく、東国という地域独自な性格を考慮に入れて考えると、黒田さんの言われた問題もかなりはっきりしてくると思うんです。確かに北条氏は主従制のほうではその頂点に立てませんから、どうしても統治権にひっかからざるを得ない。そうなると、いやおうなしに、既成の古来からの天皇、公家がつくり上げた統治権の中に浸透していくという形をとらざるを得ない。ところが一方には東国には北条氏を引っ張りつける力がある。だから東のことは東のことという姿勢を堅持しながらも、結局は西の問題に足を踏み込んでだんだん動きがとれなくなる。時頼あたりもそうじゃないかという感じがしますね。

黒田　両方をうまくさばいて、ともかくも北条氏がそれ以後百年以上も実権を握っていけるような体制を作ったのは泰時なんでしょうね。

網野　やっぱり、義時・泰時の時期ですね。

## 中世と宗教

網野　時頼の時代あたりから、一応東と西が、体制をそれぞれに作ったということで、ある安定ができるわけですが、その両方をいわばつなぐような役割を果たしていると言ってもいいのが、例えば律宗の叡尊《えいぞん》(7)・忍性《にんしょう》(8)ですね。時頼なんかに非常に尊敬されている一方、亀山天皇とか宮廷の中にも深く根を張っている。それから禅僧も、後に禅律僧なんて一つにして呼ばれるように、やっぱり同じような役割を果たしている。建長寺・円覚寺ができる過程で北条氏とは大変密着した関係ができるかと思うと朝廷の中にもいろんな形で足を踏み込んでいく。そうしますと、上人《しょうにん》というタイプの人たちが朝廷や北条氏との関係でどういうことをしたのか、あるいはあの時代に東と西の世界をどういう形でつなげたんでしょうか。

**黒田**　それは大事な問題で、私もこれから少し研究したいと思っているところです。鎌倉仏教の叡尊・忍性が出てくる一三世紀後半以後になりますと、仏教史からみても、鎌倉仏教の様相が変ってくるだろうと思います。そして彼らの復興した律宗というのは、奈良の鑑《がん》

---

(7)　一二〇一―九〇。鎌倉時代の律宗僧。大和国興福寺の学侶慶玄の子として生まれる。醍醐寺で真言宗を学ぶが、空海の「仏道は戒なくしてなんぞ至らんや」という遺戒を読んで、戒如に師事して戒律を学ぶ。正しい戒律に則って受戒すべきとして、東大寺で仲間とともに改めて受戒した。その後、西大寺を拠点に殺生禁断、慈善事業、非人・癩者の救済などを行い、蒙古襲来時には祈禱を行った。

(8)　一二一七―一三〇三。鎌倉時代の律宗僧。若くして出家していたが、西大寺の叡尊と出会い、受戒。非人救済に努めた。鎌倉に下向して極楽寺を開山、同寺を拠点として慈善活動や架橋などの社会事業を行った。のちに東大寺大勧進、四天王寺別当、摂津多田院別当なども務める。

真《じん》以来の南都六宗の律宗とはずいぶん違うもので、私はむしろ密教の一派だと思う。戒律はどうみても一種呪術的な性質のものになってしまっている。それからもう一つ面白いと思いますのは、一般信者の組織の仕方で、大衆をいわばマス的に扱っていくことですね。

**網野**　時宗《じしゅう》もそうですね。

**黒田**　時宗と非常によく似ている。西大寺《さいだいじ》に残っている末寺帳などを見ても、あの末寺の組織の仕方には独特なものがあって、天台・真言系あるいは奈良の大寺院の系統の本寺・末寺の関係とは全然違う。むしろ後の一向一揆以後の真宗あたりにちょっと近いところさえあって、その意味では、あの律宗教団は新しい宗派とさえいえるものじゃないかと思う。

それがご指摘のように、東のほうにやってくるかと思うと、朝廷にも入り込む。さらに近畿一帯から瀬戸内を通って九州の辺まで、ずいぶん勢力を伸ばすわけですね。あの動きを見ていると、確かに何か新しいものが出てきていて、私はどうもそれが、網野さんがご指摘になった非農業民の新しい動きということに関係があるのだろうと思うんです。

仏教で言う聖《ひじり》や上人という言葉には、寺院に所属する僧侶と区別する意味の他に、時代によってずいぶん意味が違ってまいります。『日本霊異記《にほんりょういき》』あたりに出てくる民間の呪術者や私度僧《しどそう》という古いタイプの聖のあと、平安中期の空也《くうや》あたりから鎌倉の初期まではよく出てきます念仏聖があり、それが第二の段階としますと、さらにもう一つ新しい段階がこの辺で生じているという感じがしますね。そういう点から言うと、時頼の時代は鎌倉時代とは言っても、鎌倉初期とはだいぶ違うことははっきりしています。

**網野**　禅律僧というのは確かに特異な性格があって、葬礼、墓所と非常に関係が深い。そして、敵味方とか戦争という世俗の対立と関係なく動ける「無縁」の人々であるわけで、時宗の徒などは陣僧となって戦争の渦中に葬礼を行なっています。そうした遍歴する人々は流通路、道と当然かかわりを持ってくる。勧進《かんじん》(9)という行為もそういう連中しかできない。また、それをやる場所は港とか宿《しゅく》・市《いち》(10)とかいうところになっていく。北条氏がそうした人々と非常に密接なつながりを持ったということは統治権の問題と関係があ

(9)　他人を仏道に勧め入れることから転じて、浄財の寄付を求めることを指すようになり、さらには寺院の再建や道路の修築、橋梁の造立などのための資財を募ることを意味するようになった。勧進を行う僧を勧進僧と呼ぶが、東大寺造営の勧進を行った行基《ぎょうき》や、東大寺大仏殿の再建に活躍した重源《ちょうげん》などが有名。

(10)　いずれも世俗の縁が切れる「無縁」の場(アジール)とされる。その他、橋、道路、寺社などが挙げられる。これらは勧進を行う場であるというだけでなく、勧進によって修築する対象でもあった。

ると思うんです。つまりさきほど東国の統治権ということを申し上げましたが、過所《かしょ》――関所の自由通行証の発給は、東国では幕府が行なっていたし、寺社の修造の際に賦課された棟別銭《むなべちせん》も幕府が下知している。天皇の権力が全然及んでいないわけではないけれど、東国に対する統治権との関係で、東では流通路に対する支配権を北条氏が行使していたわけです。

黒田　葬礼に関係があるというご指摘でしたが、聖というのは念仏聖が出てきたときから一貫してそうだと思いますね。光明真言の土砂加持というのは、死者の体に砂をかける滅罪の作法で、これは平安時代から盛んにやられている作法です。それがずっと密教的なものとして伝わっているわけですけれども、西大寺流はそれを非常に重視し、最も大切な法会《ほうえ》に発展させています。

ところで、そういう聖というのは本来特定の権門とか政治権力に所属し、それに奉仕しているのでなくて、もっと広い人々を対象に俗縁を超越した次元で活動している人ということですから、流通路という公の場所も一貫して大事な活動の舞台になっていただろうと思います。空也が市聖《いちのひじり》(11)と言われたということも同じだろうと思います。

このような意味で聖という性質は一貫しているんですが、ただ第二の段階までの聖たち、またこの新しい段階でも一般の聖たちの場合にはあくまでも純粋に民間的な立場で活動していた。それがいまのお話のように叡尊あたりになって権力と結びついたということは、注意してよい状況だろうと思いますね。いままでは政治支配とか政治権力とは別の次元の存在であったのに、どちらからも結びつくような状況が出たというのが、あの段階の一つの特色なんでしょうね。

**網野**　そのような気がしますね。これは「無縁」の原理のほうから言えば、権力に取り込まれていく面があるわけですね。だけど、逆にああいう勢力が権力に近づくことに拒否的な反応を示す動きが、例えば公家の中にもある。禅律僧は正式の法廷には出られない、という強力な主張すら当時あったようですね。

**黒田**　全く同じ時代に、権力に取り込まれない形で通そうとしたのは一遍[12]だろうと思いますね。しかし政治権力を拒絶し、各地を遍歴し多数の人々を発心させた限りでは、

(11)　聖や上人とは、俗世を捨て、勧進(前掲注(9)参照)などを行いながら遍歴する宗教者を指す。穀断ちの行《ぎょう》を行う十穀聖《じっこくひじり》、念仏の功徳を説く念仏聖、弘法大師の霊験を説く高野聖などがある。諸国を遍歴して市で念仏や浄土信仰を勧めた空也は「市聖」と呼ばれた。

(12)　一二三九—八九。鎌倉時代中期の僧。時宗の開祖。伊予の豪族河野氏の出身。大宰府で法然の孫弟子聖達《しょうたつ》に学び、熊野本宮証誠殿《しょうじょうでん》に参籠中、阿弥陀如来を本地とする熊野権現より「信、不信をえらばず、浄、不浄をきらはず、その札をくばるべし」という神託を受け、念仏の札を配るため諸国を遊行した。また太鼓や鉦を鳴らして踊りながら念仏を唱える踊り念仏を民衆に勧めた。

非常に華やかだけれども、熱狂的な信仰や教団の組織としてはやがて衰退してしまう。

網野　後には一向宗に引き継がれますね。

黒田　ところが叡尊や忍性は意識的に結びつきを求めていくような活動をする。もっとも、彼らの教団も一時は大きく発展するのですが、やがては衰退するわけで、結局同じことのようにもみえるのですが……。しかし世俗的なものと結びついているから俗っぽい野心などあって宗教的でないのかというとそうじゃなくて、庶民の宗教の新しい形を部分的ながら試み始めていたように感じられます。

網野　禅宗というと、いままで常識的には「武家と禅宗」といった形でとらえていたけれども、禅宗の北条氏とのつながり方もいままでの宗教とは違ったつながり方をしているし、北条氏のほうも恐らく意識的に利用しているんじゃないかと思います。

黒田　ただ、禅宗も蘭渓道隆《らんけいどうりゅう》(13)とか無学祖元《むがくそげん》(14)、あるいは京都ですと円爾弁円《えんにべんねん》(15)あたりがすぐ念頭に浮かぶんですけれども、『野守鏡《のもりのかがみ》』(16)あたりが言っているように、その底辺には街頭でささらをすっていた放下《ほうげ》(17)の禅僧がいるという状況があった。そこらの非人だとか乞食坊主風体のものが禅僧として意識される側面があったということは見落とせないですね。ですから、これもさきの聖と決して無関係ではないはずです。

けれども禅宗が北条氏など政治に結びつくのは、やや異なった独特の理由を持っているようです。特に鎌倉禅の場合には、中国の禅宗がそもそも国家権力と非常に強く結びつく伝統を持っており、初めから皇帝バンザイということをスローガンにするような性質があった。これは叡尊の場合などと結果は似ているけれども、意味はちょっと違うの

(13) 一二一三―七八。鎌倉時代に南宋より来日した臨済宗の僧。大覚派の祖。日本で仏教が盛んなことを聞いて来日。当初、京都泉涌寺の来迎院に寄寓した。やがて鎌倉に下り寿福寺などに歴住。のちに北条時頼の帰依を受けて建長寺（鎌倉五山第一位）を開山。再び京都に上って建仁寺の住持となったが、北条時宗の後援を得て建長寺に再住。元寇の際は間諜の嫌疑を受けて甲州に流されるなどしたが、鎌倉建長寺に戻って示寂。のち大覚禅師の勅諡を賜った。鎌倉における禅宗の基礎を築いた。

(14) 一二二六―八六。鎌倉時代に南宋より来日した臨済宗の僧。仏光派（無学派）の祖。蘭渓道隆亡き後、その後継として北条時宗の招きに応じて来日。鎌倉建長寺に住する。鎌倉円覚寺（鎌倉五山第二位）の開山となり、ここで北条一門をはじめとして鎌倉武士たちを教化。また元寇の際には時宗の決断に大きな影響を与えた。示寂ののち、仏光国師、円満常照国師の勅諡を賜る。

(15) 一二〇二―八〇。鎌倉時代における臨済宗の僧。駿河国に生まれる。聖一派の祖。上野国、世良田山長楽寺の釈円栄朝のもとで臨済禅を学ぶ。のち南宋にわたり無準師範に参じてその法嗣を継いだ。帰国後、九条道家の帰依を得て、東福寺（京都五山第四位）を開山。後嵯峨天皇・亀山天皇・北条時頼らに授戒するなど、朝廷と幕府の両方にかかわった。示寂ののち聖一国師の勅諡を賜った。

ではないかと思います。そして普通禅宗というと、栄西、道元の名が出されて鎌倉初期から日本に禅宗が起こったようなことを言いますが、実際に禅宗が日本で全国に広がるのは時頼、時宗の段階になってからだということに注意すべきだと思います。

私の考えでは、中世という時代は宗教なしにいかなる政治権力もあり得ない。そういう状況のもとで、天皇家にしろ一般の公家にしろ、ともかく宗教と関係を持っていました。では、藤原氏などが旧仏教に結びついて権力を飾ったのに対し、新興の武家としては何と結びつけばよいか。私は武家もまた基本的には密教との結びつきから脱することはできなかったとみていますが、その他に特に既成の宗教勢力と違うものとして、禅宗に結びついたのではないか。つまり単に新しいものに飛びついたということじゃなく、新しいものを政治権力として求めなければならぬ社会的な理由もあったのではないかと思うのです。

## 北条氏の団結力

**網野**　私は北条時宗という人物に対してだいぶ評価が低くて、時頼にしても石井進さんが言った「鉄の政治家」なんていうものじゃなく、もうちょっともたもたしていたんじゃないか(笑)。時宗に至っては、あの当時の政治情勢の中で幕府をまとめていくのが精一杯程度の人間だ。史料を見ていく限り、そういう印象が強くて、今まで言われているような英雄時宗という印象とはおよそ違いますね。

**黒田**　蒙古を撃退したということで、ちょっと大きく言われ過ぎている点がありますね。

**網野**　だからといって全くだめな人物だったとは決して申しませんが、安達泰盛《あだちやすもり》(18)と被官の平頼綱(19)の両方の上に乗っかっていたとしか思えないんです。

**黒田**　私は、泰盛というのはなかなか傑出した人物だろうと思います。ただ、泰盛の

---

(16)　鎌倉時代後期に成立した歌論・仏教論の書。作者は源有房ともいわれるが諸説あり不明。上巻の歌論書、下巻の仏教論書の二巻からなる。下巻において禅宗と浄土宗を激しく非難し、禅宗について「かの宗のをもむきは、自然智厳の義をたてつゝあふぎをあげ、木をうごかして得法をしるやうになるよりて人みなまよへり」と、禅僧の芸能民的な性質を指摘している。

(17)　放下は禅の用語で、ものごとを放り投げて無我の境地に入ることを意味する。剃髪をせず烏帽子をかぶっていたが禅僧であり、芸能者、勧進聖でもある。「ささら」(竹の先を割ってたばねたもの)をすり、「狂言」を語って流浪していた。

(18)　一二三一―八五。鎌倉時代の有力御家人。若くして幕政の中枢にあり、引付衆、引付頭人、評定衆などを務める。北条重時の娘を妻とし、妹を北条時宗に嫁がせるなど、婚姻を通じて北条氏との関係を強化した。元寇の際には評定衆として執権時宗を支え、肥後国守護や恩沢奉行も務めた。時宗の死後は幕政を主導し弘安の改革を行うが、得宗家の家人(御内人《みうちびと》)との対立を深めていき、戦闘に至って敗れ討ち死にした(霜月騒動)。

場合、一方で新しい動向をどこまでつかめたか……。

**網野** その点では、泰盛よりも頼綱の方が敏感だという印象を受けますね。泰盛については、北条氏の一族、姻戚という面が非常に強いと思いますが、それにも拘わらず、あの時代の全体の動向の中の一方の空気を代表せざるを得なくなったのでしょう。だから、保守的なのかもしれないけれど、御家人制というか、主従制というか、そちらのほうを重んじようという動きを代表する立場に、彼自身が追い込まれたのではないかと思います。

**黒田** 時代がどんどん変わりつつある、難しい時だったということですね。

**網野** 外からはモンゴルが来るわけだし、内では悪党[20]が横行するといった大変な時代ですからね。

**黒田** その意味では泰時なんか、当時も西のほうの公家なんかに評判がよくて、模範生なんですが、普通理解されているように冷静で賢明な人には違いないけれど、やりやすい状況の段階だったということも事実だと思いますね。

**網野** それに反して義時はいろんな点で憎まれていますが、危機的な状況をくぐってきたという意味では政治家として大したものでしょうね。とにかく承久の乱の時の決断は大変なことだったと思います。ですから義時は公家からも一番憎まれて死んでしまうわけで、その後、泰時は余裕を持って政治ができた。

**黒田**　時頼はいかがですか。

**網野**　時宗よりは個性があったと思います。もっとも政治家というよりは政略家の感じがしますが……。

**黒田**　モンゴルは直接関係ないでしょうが、悪党が横行するということと関係して、この時代の移り変わりについて、網野さんのいわゆる「非農業民」という視点からどういう展望をお持ちですか。

**網野**　以前、高尾一彦さんが北条氏と水軍のことを問題にされて、それを拝見した時、私はびっくりしたんですが、伊豆は海と関係深いし、北条氏も海と関係あるのは自然な

(19)　?—一二九三。鎌倉時代の武将。当時、御内人と呼ばれた得宗家の家人。妻が北条貞時の乳母となった。貞時が執権になると御内人筆頭である内管領《うちかんれい》に就任。貞時の外舅として幕政の実権を握っていた安達泰盛と対立し、霜月騒動によって泰盛一族を滅ぼした。以後、恐怖政治を行い、それを不安に感じた貞時の討手に急襲され、鎌倉の経師ヶ谷の自邸で一族とともに自害した(平禅門の乱)。

(20)　網野は悪党を遍歴の非農業民として捉えた。悪党の語は訴訟関係文書にみられる用語で、現在では関係概念として何らかの実体を指すものではないと考えられている。また一二世紀の荘園成立期においては荘園外部からの侵入者に対して使われていたのに対し、一三世紀になると荘園内部の者、つまり荘園領主に反抗する荘官に対して使われるようになったとされている。

ことと思います。実際、鎌倉時代の海上交通に対する今までの過小評価が、歴史の見方を狭苦しくしている面があるような気がして仕方がないんです。鎌倉末期、志摩国に兄、駿河国に弟が住んで、東国と交易をしている海の武士団があるのですからね。私は農業を軽視しようという気は毛頭ないんですが、今まで非農業民について、目が注がれなさ過ぎたと思う。

アジール(21)の問題にしても、今まで体制、権力、武力等を強く考え過ぎているんじゃないかという感じがするんです。それはやはり近代的な考え方の投影でしかなくて、例えば禅僧にしても、時衆にしても、上人であれば、戦場を歩き回っても、関所でもチェックされない。武力を持っているもの同士ではチェックできるのに、武力を超えて聖は動いていく。つまり、武力とか権力を超えた力の作用が中世の社会では強力に作用しているし、それはもっと後まで確実に働いている。今まで見落とされてきたそういう問題はかなり大事なものじゃないでしょうか。

**黒田**　面白いですね。私の見方からすると、東国で地方国家ができない理由としては、土地や人の支配について、東国だけで完全な支配権が確立されなかったし、経済的にも西に対して遅れているし、弱い。いやでも西の経済力が浸透する。実際、畿内、西国が経済的に先進地帯だったという理解が普通だった。ところが、東国政権的な発想でいく人は、それを認めながらも、つとめて幕府の東国についての行政権の強さを強調なさる。

つき詰めていくと、政治権力の面で東国国家を独立国家的に見ようという発想が一つあったと思うんですね。

私はそれについて疑問を出したんですが、今度さらに網野さんは、東国の支配権は今までいわれたように確かに強い。強いけれども、それをもってしても、なおかつ非農業的な流通路のようなものがある、ということで、東国が独立国家的になりきらない理由を説かれるわけですね。

**網野**　北条氏でもう一つ非常に不思議に思うのは、ものすごく団結力が強いことですね。滅びる時には家臣がみんな死んじゃって、北条氏は決定的につぶれてしまうわけで、その点、北条氏が持っている一族ないし、被官に対する組織力の強さというのは、ちょっと他の豪族的武士団には見つかりません。

**黒田**　ああなると、西に比べて東国的なものの特質をどうしても言わなきゃいけない。全国的に見た場合、さすが東国武士というところがあるんじゃないですか。

**網野**　なるほど。そういえば後北条氏(22)なんか北条氏を意識して北条と名乗るんですか

(21)　前掲注(10)参照。

(22)　伊勢宗瑞(北条早雲)を祖とし、相模国小田原城を本拠として関東において大きな勢力を築いた戦国大名。二代目氏綱以降、北条氏を名乗ったことから、現在では鎌倉時代の執権であった北条氏と区別して、後北条氏・小田原北条氏と呼ばれる。

ら、東国の武士にとっては、北条氏というのは、それなりに一つの理想となる面を持っていたということでしょうね。

黒田　西のほうはもう少し計算高くて、北条氏のような形にはならない。ああいう段階になると雲散霧消してしまうんじゃないですか(笑)。

## 西と東の伝統的な関係

黒田　ところで北条氏の政策のなかで撫民《ぶみん》とか徳政とか(23)いうのは、新しい統治権的な考え方から言えばどうなるでしょうか。

網野　それは泰時時代からと言ってもいいのかもしれない。北条氏、幕府が本格的に統治権を掌握した段階から始まって、だんだん時代の降るに従って展開してくると思います。ただ、徳政というのは大問題だと思いますね。いままでは永仁の徳政令のような面だけで考えられてましたけれども……。

北条氏もたてまえでは悪党に非常に厳しい。姿勢だけは少なくとも一貫してそうですね。しかし、一方では流通路を強制的に抑えていかざるを得ない。ところが、これは西の世界のほうがずっと進んでいて、京都のほうがはるかにうまいわけです。後醍醐なんて見事にそういう連中を組織しますけれども、一方の北条政権の姿勢は、西の問題は何とか西で結着をつけてくれないかという、ある意味では実に歯切れの悪い姿勢を最後までとり続けますね。皇位の問題にしても、一応そういう姿勢をとり続ける。にも拘わらず、いやおうなしに介入していく。それは北条氏が介入せざるを得ない力が西のほうに動いているから介入してしまう。つまり西は西でというやり方と、西にも介入していくというやり方の矛盾が、結局悪党の問題にも重なり合ってくる面があって、それでやりきれなくなったところを完全に足をすくわれた。

**黒田**　自分の中にジレンマを持っていたということでしょう。

**網野**　だと思いますね。このジレンマがいろんな政治勢力となり、内部の対立になっても出てくるわけでしょう。西に対する強硬派と穏健派というか、そういう見方でもう一度鎌倉末期を見てみると面白い。東だけにとどまろうというのと西へ行こうというのと、東の政権はいつでもそういう問題にひっかかる点があると思うんです。

さきほどの東国で国家ができなかったといわれましたが、ちっとも自慢にはなりませ

---

(23)　撫民とは民をいたわる政策をすることであり、具体的には地頭の百姓に対する苛烈な支配を禁止する政策を指す。一方、徳政は「永仁の徳政令」以降、債務免除の法令と考えられているが、本来は代替わりなどにおいて免税や大赦などの仁政を施すことである。網野は北条時頼による百姓保護政策としての撫民も、安達泰盛が主導した御家人保護政策としての弘安徳政も、その施策が新たに成長してきた商工業者、借上《かしあげ》(金融業者)、悪党、海賊などを抑圧する側面をもっていたとした(網野『蒙古襲来』【著作集5】参照)。

んが、後北条氏から江戸幕府に至って初めて東国国家が完成したという見方だってあり得ないわけじゃないですね。ともかく、後北条の場合にしても徳川の場合にしても、一貫して東国国家を志向する姿勢が日本歴史全体の中で問題になってくる。だから政治史全体を見るときにも東北、九州を含めて、もう少し地域史的な観点が要るのではないでしょうか。短い鎌倉末期史、北条氏の歴史を考えても、被官や御家人を含めて一種の路線の対立があった。室町の関東公方《くぼう》(24)にも同じような問題があったと思います。しかし西には最初からある種の優越感があるからこういう深刻な問題は恐らく出てこない。東のほうの人間の持っているある種のコンプレックスがあるかもしれませんけれども、東には絶えずそういう課題がある。

**黒田**　西は西で、鎌倉幕府ができるもっと前から東を絶えず意識するということが伝統的にあるんじゃないでしょうか。とにかくいつも東を考えている。ですから西のほうから見ると、征夷大将軍という言葉で武家の棟梁の称号とする。征夷の夷は蝦夷《えみし》なんで、「東国の」ということです。だから単なる地方政権じゃなくて、ほかならぬ東国だというところにやっぱり意味がある。西から見てもそう見えるし、また東は西に対してそういうものとして自分を名乗り上げる。日本の歴史上では東と西との伝統的な関係は最後まで続くんでしょうね。

**網野**　そのことをむしろ無理して否定をしてしまわないで考えていったほうが、逆に建設的にはなると思いますね。

(24)　室町幕府が東国支配のために設置した鎌倉府の長。関東八カ国と伊豆・甲斐を合わせた一〇カ国の支配と兵馬の権を有した。足利尊氏が京都に幕府を開く際、関東の抑えとして嫡子義詮《よしあきら》を鎌倉にとどめたことに始まる。義詮が京都に呼び出されて次男の基氏が鎌倉府に移って以後、代々その子孫が世襲した。当初は関東管領と呼ばれ、のちに関東公方(鎌倉公方)を称するようになると、その執事の方を関東管領と呼ぶようになった。

石井 進◆網野善彦

# 4 鎌倉北条氏を語る——境界領域支配の実態とその理由

石井 進（いしい・すすむ）　一九三一—二〇〇一。歴史学者。専門は中世史。東京大学卒業後、同大学史料編纂所に入所。同大学教授。国立歴史民俗博物館館長、鶴見大学客員教授を歴任。中学の頃より柳田國男に師事し、東大国史学科に進学したときは、柳田が「民俗学界は今後の支柱となるべき人材を国史に取られた」と嘆いたという。網野との出会いは東京大学在学中であり、網野との対談・共著も多い。著書に『中世武士団』（小学館）、『鎌倉武士の実像』（平凡社）、『石井進著作集』（全一〇巻、岩波書店）、『石井進の世界』（全六巻、山川出版社）など。

●初出／底本　『別冊歴史読本』三〇号、一九九九年九月（のちに『石井進著作集』第四巻、岩波書店、二〇〇四年に収録）／『網野善彦対談集』4

**石井**　北条氏は、まず最初に、北条時政が源頼朝の挙兵の後ろ楯として歴史の表面に登場してくるわけですね。『吾妻鏡《あづまかがみ》』といえば、のちに鎌倉幕府か北条氏の関係者が編集した大きな歴史書ですが、この『吾妻鏡』をみると、時政はいかにも伊豆の大豪族のように書いてある。でも、それはちがうと最初にはっきり言われたのが佐藤進一(1)先生でしたね。

私は学生時代に「中世政治史」という先生の講義で初めてそのお話を伺ったのが、じつに印象的でした。時政は頼朝挙兵のときにはもう四〇すぎなのに、いい年をしてただの「北条四郎」とか「北条丸」とよばれている始末で、何も官職をもっていない。それだけでも、鎌倉幕府の中心となった関東の大豪族たちの千葉氏、三浦氏、小山氏などとは同日に論じられないんだというお話を伺って、これはすごく面白いなと思ったことをよく覚えています。

北条氏という一族はどうもこのような、関東の大武士団と性格が何となくちがうのではないでしょうか。

**網野** まったく同感で、私も佐藤先生の「北条義時」(『日本歴史講座』中世(一)、河出書房、一九五一年)を拝見したときにはたいへん驚いたのです。北条氏は一応、在庁(2)といわれていますが、三浦や千葉のように介《すけ》(3)の官途を持っている一族とは異なるところがあるわけです。私にはそれをどう考えていいのかはわかりませんけれど、ただ、北条氏が最初から伊豆という地域の性格をよく反映していることはまちがいないと思うのです。

**石井** そうですね。やはり問題は、伊豆国ですね。だいたい伊豆国はもとは駿河国の一部で、天武朝になって駿河から独立するわけです。その理由はどうみても、大島以下の伊豆七島とか、海を重視したからにちがいない。
**網野**　伊豆国は平将門が押さえていますよ。
**石井**　将門がどうして？
**網野**　伊豆守を任命しています。(4)　北条氏の問題からそれますけど、このことは『将門記《しょうもんき》』に出てきます。下総は将門が都をおいた国ですから、八カ国のなかに入っていないので、伊豆が加わっています。
**石井**　あ、そうでしたかねえ。
**網野**　そうなんです。これは意外に皆さん、お気づきでないようです。私は伊豆を含めて関東の諸国は、海や川、湖を通じてのつながりがひじょうに密接だったと思います。将門も船の掌握に力を注いでいますから、北条氏の地位は別として、その動向は海との

---

（1）　一九一六―二〇一七。日本史研究者。中世史専攻。東京帝国大学卒業後、同大学史料編纂所所員、名古屋大学助教授などを経て、東京大学教授。のち名古屋大学教授、中央大学教授などを歴任。石井進・笠松宏至など多くの中世史研究者を指導した。著書に『日本の中世国家』（岩波現代文庫）、『南北朝の動乱』（中公文庫）など。
（2）　本書対談3、注（1）参照。
（3）　本書対談3、注（2）参照。
（4）　平将門が東国政権を打ち立てたとき、将門の弟とされる平将武を伊豆守に任じている。

関係なしには理解できないだろうと思いますね。

石井　『太平記』の比較的初めのところ、巻五に相模の江の島の弁才天に北条時政が参籠して願をかけたという話がのっています。(5) それをみますと、あれは三七《さんしち》、二一日目の満願の日にすばらしい美女が現れて、「時政の前世は六六部の法華経を各国に奉納する廻国聖だった、そういう善因によって子孫も七代の間は天下をとれる」という託宣があった。その美女がすごい大蛇になって海に入っていったうしろに、鱗《うろこ》が三つ落ちていた。それを北条氏の紋所にしたのが、いわゆる三鱗の紋章なのだという伝説です。(6) この三鱗の紋章は、若狭国の田烏《たがらす》の浦の秦《はた》文書に伝わった北条氏の与えた旗、あれは鎌倉中期の文永九年(一二七二)でしたかね。

網野　そうです。

石井　日本海上の津軽と若狭の間を往復していた船の旗なんですね。

網野　旗の上部に三鱗の紋がきれいに描かれています。

石井　そう。相模守殿《さがみのかみどの》の御領、若狭国守護分の船なりということで、あれをかけて日本海を渡っていけば……。

網野　関渡津泊を煩いなく通行できることを保証している旗です。「徳勝」という船で、たぶん「とくまさり」と読むのだと思います。

石井　それから、六六部の廻国聖というのも、だいたい鎌倉の中期までは遡れる。それと三鱗の紋章の現物もやはり鎌倉の中期まで遡るということで、『太平記』のこの説話も結構、鎌倉時代までのぼる話じゃないかと思っているのですがね。

**網野**　そう思いますね。

**石井**　いままでこの話が歴史家の間であまり話題にならないのはおかしいことだなと、かねて思っておりました。

**網野**　しかし、これはつとに石井さんが注目されて研究してこられたことなのですが、比較的早く(北条)平六時定に着目をされたのは高尾一彦さんですね。平六時定はもちろん北条氏の一族で、高尾さんはこの人を海上交通支配と関係してとらえておられたと思います。

**石井**　ええ。『吾妻鏡』には時政に近い一族で、時政の代官として出てきますね。ひじょうに面白いのは、この時定が死んだとき、『吾妻鏡』には時定の簡単な略伝をのせ

(5)　『太平記』巻五、時政参籠榎嶋事。

(6)　過所旗章。現在は京都大学総合博物館所蔵。海上通行証として、文永九年(一二七二)に北条時宗から多烏浦船徳勝に与えられた。上部には北条得宗家の家紋である三鱗が描かれ、その下には「相模守殿御領若狭国守護分多烏浦船徳勝也、右国々津泊関々不可有其煩之状如件、文永九年二月日」の一文が書かれている。中世における海の支配のあり方の一端を示す貴重な資料である。

ているのです。これは、源氏や北条氏の相当の有力者に対してしかやらない扱い方です。そのこと自体が注目すべきですが、これはさらに問題がありまして、立命館大学の杉橋隆夫さんがさかんにおっしゃっているのですが、北条介時兼の子供であると明記してあります(7)。

**網野**　なるほど。

**石井**　時定は時政とほぼ同世代なわけで、系図によると時兼は時政の父の兄弟、つまり、時政のおじにあたる。ということは、本来、時兼―時定の系統が北条介を名乗っていた。だから、北条時政が何も官職をもたなかったとしても、北条氏の宗家というか、本統のほうは介を名乗るような、伊豆でもかなり名のある武士だったということは認めてもいいんじゃないか。

**網野**　なるほど、それでよくわかりますね。

**石井**　ええ。一一―一二世紀くらいから、いろいろな郡や郷などを、よく北条、南条とか、中条とかに分割するわけですよね。『吾妻鏡』によると、伊豆の田方郡には、北条、南条、中条があり、さらに上条があって、下条は出てこないけれど、上、中と、北、南があるのね。その北条が北条氏の根拠地であることは……。

**網野**　間違いないでしょうね。

**石井**　はい。北条介を名乗る伊豆の在庁官人であるということはいいと思うのですよ。

**網野**　時政は在庁の一族であるといえますかね。

**石井**　在庁官人については、在庁と官人は別だとか、いろいろと論議があるので。まあまとめて在庁官人といえば、一国に何十人といますから……。

**網野**　そうですね。

**石井**　そのなかの一人だったということはいえるし、北条介時兼は認めてもいいと思うので、一族には介を名乗るものがあったと。だから、杉橋さんがおっしゃるとおり、時政は北条介の本宗家ではなくて庶流だと。

**網野**　なるほど。

**石井**　だから、四〇歳をすぎても何も官位がないんだというのは、納得できるのです。ところで、西郷信綱氏の『古代人と死』（平凡社選書、一九九九年〈のち平凡社ライブラリー〉）をお読みになりましたか。あのなかに入っている「古代的宇宙《コスモス》の一断面図」という論文、私は今度初めて読んで、面白かったのです。内容は「大祓《おおはらえ》の詞」の新しい解読なのですが、もちろん罪を海の底の他界である「根の国」に追放するのが「大祓」ですね。このときに、神祇官に属する対馬《つしま》・壱岐《いき》・伊豆三国の卜部《うらべ》がとくに奉仕するのはなぜか。対馬・壱岐のほうが日本国の西の境で、「千《ち》座《くら》の置戸」の「ちくらが沖」だと。

（7）『吾妻鏡』建久四年（一一九三）二月廿五日条。

**網野**　西の境ですね。

**石井**　中世の幸若舞《こうわかまい》とかにもよく出てくる「日本と唐土の潮境ちくらが沖」で、西の潮境だと。すると、伊豆が日本国の東の潮境にあたるので、東西の潮境の国々の卜部を使うところが重要だというのです。

**網野**　ああ、そうですか。

**石井**　だとすると、これは、伊豆が駿河から独立して一国になったということと、どうしても関係があるんじゃないか。律令制国家の出発点にあたる天武朝で、伊豆国が天皇の治める国土の構成上、ある独自性をもつひとつの単位として新設されたのだと、西郷氏はおっしゃるわけです。

それで思い出すのは、安房国がなぜ上総国から独立したかということね。安房は本来、『古語拾遺《こごしゅうい》』によると、四国の阿波の忌部《いんべ》が西からやってきて開拓したところで、これは海路やってきたにちがいないですね。平城宮跡からの木簡などをみても、安房からはあわびをたくさん都に送っている。陸地の少ない安房国が奈良時代初めに独立したのと同じで、海との関連からにちがいない。海部《あま》という地名は、安房ではなくて、上総の国府の近くに残っていますけどね。どうもだんだん網野さんにかぶれてきたかな(笑)。

**網野**　「海部」というのは、「かいふ」とも読むんですよ。「かいふ」は「海夫」[8]とも書きますね。「海夫」は霞ヶ浦でも「かいふ」と読み、北西九州の松浦党《まつらとう》も「かいふ」

と読んでいます。そうすると、「海夫」はじつは「海部」と同じで、上総に海部郷がありますし、尾張・紀伊・阿波・豊後には海部郡があります。それから志摩にも海女がいますね。こういう太平洋の海民の道(9)のなかに伊豆があるわけです。

**石井**　そうですね。

**網野**　さらに宗像《むなかた》を経て北西九州に行き、それが済州島につながるわけです。「耽羅《たんら》の鰒《あわび》」を調《ちょう》として出しているのは、志摩、豊後、肥後です。

**石井**　耽羅というのは済州島じゃないですか。

**網野**　そうです。志摩の場合、天平一七年（七四五）の木簡に出てきます。

---

（8）　海夫は下総国の一宮である香取神宮に供祭料を貢献し、霞ヶ浦や北浦の漁撈権や水上交通権を得ていた人々。九州肥前の松浦にも「海夫」と呼ばれる人々がおり、また尾張・紀伊・阿波・豊後に「海部郡」があることから、北九州から瀬戸内海を通って太平洋側に出、常陸・下総に抜ける海上の道を、網野は「海部・海夫の道」と呼んだ（網野『「日本」とは何か』【著作集17】参照）。

（9）　海民の道について、網野は三つのルート、すなわち北九州から瀬戸内海にいたるルート、列島と大陸・半島を結ぶ日本海ルート、そして伊勢海・三河湾から常陸などの東国に及ぶ太平洋側ルートを想定している（網野『東と西の語る日本の歴史』講談社学術文庫【著作集15】参照）。なかでも済州島から瀬戸内海ルートをぬけて、太平洋側ルートへと出る道を「海部・海夫の道」としている。

石井　ということは、済州島からあわびをもってきたの？

網野　済州島に行ったのじゃないですか。あるいは済州島の海女が来ているのかもしれません。しかし、間違いなく、「耽羅の鰒」とありますから、済州島のあわびです。『延喜式《えんぎしき》』にも出てきます。そういう海のルートの要のひとつを、北条氏が押さえていたことになりますね。

石井　安房の戦国大名の里見氏の本拠だった稲村城が破壊されそうだというので、ずっと反対の市民運動がもりあがっていたのですが、そのおかげでやっと保存ができそうになりました。その会のことで、先日、千葉県の館山《たてやま》に行きまして、半島の西南の先にある洲崎《すさき》のお宮(10)に連れていってもらった。以前にも行っているのですが、滝川恒昭先生に注意されて改めて感心したのは、伊豆大島や伊豆半島がすぐ目と鼻の先に見えるのです。

網野　なるほど。

石井　そう考えると、頼朝が伊豆に挙兵し、その後、安房に落ちのびるけれども、もともと土肥実平《どひさねひら》がいなくても、伊豆から安房へという連絡はひじょうに密接だったにちがいない。古代には、陸地からみると一国とするにあたらないような、太平洋に突き出した半島がそれぞれ独立して一つの国になっている。安房も、伊豆もまさにそういう国です。伊豆の在庁北条介がそういう海の国にひじょうにかかわりがあるというのは、むしろ自然のことかもしれないのですよね。

**網野**　そうですね。

**石井**　ところで、三鱗というのは、やっぱりだれが見ても、水、波や竜神、水の神の象徴でしょう。あれは能の衣装でも出てくる。波あるいは竜神の鱗になってくるわけですよね。いままであまり注目されていなかったけれども、これが、どうも鎌倉時代の北条氏を解くキーワードのひとつになるのではないかと思っています。

**網野**　そもそも、北条氏の所領が海上交通の拠点に分布していることを明らかにされたのは石井さんですね。交通の要衝を北条氏がおさえており、その要衝はもちろん陸上交通を考えられないことはないけれども、河、海の交通の要衝を確実におさえていますね。

**石井**　網野さんがおっしゃってくださったのですが、三〇年以上も昔に、北条氏の所領の分布を扱って、論文を二つほど書きました[11]。でも、その後すっかり放りっぱなしに

（10）千葉県館山市洲崎の御手洗山の中腹に鎮座する洲崎神社。房総半島の先端に位置し、石橋山の戦いに敗れた源頼朝は安房国に上陸すると当社へ参拝し、神田《しんでん》を寄進している。七つの修験寺院によって社務が行われていた。また『永享記』によると戦国時代初期に江戸神田へ分祀され、また神奈川（現・横浜市神奈川区神奈川）や品川にも洲崎神社が祀られていたとされる。

してあるので、かなり忘れてしまったのですが……。ただ、北条氏の所領分布をみていくと、とにかく全国的にものすごく多い。なかでもいちばん多いのが、九州と東北地方。日本列島の東北部と西南部にとくに厚いのです。

まず、西南部からみていくと、尾張出身の千竈《ちかま》氏(12)というのがいます。この千竈氏は、いつからか北条氏の部下になりまして、各地をまたにかけておもに北条氏の所領の代官になっているのです。北は常陸、東海道は駿河、尾張はもちろんもっている。そして南は薩摩なんですね。薩摩半島の一番南の部分、川辺《かわなべ》郡〔現・南九州市、南さつま市、枕崎市〕には坊津《ぼうのつ》とか大泊津など有名な港がありますが、その代官です。それからさらに南方の島々の口五島以下ももっています。

**網野**　永良部島《えらぶじま》とか。

**石井**　さらに屋久島の一部ももっています。それから川辺郡のすぐ北には加世田別符《かせだべっぷ》という所がありまして、吹上浜で西の海に注ぐ万之瀬川という川の河口から少し遡ったところに、去年あたりからひじょうに有名になった持躰松《もったいまつ》遺跡(13)があります。

**網野**　なるほど。

**石井**　直接の文献史料はほとんどないところで、河口から遡った川の港の跡みたいですが、一一世紀後半から一五世紀後半くらいまでのひじょうにすばらしい中国陶磁の山が出てきました。これはやっぱり、中世の相当有力な中国との貿易港だったにちがいない。加世田別符は鎌倉後期、北条氏の所領です。ですから、この当時、川辺郡などとともに日本の南の果ては北条氏が支配している。そして現地は千竈氏などがおさえているということなんです。ただ、その千竈氏が海夫の子孫とは知らなかった。

**網野**　そうなんですよ。千竈氏の本拠は愛知郡だけれども、半島の突端のようなところにおり、海部郡に近接しています。海の領主的な性格をもっていたと思います。小田雄三さんが『年報 中世史研究』一八号(一九九三年)に論文(「嘉元四年千竈時家処分状について」)を書いていますが。

**石井**　それから、千竈氏も一部分もっていましたが、種子島《たねがしま》も北条氏一族の名越《なごえ》氏の

(11)　石井進「九州諸国における北条氏所領の研究」「鎌倉時代の常陸国における北条氏所領の研究」『石井進著作集』第四巻(岩波書店)。

(12)　尾張国千竈郷を名字の地とし、紀伊国三上庄・駿河国麻機《あさはた》庄・常陸国若杜郷など太平洋岸に所領を持つ。また一三世紀後半までには喜界島・奄美大島・永良部島(現・沖永良部島)・徳之島・坊津を含む薩摩国川辺郡の地頭代に任じられている(「千竈文書」『鎌倉遺文』二九巻、二二六〇八―二二六一〇号)。

(13)　南さつま市金峰町にある中世遺跡。一一世紀から一五世紀に及ぶ大量の大陸製陶磁器が出土している。薩摩平氏の阿多氏の本拠地に近く、「唐坊」「唐仁原(唐人原)」などの地名が近辺に見いだされることから、宋の商人が来着していたとされている。

所領なんですよ。例の種子島の鉄砲で有名になる、戦国時代の島主、種子島氏もじつは名越氏の代官だった部下の生き残りなんですよね。というふうに、まさに列島の西南部一帯を全部、北条氏が握ってしまったわけです。

**網野** それに補足しますと、石井さんは九州の北条氏所領の分布を明らかにしておられますけれども、顕著なのは金沢《かねさわ》(14)氏ですね。

**石井** 金沢文庫の金沢氏。

**網野** 金沢氏が九州のあちこちに所領をもっていますが、金沢、六浦《むつら》をおさえていて、下総にも所領があります。それから、伊勢と志摩の守護もやっており、長門・周防の探題も金沢氏だったことがありますね。

**石井** たしかに九州では、金沢氏一族はひじょうに力をもっている。鎮西《ちんぜい》探題になっていますからね。内陸部は少しおいて、北のほうにいきましょう。

**網野** ええ。北には安藤氏(15)がいるわけですね。この安藤氏は、やはり南の千竈氏にあたるような海の領主です。いろいろ論議はありますが、大石直正さんの研究では、安藤氏の所領は太平洋側の遠島から日本海岸の秋田にいたる、東北北部の海ぞいを所領としておさえている海の領主なんですね。その安藤氏を北条氏は被官にしています。

**石井** 北条氏の所領分布をみていくと、もっとも集中しているのが九州と東北。東北では、出羽のほうはあまり史料がなくてわからないけれども……。

網野　陸奥の北部は圧倒的ですね。

石井　とくに陸奥の北のほうは、津軽はほとんど北条氏が地頭でおさえているわけです。南部のほうは、当時は糠部《ぬかのぶ》といっていますが、糠部も全部、北条氏が地頭です。いわゆる奥入りで平泉《ひらいずみ》の藤原氏を滅ぼしたのち、とくに北端は北条氏が広い地域を地頭としておさえてしまう。これは大きいですよ。津軽も南部も両方とも北条氏がおさえていて、その地域を支配する代官として登用したのが安藤氏だということですね。安藤氏は、いまの話のように、東北の海域をおさえていた豪族を登用したのでしょうね。

網野　そのとおりでしょう。ただ、いままで「東」と「藤」を間違えたことがあったので、「東」の安東《あんどう》氏は、たとえば安東蓮聖《れんしょう》(16)のように、和泉・播磨・近江のように畿内近辺で活躍している得宗《とくそう》被官で、その出身地も駿河だと思う。これは北の安藤氏とはまったくちがう一族です。ところが、この安藤氏が一五世紀ごろから安東氏を名乗るようになったので、間違えられたのです。

(14)　鎌倉北条氏の一族で、北条泰時の弟実泰を祖とする。武蔵国久良岐郡六浦庄(現・横浜市金沢区)の地頭となり、庄内金沢郷に居したことから金沢氏を名乗る。居館内に真言律宗の称名寺を建て、その境内には私的書庫である金沢文庫を設け、同家作成の文書や和漢の典籍などを納めている。代々、幕閣の要職を務めたが、幕府滅亡とともに滅びた。

(15)　本書対談1、注(26)参照。

**石井**　こうしてみますと、北の境界と南の境界というのは、北条氏がみんな地頭としておさえていて、そこにしかるべき代官を配置してひじょうに強固に統制している。これは当然、北条氏が幕府の実権を掌握したことと関係していますね。東北では津軽のほうは日本海岸で、水田もかなり多い地域ですね。それに対して糠部のほうは、一戸《いちのへ》から九戸《くのへ》まで「戸」というのがずっとあるでしょ。あのあたりは牧場で、牧なんですよね、馬を生産する。その両方とも、平泉藤原氏に代わって北条氏がおさえた。

**網野**　これは大変なことです。列島外にむかう北の交易と南の交易をおさえたのだと思います。そのために、北と南の境界領域をおさえた。ただ、北は、当時は東と考えられていたのですね。日本列島は東にむかって横たわったように考えられていましたからね。

**石井**　そうそう。

**網野**　北の境は佐渡ですが、佐渡も北条氏が守護なのです。それから、南は土佐や熊野といわれるけれども、土佐も紀伊も守護は北条氏です。

**石井**　まさに日本全国の要所要所をほとんどおさえてしまっている。

**網野**　伊豆大島は、もちろん北条氏でしょうね。文献史料がないからよくわからないのですけれど。

**石井**　佐渡は、石母田正さんが例の一国地頭論(17)のなかで、のちまで国地頭が残ったところだと考えられたけれども、まさに佐渡の守護が同時に佐渡全島の地頭なんですよ。それで、北条氏の部下をそれぞれ地頭代に任命して国内の郷におくわけで、あれを国地頭といってもおかしくない。守護が同時にその島全部を支配している。あれはすごいですよね。

**網野**　ただ、壱岐・対馬を、北条氏はおさえられなかったのかどうかわかりませんが、ともかくおさえていません。壱岐・対馬はちがうのでしょうね。

**石井**　たしかに、そこはちがいますね。

**網野**　北西九州の松浦党の力が相当強かったこともあるのですかね。

---

(16) 一二三九—一三二九。鎌倉中後期の武士。得宗家の被官として、各地の得宗領で庄務を遂行するほか、摂津多田院造営の惣奉行や摂津守護代などを務めた。一方で借上を営んで蓄財し、私財を投じて播磨国福泊を修築したり、和泉国久米田寺別当職を買得して同寺を再建したりした。陸奥国の津軽安藤氏と混同されたこともあったが、現在では駿河国安東庄が本領だったとする説が有力である。

(17) 石母田正は「鎌倉幕府一国地頭職の成立」(『石母田正著作集』第九巻、岩波書店)にて、「一国地頭職」という概念を提唱した。一国地頭職とは一国ごとに置かれる地頭であり、個々の荘園・郷・保ごとに設置される荘郷地頭とは区別される。石母田は文治の勅許で承認されたのは国地頭であって荘郷地頭ではなかったとし、学界に衝撃を与えた。現在も有力な学説となっているものの、関連史料の少なさから解明されていない点も多い。

石井　北条氏は、ほぼ九州全部をおさえるけれども、壱岐・対馬だけは最後まで武藤(少弐)氏が頑張っている。僕はやっぱり、武藤氏というのは武士だけれども、大宰府とひじょうに密接な関係があり、大宰府支配と幕府の出先支配と両方をやるわけですね。だから結局、大宰府の支配と分離できない。

網野　博多と大宰府の問題があるわけですね。これは私の個人的な興味からなのですが、田中稔さんは、水軍になる海の領主に対して、幕府は本領安堵《ほんりょうあんど》の地頭職《じとうしき》(18)を与えているといっておられるのですが、これは卓見だと思います。松浦党はみな、本領安堵の地頭ですね。それから、忽那《くつな》氏も。忽那氏は本領安堵の地頭で、この場合は守護に属していないのです。(19)政所《まんどころ》直属だと思います。松浦党についてはその点はわかっていないけれども、松浦一族が本領安堵の地頭であったことは間違いありません。このへんに幕府内部の将軍家と北条氏との競合関係があるのかもしれません。

石井　なるほどねえ。

ところで、少し話を変えますと、昔の佐藤先生の講義では、たしかこういうこともおっしゃった。北条氏は早くから九州の阿蘇社や信濃の諏訪社などの大社に勢力をのばしていっているが、これも東国の伝統的大豪族としては考えにくい、大胆なやり方じゃないか、と。これも、じつに面白い指摘だと思います。北条氏は時政の時代から、阿蘇社の預所《あずかりどころ》と地頭の両方を支配するのですが、(20)阿蘇社といえば活火山にやどる山の神であり、狩猟の神で、しかも肥後国の一宮《いちのみや》でもある。こういう大社を鎌倉時代の初めから支配下におさめるというのはひじょうに大きなことですね。

**網野**　それはたいへん面白いですね。

(18)　本領安堵は、累代相伝の所領に対する知行権を法的に承認することを意味する。源平内乱期において、平家没官領や謀反人跡には新たに地頭が補任されるが、それに対して先祖相伝の所領をそのまま地頭職として認められた場合を本領安堵の地頭という。西国では本領安堵の地頭は少なく、伊予河野氏・同忽那氏・肥前松浦氏など水軍を持つ武士にわずかに見られるとされる。しかし「但馬国大田文」などをみると本領安堵の地頭のほうが多く、西国一般というよりも平家の勢力が強かった瀬戸内周辺諸国において本領安堵の地頭が少なかったとすべきだろう。

(19)　「伊予忽那家文書」(年不詳)六月二日の二階堂行顕書状には「抑京都大番事、去々年御使下向之時、御返事申候了、如此寄子年来御勤仕之条、不及異儀候」(『鎌倉遺文』一一巻、七七二〇号)とあり、忽那氏が二階堂氏の寄子であったことが確認できる。詳しくは萬井良大「鎌倉殿と伊予の御家人——忽那氏と大番役を中心に」(『伊予史談』四〇七号、二〇二二年)参照。

(20)　本来、荘園領主が補任する荘官である預所に御家人がなることは、傍官上司《ぼうかんじょうし》といって鎌倉幕府が禁止していた。なぜなら預所になった御家人は、地頭である傍輩たちより上の立場になるためである。ただし稀に例外的事例もある。阿蘇社領はその一例で、北条氏だからこそ可能だったということと、それだけ北条氏が阿蘇社領を重視していたということだろう。

石井　諏訪社にも早くから北条氏の手が入っていると思うけれども、具体的にわかるのは、承久の乱（承久三年＝一二二一）後からですね。北条氏の有力な被官として、諏訪氏が出てくるわけです。諏訪社というのは、阿蘇社と並ぶような、山の神、狩猟の神、武の神なのです。そして、北条氏被官になった諏訪氏は、上社の大祝《おおほうり》であったといままでいわれていましたが、それはどうもちょっとちがうらしい。でも有力な神官の一族であることは間違いない。

北条氏は海の豪族というだけではない。諏訪も内陸部の山の神であり、狩猟で有名でもあるわけです。しかも、一宮の神主ですから、身分的にもひじょうに高い。国の一宮というと、国の在庁とひじょうに関係が深いんですね。こういうところに早くから手をのばしている。佐藤先生のおっしゃるとおり、ここがどうも、普通の東国の豪族とちがうところではないでしょうか。

網野　たしかにちがいますね。阿蘇も諏訪も、内陸部の狩猟神だと思いますね。それから、狩猟とはすぐに結びつかないけれども、山国の飛驒も北条氏はおさえているのではないでしょうか。

石井　そうでしたね。

網野　飛驒の守護は北条氏だったと思うのですが、飛驒については佐藤進一先生の守護制度の研究でも所見がないとされています。

**石井**　あまり文献がないですものね。

**網野**　ところが、建武の新政のさい、後醍醐天皇が飛驒を没収して、岩松経家という新田氏の一族に守護職を早い時期に与えています。(21)しかも、その岩松経家に対して、北条高時と弟の泰家の所領を後醍醐は与えてますから、飛驒の守護職も確実に北条氏だったと思います。

**石井**　ああ、岩松がもらった文書がありましたね。たしかにそれ以前は北条氏が守護だったのでしょう。

それで思い出すのは江馬《えま》氏のことです。江馬氏は戦国時代、飛驒の有力な豪族ですが、その江馬氏の館の発掘を富山大学の宇野隆夫さんや前川要さんたちがずっと神岡町でやってきて、いろいろと成果をあげました。それで、僕も数年前、見せてもらってきました。

神岡からずっと奥の西南の方角に遡っていく一帯が高原《たかはら》郷でして、北アルプスの穂高と乗鞍の中間くらいを越えて、信州の松本平につながっていきます。その高原郷のお寺に、鎌倉中期、正嘉元年(一二五七)の年号の遠江守平《たいらの》朝臣《あそん》の禁制の制札があるのです。

(21)「集古文書(横瀬家蔵)」元弘三年(一三三三)七月十九日、後醍醐天皇綸旨《りんじ》(『大日本史料』六編之一)。

『岐阜県史』にのっているのですが、さすが宝月圭吾先生の編纂だから、ちゃんと「コノ文書、ナホ研究ノ余地アリト雖《いえど》モ、シバラクココニ掲グ」と(笑)、注がついているんだ。たしかに正嘉元年当時のものかどうか、疑問がありますが、それほど新しいものではなさそうで、中世のころ、鎌倉時代に高原郷は北条氏の所領だったという記憶が残っていたのではないでしょうか。

だいたい、戦国の江馬氏は自分の家は北条氏の一族だという家譜をもっているわけですよ。ただ私はね、北条氏一族ではなくて、北条氏の部下だった江馬一族が戦国まで残っていたのだと思うのです。伊豆国の北部、北条の近くに江間(江馬)というところがあり、『源平盛衰記』では、流人時代の頼朝が北条政子と結ばれる以前、まず伊東祐親の娘と恋仲になって子供が生まれるわけですよ。祐親はそれを知って「とんでもないことをしでかした」というので、子供を淵に投げこんで殺してしまう。そのうえ、娘を同じ国の住人江馬小次郎の嫁にやってしまう。これはまず江間庄の豪族にちがいない。その江馬小次郎は、頼朝挙兵後にかならずやられてしまうのだと思う。以後、その名前はどこにも出てこない。その代わりに北条義時が……。

**網野**　そう、義時は江間小四郎。

**石井**　江間小四郎になる。ところがさらにその後、六条八幡宮の造営注文の御家人リスト[23]をみると、ちゃんと伊豆国で江間平内兵衛入道の後継者が四貫文を負担しているの。

網野　ほう。
石井　これが北条氏一族なら当然、伊豆国の分ではなく、「鎌倉中」のところに出てくるはずだから、北条一族ということはない。そうすれば、以前の江馬小次郎の同族か、後継者に間違いない。
網野　なるほど。
石井　僕はだから、この江間氏が北条氏の家臣になり、それで飛騨の守護代や地頭代

(22)　一九〇六―八七。歴史学者。専門は日本中世史・古文書学。東京帝国大学を卒業後、同大学史料編纂所史料編纂官、東京大学教授、東洋大学教授を歴任。著書に『中世量制史の研究』(吉川弘文館)、『中世灌漑史の研究』(畝傍書房)など。卒業論文提出後も就職の決まらなかった網野に、日本常民文化研究所を紹介した。
(23)　六条八幡宮は源義家が邸内で祀っていた八幡神から発展し、その子孫の源頼朝によって本格的に社格が整えられるようになったとされる。「六条八幡宮造営注文」は鎌倉時代における同社造営の負担配分を列記したもの。賦課単位である「誰々跡」と負担額が記され、負担責任者の在所によって「鎌倉中」「在京」「諸国」に分けられている。例えば伊豆国の「江間平内兵衛入道跡」には四貫が宛てられているため、江間平内兵衛入道の所領を相伝している者が、伊豆国在住で四貫を負担したことが判る。同史料は『国立歴史民俗博物館研究報告』第四五集、石井進「中世の古文書を読む」『新しい史料学を求めて』(吉川弘文館)で全文が紹介されている。

になっていた、それが幕府滅亡後も生き残って、戦国までいくんだという考えなのです。

**網野**　それは面白い。

**石井**　のちの佐々成政《さっさなりまさ》の佐良佐良峠越えもそうなんですけど、とにかくあのへんで北アルプスを越えるというのはのちのちまで重要なルートなんです。

**網野**　そうだと思います。

**石井**　神岡から神通川にそって下れば越中で、越中はやはり北回りの日本海の拠点で、放生津《ほうしょうづ》とか大きな港があって、重要なところですから、北条氏がずっとおさえている。僕は信濃、飛騨は大きいと思うのです。結局、松本の周辺一帯も、捧庄《ささげのしょう》と当時いうんだけど北条氏が地頭です。だから、そのルートは高原郷を通って、絶対越中まで行っていた。

**網野**　そう思いますね。

**石井**　それで、江馬氏はほんの一例で、北条氏が滅びたあとも、旧北条氏の部下でのちのちまで生き残るのが結構多い。今日話の出た九州の南の種子島氏もそうでしたね。

**網野**　日本列島横断ルートがたしかにありますね。鎌倉からでもよいのですが、たとえば比企《ひき》氏についてみると、比企氏は信濃・上野の守護をやっていますが、上野・信濃から川を使って越後に出る道があるのですね。北陸道の守護となった比企朝宗《ともむね》は越後から越中・越前を東から西に動いていき、この動きはだいたいたどれますね。

**石井**　ああ、なるほど。

**網野**　終点は若狭ですが、東から西に北陸道を動いているのです。武蔵から越後に出るのなら上野・信濃を通るわけですし、もうひとつの道が飛騨を通る道でしょうね。北陸道の守護は、越前をのぞいて名越氏、得宗ですから、北条氏はやはり飛騨をおさえる必要が出てくるわけです。しかし、こうみてくると、みな北条氏になってしまいますね。

**石井**　鎌倉末期の完成形態では、それに近い状態になっていたと私も思いますね。ですから、北条氏の部下になった連中にもいろいろあります。これも昔、佐藤先生の講義で伺ったのですが、『吾妻鏡』に、実朝が将軍のとき、北条義時が北条氏の「年来の郎従」である伊豆国内の「住民」たちに対して、侍に准じた待遇を与えてやってほしいと希望するのです(24)。ところが実朝は、そんなことはできない。のちの代になって、彼らが自分たちは昔々からの侍の身分だといいだしたらどうする、ときっぱり断ってしまう。彼ら北条氏の従者たちを『吾妻鏡』では「主達」と書いていまして、いかにも村落内の有力者という感じです。源氏将軍時代にはとても無理だったとしても、それ以後にはこうした連中も北条氏の部下として登用されたと思いますね。

ところで、いままで話の出てきたのは日本の東北から西南、それから日本海方面でし

(24)　承元三年(一二〇九)十一月十四日条。

たが、じつは北条氏は畿内近国から瀬戸内海一帯にもどんどん進出していきます。その代表例ともいえるのが安東蓮聖です。この安東氏は東北一帯の安藤氏とは別の一族らしくて、蓮聖は各地にいろいろ出てくるのですが、割合、文書が残っているのは、まずは荒廃していた和泉の久米田寺を律宗寺院に再興したときの有力なパトロンであったということです。それから摂津国の守護代で、さらに大坂湾沿岸の荘園をいくつも請け負っている多田院もそのひとつ。あそこには銅山がありましたか。

**網野** 近くに銅山がありますね。採銅所の銅山です。

**石井** そうそう。そのへんはみんな安東蓮聖……。

**網野** 播磨の福泊《ふくどまり》もそうですね。

**石井** そう。加古川の河口の港ですが、そこへ数百貫文を投資して、堤をつくるのです。(25)ところが、加古川の運んできた砂で埋まってしまったというのですね。

**網野** それと近江の堅田《かただ》で山僧と結びついています。

**石井** そうですね。東寺の有力な坊さんに高利の金を貸したわけです。高利貸し＝借《か》上《あげ》兼業なんですよ、安東蓮聖は。

**網野** 山僧を媒介にしてですが、仁和寺《にんなじ》菩提院《ぼだいいん》の行遍《ぎょうへん》に金を貸しています。(26)借上をやっているのです。それが北条氏の性格に関するもうひとつの問題で、海とかかわりが深く、海上交通路をおさえていることも関係がありますが、鎌倉後期からは金融や商業と北条氏は不可分の関係をもちはじめます。安東蓮聖が山僧の借上と関係をもったのと同様に、若狭でも鎌倉末期は北条氏の被官といえるかどうかはわかりませんが、少なくとも被官の代官、つまり得宗給主代に石見房覚秀という人がいます。小浜《おばま》の「浜の女房」「石見後家」の息子ですが、この女性も借上で、太良庄の名主に銭を貸しています。

**石井**　給主代というのは、北条氏の所領を現地で管理する役なんですよね。

**網野**　そういう給主代として金融業、商業にかかわりをもつような連中を北条氏は取りこむことも先駆的にやってますね。

**石井**　ですから、昔の考え方からいうと、東国の大豪族というイメージのまともな鎌倉武士というのと全然感じがちがうんですね。北条氏というのは。

**網野**　ただしかし、まともなほうの典型に泰時がいますね。ここのところを、どう考えるかが大きな問題です。泰時と時頼のうち、泰時についても「泰時伝説」があり、ともかく泰時はいいことを絵にかいたような人物で、人徳が備わっていて、悪いことは何

---

(25)　『峯相記』に「乾元元年（一三〇二）安東平左衛門入道蓮性〈号為条〉、福泊ノ島ヲ築ク、大石ヲ畳ミ上ケ、数百貫銭財等ヲ尽シテ、二町余奥へ築出セリ」（（ ）内は校注者、〈 〉内は原文割注）とある。

(26)　『金沢文庫古文書』第七輯・所務文書篇、五二〇四—五二〇六号、『金沢文庫古文書』索引・第一—一二輯（附 追加篇）、六九五三・六九五七・六九七三号。

ひとつないですね。

**石井**　そうですね。悪いことは何ひとつ伝わってない。理想化されていますね。

**網野**　時頼にも有名な「廻国伝説」があって、御家人の保護者になっています。それがいま考えてきた北条氏のあり方とどう関係するのか、本当に不思議ですよね。これは『吾妻鏡』の叙述のしかた、その編纂者の姿勢とかかわるのでしょうが、ともかく不思議です。

**石井**　まさに不思議です。その問題は結局、なぜ北条氏が滅びたかという本日の最後の問題とからんでくると思います。僕の頭が古いせいかもしれないけれど、やっぱり当時の幕府では、事実上、東国出身の武士、従来はまともというか、正統派というか、そう考えていた連中のほうが多数派だった、彼らを引きつけようとして泰時を理想化したりした、けれども結局、そういう連中を北条氏はなかなかつかむことができなかったのではないでしょうか。

北条氏が部下に組織できた連中といえば、さっき出てきた伊豆の百姓の「主達」とか、没落していく御家人たちの一部、あるいは御家人武士の一族中で惣領や庶子が争って負けたほう、そういう層が中心になってしまって、最終的にはだめになってしまったと考えたらどうでしょう。

**網野**　私はそう簡単にはいかないと思いますよ。いまいわれたようなことはあると思いますけれど、西国のほうをみますと、北条氏は「海上警固」を制度化して、海の領主を上から組織しようとしています。ことに大仏《おさらぎ》氏(27)はこれを一所懸命にやっています。しかし、こうした北条氏に抵抗して熊野海賊が大蜂起をします。(28)徳治年間から延慶年間(一三〇八―一一年)にかけてのことですが、山陽道と南海道の一五カ国の軍兵を北条氏が動員してようやくこれを鎮圧しています。これだけの軍兵を動員したのは、承久の乱と元弘の乱のとき以外にはないと思います。こうした海賊を弾圧するために伊予の河野氏を動員したりしています。弾圧も海の領主にやらせるわけです。海の領主間の対立関係を利用するのです。しかし、これは全体として海の領主の猛烈な反発を買っています。

このように、北条氏は海上交通を独占してしまおうとしていますね。これは、中国大陸との交易を独占するためでもあったと思います。ただ、西国の海上交通をおさえたのは、モンゴル襲来が契機になっており、文永の新関停止令《ちょうじれい》で交通路を完全におさえきってしまいますね。(29)このようにおさえきった権力はかならず反発を買うわけで、私はそれ

(27) 鎌倉北条氏の一族で、北条義時の弟時房の子朝直を祖とする。鎌倉大仏の近くに居を構えたことから、大仏を名乗るようになったという。代々執権や連署など幕府の要職を務めた。オサラギの訓の由来については諸説ある。例えば、柳田國男は神仏に供する酒を入れる容器サラケが、仏そのものを指すようになっていたとし、オオサラケが訛ったものとする。

(28) 網野善彦「鎌倉幕府の海賊禁圧について」『悪党と海賊』【著作集6】参照。

で北条氏はひっくり返るのだと思います。

**石井**　いま、熊野海賊の蜂起の話が出ましたが、陸奥国の東北方の境界支配を委任した安藤氏一族のなかで対立がおこって、『太平記』(30)などの伝承によると、北条氏の部下のなかで最高の地位にあった長崎氏が両方から賄賂を受け取ってしまったために収拾がつかなくなって、多数の軍兵を投入して鎮圧しようとするんだけれども、結局、だめなのね。

**網野**　あの事件は「蝦夷《えみし》」といわれたアイヌの動きとも深い関係があって、北条氏が滅亡するひとつの原因になっています。

**石井**　たしかにひとつの大きな事件で、そういうことが方々でおこってくる。そこで、やっぱり気になるのは、後醍醐が倒幕の兵を挙げたとき、播磨の赤松氏なんかは、筧雅《かけひ》博さんがいうように、それまでどうみても北条氏のひじょうに重要な部下だったのですよ。これが結局、反旗を翻す。それがなぜだったか。それから赤松氏と並ぶのがやはり楠木氏。

**網野**　私は楠木は得宗被官だったと思うのです。これまでは戦前の「皇国史観」、さらに遡れば『太平記』の評価が支配的だったので、楠木氏が御家人だったという説も問題にされなかったのですが、『高野春秋編年輯録』という高野山の編集した史書があり、これはしっかりした文書をつかって編纂されているのですが、そのなかに元亨《げんこう》二年（一三二二)、楠木正成《くすのきまさしげ》が北条高時の命令によって湯浅氏一族の保田荘司《やすだのしょうじ》を攻めてその旧領の紀伊国の保田庄(現・和歌山県有田市)を与えられたという記事があります(31)。それから別に正成がこのとき阿弖河庄《あてがわのしょう》を与えられたことを示す文書があるという伝えも『紀伊続風土記』にみえます。実際、『太平記』のなかでも、正成は湯浅氏と阿弖河庄をめぐって争っています。赤坂城が落ちて、しばらく地下に潜っていた正成が最初に姿を現すのは、この湯浅氏との戦争なんですね。この記事が事実とすれば、楠木正成は確実に北条氏とかかわりのある被官ということになります。

それから筧雅博さんの指摘ですが、正成がひじょうに深いかかわりをもっている河内の観心寺が安達泰盛《あだちやすもり》(32)の所領だったのです。その泰盛は霜月騒動で没落して観心寺も没収

---

(29) 網野善彦「文永以後新関停止令について」『悪党と海賊』【著作集6】参照。

(30) 『保暦間記《ほうりゃくかんき》』の間違いか。『保暦間記』は南北朝期に成立した歴史書。同書に「元亨二年(一三二二)ノ春、奥州ニ、安藤五郎、同又太郎ト云者アリ。彼等カ先祖安藤五郎ト云ハ、東夷ノ堅メニ義時カ代官トシテ津軽ニ置タリケルカ末也。此両人相論スル事アリ。(長崎)高資、数々賄賂ヲ両方ヨリ取リテ、両方ヘ下知ヲナス。彼等カ方人ノ夷等、合戦ヲス。是ニ依テ関東ヨリ打手ヲ度々下ス。多ノ軍勢亡ヒケレドモ、年ヲ塁テ事行ス。」とある。

(31) 『高野春秋編年輯録』巻第十、元亨二年(一三二二)八月条。

(32) 本書対談3、注(18)参照。

され、そのあとに北条氏が入ると考えられますが、その観心寺に正成が深いかかわりをもっているのですから、正成は間違いなく得宗被官だったというわけです。

**石井**　駿河国入江庄内に楠木村というところがあり、筧さんは『静岡県史』通史編で、正成の先祖が出たのはここだといったんです。

**網野**　そこまでいえるかどうかは、何ともいえませんね。

**石井**　でも、駿河国、とくに東半分は早くから北条氏が勢力をのばした地域です。例の安東蓮聖の安東氏も、筧さんがいうように駿河の安東庄の出身の可能性があります。それでも蓮聖は結局、畿内で大活躍していますしね。正成と安東蓮聖とは、どこか似ているところがありますね。

**網野**　河内の豪族だという根拠は『太平記』の記述しかないので、そのほかには何もないでしょう。播磨国大部庄《おおべのしょう》〔現・兵庫県小野市付近〕に出てくる「河内楠入道」も「河内」が名字なのですから、すぐに楠木氏につながるかどうかわかりません。「楠木河内入道」ではないのですからね。だいたい楠木という地名は、河内の赤坂のあたりにはないのです。いろいろ調べてみましたが、楠木という地名はいまのところどこにもありません。

**石井**　なるほど。

**網野**　小字にはあるいはあるかもしれませんが、いまのところ確認できません。ただ、楠木四郎という御家人が『吾妻鏡』に出てきます。これは楠木という名字を名乗る人の初出でしょうね。建久元年(一一九〇)、頼朝が上洛したときの随兵のなかで、楠木氏は忍《おし》氏と並んでいます。これはたぶん武蔵の忍ですね。林屋辰三郎さん〔本書対談5、注(2)参照〕が半分冗談でしょうが、「忍」だから忍者だろうといわれたけれども、もちろん、それはちがいます。

**石井**　そうですよね。

**網野**　つまり、楠木氏は武蔵国御家人と一緒に並んでいます。そうなると、武蔵にも楠木という地名を見つけることができるかもしれないのです。だから、駿河とはいいきれない。

**石井**　楠木は、僕はやっぱり東国から行ったんだと思うな。

**網野**　それはじゅうぶんに可能性があります。河内には楠木の地名は、当面見つかっていません。

しかし、楠木氏や赤松氏、それから先ほどあげた石見房覚秀は建武以降まで生き延びていますからね。だから、「農本主義」的な路線の反乱で北条は滅びたという具合には簡単にいえないと思うのです。もう少し事は複雑ですね。

**石井**　それはそうです。北条氏は当然、楠木とか赤松とか、そういう連中を多く組織していた。しかし、結局彼らにそむかれた。それはなぜだろうか。

**網野**　それはやはり北条氏が権力を完全に独占しておごったからだというほかないようにみえます。

**石井**　そうですね。僕はやはり、北条氏はともかく執政権者なので、自分たちの組織下の連中のいうことばかり聞くわけにいかない。

**網野**　それはそのとおりですね。

**石井**　執政権者としては、在来の、東国的というか、そういう武士のほうをある程度立てなければならなかったのだと思います。だから、網野さんがさっきおっしゃったように、泰時を聖人にしたり、あるいは時頼の廻国伝説で没落しつつある御家人層を救ってやったという話があるわけです。そういう配慮を欠いたら北条氏は執政ができない。しかし、最後は、もう調節がうまくできなくなってしまった。

**網野**　まさしくそのとおりでしょうね。

**石井**　結局、在来の豪族層にも、新興の小武士層にも、みんなにそむかれた。彼らは結構、南北朝の内乱のなかで野放図に生き残っている。

**網野**　赤松氏は最後まで生き延びますね。

**石井**　赤松がそうだし、楠木は途中までだけれども、江馬も種子島もね。

**網野**　安藤氏も同じです。

**石井**　安藤も南北朝を生き残る。そういう点からみると、案外どうも北条氏というのは死んだわけではなくて……。

**網野**　のちにいろいろなものを残したということになりますね。

**石井**　戦国大名の後北条氏、あれだって立派な北条氏を名乗っているのですから。ところで、今回の特集テーマは、都市鎌倉と北条氏。それについていえば、当時の日本国の東端と西南の端という境界領域を北条氏が支配していたのと同じようなことを鎌倉でやっている。鎌倉の七口の切通し(33)の出入口というのは、ある時期からのち、全部、北条がもっているわけです。そもそも源頼朝が鎌倉入りした直後から、北条時政の館というのは名越でもらっているんですよね。

**網野**　そうですね。

**石井**　北条氏の屋敷が名越のどこか、まだ場所ははっきりしない。いま、名越の時政屋敷といわれているところはありますが、あれは最初からかどうかわからない。とにかく頼朝が最初から名越に北条をおいたというのは、やはり三浦半島との境界線、三浦との境界線に北条をおいたということです。

それから、あとは、西の入口の極楽寺坂は重時の一流がもっていて、仮粧《けわい》坂の外の

(33)　三方を山で囲まれた鎌倉への出入口としてつくられた切り通し(山や丘を掘削してつくった道)を指す。西南側から時計回りに極楽寺坂の切通し、大仏坂の切通し、仮粧坂(化粧坂)、亀《かめ》ケ谷《がやつ》坂、巨福呂《こぶくろ》坂、朝比奈の切通し、名越の切通しとなる。

常盤《ときわ》もみんな北条氏、いまは北条氏常盤亭跡という名称で国の史跡に指定されています。それからいまの北鎌倉の建長寺、円覚寺(34)をはじめ全部北条の直轄支配でしょ。さらに東の朝比奈切通し。朝比奈の峠を東に越えた六浦はもともと三浦一族の和田義盛の領地だったのを、全部北条氏が分捕ってしまった。だからそこへ金沢文庫の金沢氏が出てくる。こういう調子で鎌倉の出入口は全部、北条氏がおさえてしまう。だからこれは、全国の境界を北条氏がおさえるということと同じですね。

**網野**　六浦も北条氏ですね。

**石井**　そうです。六浦湊には金沢が館をつくり、そのなかに金沢文庫がつくられる。六浦には中国から大きな唐船が入ってくる。

ところで、紀伊も土佐も、唐船の重要な通過地点ですよね。そこの守護も北条氏です。紀伊も土佐もはじめは三浦氏が守護だった。両方とも北条氏がとってしまう。

九州西南端の坊津とかそういう港で直接、貿易をやっているのと似たようなことを、北条氏は鎌倉に対してやっていますね。

結局、港湾都市としての鎌倉を開き、その路線を推進して、鎌倉の都市改造をやったのは泰時ですよ。

**網野**　そうですね。

**石井**　泰時は「御成敗式目」をつくるのと同じ貞永元年(一二三二)に、港湾施設の和《わ》賀江島《かえじま》をつくります。ただ、直営事業でなくて、浄土系の聖《ひじり》の勧進《かんじん》行為でやらせるというところがひじょうに巧みだったと思う。

**網野**　ただ、中国大陸との貿易も、北条氏の管理下にあるけれども、実際はみな勧進ですね。禅律僧の勧進上人にやらせています。有名な新安沖沈没船(35)にも勧進(36)聖道仙が乗っていますね。それから「青方文書」に出てくる五島の沖で沈んだ唐船(37)にも勧進聖が乗っていたのだと思います。それはともかく、さきほど私がいいたかったことは、模範生としての泰時像の半分は虚像だという点です。

**石井**　そうでしょうね、たぶんね。

(34)　建長寺は巨福呂坂、円覚寺は亀ヶ谷坂にある。
(35)　一九七五年に韓国全羅南道新安郡沖で発見、引き上げられた沈没船。積荷は、一万八〇〇〇点以上の陶磁器、約八〇〇万枚(二〇トン以上)の銅銭、一千余本の紫檀材ほか厖大な量にのぼる。積荷の木簡から、元亨三年(一三二三)に慶元(のちの寧波)を出発した東福寺等造営料唐船であることが判明しており、元応元年(一三一九)に焼失した東福寺の再建を名目として貿易していたと考えられる。
(36)　本書対談3、注(9)参照。
(37)　「肥前青方文書」永仁六年(一二九八)六月廿九日、関東使者義首座注進状案(『鎌倉遺文』二六巻、一九七二四号)、永仁六年八月十八日、対馬守某・武藤盛資連署施行状案(『鎌倉遺文』二六巻、一九七七〇号)。

網野　問題は泰時を理想にしたいという機運が少なくとも鎌倉後期の幕府のなかにあったということで、これは無視できないことだと思います。

石井　その話は『きらめく中世』(有隣堂、一九九五年)で永井路子さんとの鼎談のときにも出たんですが。そのときに僕が、作家の立場として泰時は、といったら、いや、泰時は絶対小説にはなりにくい、欠点や悪い部分のない人ではだめです、と永井さんがおっしゃったんです。そして笠松宏至(38)さんは、『吾妻鏡』の編者や北条氏としては、歴史叙述のためにどうしても泰時のようなすべて非の打ちどころのないような人物像をひとつつくる必要があったんだといわれた。

網野　それはひじょうに大事な点だと思いますよ。

石井　それが、書かれたる泰時です。

網野　それでね、もうひとつ踏みこんでいいますと、先ほどもふれたことですが、『吾妻鏡』の編集方針の問題があるわけです。つまり、今日出たような北条氏の話は『吾妻鏡』では全然読むことはできません。みな裏の話になってしまいます。『吾妻鏡』がどうしてあのような形で編纂されたかに、じつはひじょうに重要な問題があると思います。

石井　その点については、私は今日じゅうぶんそこは突っこめなかったのですが、『吾妻鏡』をつくったのは、金沢文庫の金沢氏や安達泰盛に代表される人たちだと思っているわけです。歴史叙述としての『吾妻鏡』は、彼らにとってのあるべき鎌倉武士の理想像の叙述だった。そういうものがなければ、執政権者として支配はできないのだと思っているわけです。だから、『吾妻鏡』に描かれた世界は安達とか金沢が描いた理想像で、その理想像と現実の泰時や時頼はけっしてイコールではないんです。

**網野**　ないけれども……。

**石井**　ないけれども、それをなぜ出さなければならなかったかというところに、僕は興味をひかれるのです。

**網野**　ここには『吾妻鏡』がなぜ文永三年(一二六六)で終わったかを含めて、大問題が残されているのだと思いますよ、本当に。

**石井**　それから蒙古襲来については、もうくわしくしゃべっている時間がありません。でも、『蒙古襲来絵詞《えことば》』について一言だけいいますと、これは竹崎季長《たけざきすえなが》が安達泰盛に結びついて見事に救われたという物語なのです。そのなかで印象的なのは北条氏直轄の兵がどんどん関東から下ってくるということです。文永の役のときはまだあんまり送りこ

(38)　一九三一―。歴史学者。専門は日本中世史。東京大学文学部卒業後、同大学史料編纂所所員、同大学教授を経て、神奈川大学大学院歴史民俗資料学研究科教授などを務めた。著書に『日本中世法史論』(東京大学出版会)、『徳政令』(岩波新書、のち講談社学術文庫)、『法と言葉の中世史』(平凡社ライブラリー)など。

めないけれども、弘安の役になるとどんどん入れる。それによって、日本軍の兵力はひじょうに増強される。一方ではそれが逆に、現地では竹崎氏や九州出身の武士の反発を買う。

それによって「何くそ、目に物を見せてくれよう」という戦意をひきだした。そのこともひじょうに大きいのではないかなあという気がするんです。

**網野**　先ほどもふれたのですが、文永と弘安の襲来の間、文永一二年＝建治元年(一二七五)に文永新関停止令といわれる法令が出ているんです。これによって、天皇家の西国の交通路に対する支配権を北条氏がとりあげたのだと思います。これで北条氏が海の交通路を支配し自由に動ける体制ができたので、いまいわれたようにどしどし北条氏の関係者を送りこむわけです。

**石井**　そうなんです。

**網野**　建治のころ、その前提として、天皇の支配権を排除したのだと思います。

**石井**　それと弘安の役のときには、朝廷側をおしきって寺社や大貴族所有の本所一円地《ほんじょいちえんち》の庄官や武士たちに対する軍事動員権を認めさせてしまうんですよ。その直後にモンゴル軍が敗北、撤退したというニュースが届くのですが、それ以前の日付にして天皇の命令で法令として公布してしまう。

**網野**　これはたいへんな勢いですよ。

**石井**　だから、さっき問題となった東北と西南の境界領域を全部北条氏が手に入れたのがいつからかということですが、西南のほうはきっと、蒙古襲来を最大限利用したのでは……。

**網野**　その可能性はじゅうぶんにあります。モンゴルの襲来が大きなきっかけになっているでしょうね。

**石井**　間違いない。北九州沿岸や壱岐、対馬のほうは大宰府との関係などがあり、武藤氏がいるから、あまりやれない。一方、南はあまり障害がないから……。

**網野**　坊津をおさえるのでしょうね。

**石井**　ストレートに実現したのかもしれない。それによって北条氏は全国的な交通網、あるいはそうした場に対する統一的な支配体制を手に入れた。けれども、そのために、むしろ矛盾の激発をまねいた。全国の重要な拠点を次々と支配下におき、どんどん新しい連中を手下に組み入れていく。そのため、結局彼らの不満をそらすところが……。

**網野**　なくなった。

**石井**　なくなっちゃったわけですよね、全部、手に入れてしまったために。

**網野**　だから滅びたのだと思います。

永井路子◆網野善彦

# 5 楠木正成の実像をさぐる

**永井路子**（ながい・みちこ）　一九二五―二〇二三。歴史小説家。東京女子大学国文科卒業後、小学館に入社。『女学生の友』などの編集に携わる一方で、創作活動を行い「下克上」「女の復讐」などを発表。「青苔記」が直木賞候補になったのをきっかけに、小学館を退社して本格的な作家活動を始める。鎌倉時代初期を舞台とした『炎環』で直木賞受賞。鎌倉時代を日本史上まれな変革期ととらえ、「鎌倉もの」と呼ばれる一連の作品を発表した。
著書に『炎環』（光風社）、『北条政子』（講談社）、『悪霊列伝』（毎日新聞社）など。

●**初出／底本**　『歴史読本』三四八号、一九八二年五月／『網野善彦対談集』4

## 正成登場の背景

**編集部**　戦後、「散所《さんじょ》(1)の長者」説や「悪党」説をはじめ、さまざまな楠木正成《くすのきまさしげ》像が提出されましたが、未だその実像は謎につつまれたままです。そこで、本日は、正成登場の背景や正成と後醍醐天皇との結びつきなど、いろいろな角度から楠木正成についてお話していただければと存じます。まず、『太平記紀行』(昭和四九年刊〔平凡社、のち中公文庫〕)で正成を追跡された永井先生から、なぜ正成に興味をもたれたのか、その辺りからお話いただけますか。

**永井** 鎌倉時代に私は大変興味があったものですから、幕府が倒れて、また一つ動乱期に入るあたりのことも、もう少し調べてみたいなと思っていたときに、たまたま執筆の話があって書いたのです。

ただ、正直なところ、私どもの世代は楠木正成に対しては郷愁よりも、むしろ、アレルギーがありましてね。小学校から「忠臣楠木正成公、逆臣足利尊氏」というのをたたき込まれましたので、二度と触れたくないという気持ちがあったんです。

そうはいっても、歴史ものを書いていますと、避けて通るわけにはいかない。じゃあ、もう一度やってみようかなという一種の小手調べみたいなものでして、いま考えますと、非常に不十分なところも多いんです。網野先生のご研究などを読ませていただいていますが、それも理解していたかどうかよくわからないんです。

私自身はそれを契機にして、葛城《かつらぎ》・金剛《こんごう》、いわゆる赤坂城・千早《ちはや》城のあたりを歩くチャンスを持ったことが一番の収穫でした。

**網野** いやいや(笑)……。でも、まだよくわかってないんですよ。本当は楠木氏とは何者なんでございますか。

**永井**　私、先生にぜひとも伺いたいのは、鎌倉幕府はどうして倒れたかということのアウトラインと、どうしてああいう形で動乱が起こったのか、その当時の社会はどうだったのかということなんです。それをいま知らな過ぎますのね、みんな。私みたいなアレルギー人間が非常に多くて、どうしても触れたくないんです。ですから、ここでちょっと蒙を啓《ひら》いていただきたいと思って、参りましたの。

**網野**　弱りましたなあ(笑)。楠木正成については、戦前は、私も永井さんとほぼ同じ、少し下だと思いますが(笑)、環境で育ちましたから、全く同じ印象を持っておりましたけれども、戦後は例の林屋辰三郎[2]さんの「散所長者」論〔「散所――その発生と展開」『古代国家の解体』東京大学出版会、一九五五年〕と、松本新八郎[3]さんの、正成は悪党の典型だという「悪党」論〔「楠正成」、川崎庸之《つねゆき》編『人物日本史』毎日新聞社、一九五〇年〕が出て、戦前とはまるで違う意味で一時ずいぶん取り上げられました。

---

(1)　散所とは、随身・楽人・召次《めしつぎ》・雑色・衛士・法師・神人・声聞師《しょうもじ》・陰陽師などの職能的官人のうち、本来所属するべき所管の官司(本所《ほんじょ》)から、勅宣などを受けて院宮諸家に賜与された者を指していた。しかし中世後期になると掃除・清掃を職務としていた散所法師が散所非人と呼ばれるようになり、次第に被差別民に対して使用される語に変質していった(網野善彦「中世前期の「散所」と給免田――召次・雑色・駕輿丁を中心に」『日本中世の非農業民と天皇』【著作集7】参照)。

**永井**　というようなことを伺っています。

**網野**　はい。私も最初はそういうものに大変魅かれて正成に関心を持ちだしたというのが本当のところですけれども、実際調べてみますと、正成というのはほんとうにわからない人物ですね。大体、楠木の名字の地が当然あるはずだと思うんですが、どうも河内《かわち》には大きな地名は見当たらないんです。私もあの近くへ行って細かく見たわけではないんで、あるいは金剛山《こうごうせん》の近所にそういう小さな地名でも残ってるのかもしれませんけれども……。そこで、地名索引などを引いてみますと、ずいぶんあちこちに楠木という地名がございまして……。

**永井**　あ、そうでございますか。

**網野**　はい。播磨、土佐、伊勢……。駿河にもある。ですから、大きな地名で探していくと、結局わからなくなってしまうんです。ただ一つ、ちょっと気になりますのは、楠木という地名が大体太平洋側に分布していることなんです。

**永井**　なるほど。

**網野**　これは楠木正成と関係あるかどうか全くわからないんですけど、例の南方熊楠《みなかたくまぐす》先生。大変おもしろい先生だと思うんですが、千代楠丸だとか熊楠丸だとかいうように、名前の方に楠をつける習俗が残っている地域が非常にあるんだそうです。これがその地名のある地域とほぼ重なります。

永井　ほう。

網野　ですから、楠木という名字の地名の背景には、船の材木として大きな意味があるといわれるクスノキという木を非常に大事にしたということがあるんだろうと思うので、楠木氏の性格を考える上で参考になりますが、いずれにせよ、きめ手はないんですね。

それから、『吾妻鏡《あづまかがみ》』（建久元年（一一九〇）十一月七日条）に、有名な楠木四郎という人が頼朝の随兵の中に出てまいりますけれども、中村直勝さんは、あれが忍三郎《おしのさぶろう》と並んでいるので、楠木の忍者的性格なんていうことをいってらっしゃるんです。林屋さんもふれ

（2）　一九一四—一九九八。歴史学者。専門は日本古代中世史。京都帝国大学文学部史学科卒業。京都市史編纂委員などを経て、立命館大学教授、京都大学人文科学研究所教授、京都国立博物館長を歴任。専門は京都史、部落史、芸能史。特に散所研究はひとつの画期となった。著書に『古代国家の解体』の他、『中世芸能史の研究——古代からの継承と創造』（岩波書店）、『歌舞伎以前』（岩波新書）など。

（3）　一九一三—二〇〇五。歴史学者。専門は日本中世史。東京帝国大学卒業。同大学史料編纂所に勤めたのち、松山経済専門学校教授、専修大学教授を歴任。「南北朝封建革命説」を提唱し、悪党を封建革命の根底を担った新しい勢力としてとらえた。著書に『封建的農地所有の成立過程』（伊藤書店）、『中世社会の研究』（東京大学出版会）、『中世の社会と思想』（校倉書房）など。

ておられて、大変奇抜なお考えですけれども、これはちょっと無理でございましてね(笑)。大体、忍《おし》というのは武蔵の地名でございますからねえ。

**永井**　そうですね、埼玉あたりの。

**網野**　そうすると、随兵の交名《きょうみょう》の書き方からみて、楠木は武蔵の武士と考えざるを得ない。そうなりますと、いままでは一応あれが楠木の初見というふうにいわれているわけですが、武蔵の楠木と河内の楠木とを、果たしてつなげてよろしいのかどうかもわからなくなってきてしまうわけです。いよいよ謎は深まるばかりです(笑)。それと、どうしてああいう形で動乱が起こったかということは大問題で、一口でパッというわけにはなかなかまいりませんけどねぇ(笑)。

**永井**　そこを一口で(笑)……。強引なお願いですけど。

**網野**　一つには、畿内の正成の本拠地の近くの摂・河・泉(摂津・河内・和泉)あたりは一番特徴的なところだと思うんですが、普通の農民と違う集団があって、かなり前から商工民的な活動をしていました。一三世紀の後半から、ふつう貨幣経済の発達といわれていたことと関係がありますが、社会的分業のあり方が発展してくると、そういう人々の活動が一層活発になってくる。日本の周辺の海運・水運の状態を考えましても、われわれが考えているよりもはるかに以前から活発な流通があったわけです。それが農村にもはね返ってくるわけで、まあ、これも普通の概説でいわれてるとおりだとは思いますけれども、村落と都市がだんだん分化し、それぞれに自治を発展させてゆくような動きが一三世紀後半にはっきり表へ出てきたことは明らかで、一番大きな動揺の原因はその辺にあると思うんです。で、そういう非農業的な方に力を置いて、そちらの方から利益をうまく吸い上げていこうという政治の進め方と、やはり農村の領主を基本にして、いわば、いままでの御家人体制を維持していこうという流れの二つが出てくる。そのうちどちらかというと、まあ得宗被官《とくそうひかん》(4)には前者の傾向の連中が多くて、後者の動きは、むしろ東国に重点を置いて、そこの足場を固めようという政治的路線に進もうとするわけで、この二つの路線が対立しはじめます。流通の発達は西で顕著ですから、得宗北条氏の主流は西の方へ西の方へ手を伸ばそうとする。東だけを押さえていたときは、まあまあ体制は安定していたわけですが、西まで大きく手を伸ばし始めると、幕府、じつは北条氏がすべての面で一身に不満を集めざるを得なくなってくる。

これはいろいろご批判もあるわけですけれども、とにかくそういう不満をまともにう

(4) 得宗家(本書対談3、注(3)参照)に仕える家人のこと。御内人《みうちびと》ともいう。得宗専制政治の推進力となった。網野は得宗被官を借上《かしあげ》のような金融業を営み、廻船で貿易を行うような従来の武士とは異なるタイプの人々として捉えた。しかし現在では得宗被官は御家人でもあることが判ってきており、御家人と得宗被官を対立的に捉える網野の構図は成り立たなくなっている。

けて、一挙に北条氏が滅びてしまうわけですね。

**永井**　そうでございますね。

**網野**　『太平記』も驚きの感情を込めているような気がいたしますけれども、このような北条氏の手の伸ばし過ぎがああいう劇的な終末を迎える結果になったんだろうと思うんです。その背景に、さきほどのような、社会的な転換を考える必要があるんじゃないかと思っております。大変いい足りないんですけれども。

**永井**　大きな地殻変動といいますか、社会の成長みたいなものが、北条氏を頂点とした御家人制度ではとてもおおい切れなくなってきた、古い衣装になってきた、ということは確かにございますね。

ただ、一つの社会体制が批判され打倒されるときには、右から左までの勢力が一致してやるわけですけれども、そこにはさまざまな思惑があり、それぞれ引きずっている殻があると思いますの。鎌倉幕府の崩壊についても、先生がおっしゃった商業活動というものは絶対に見逃せないことですけれども、足利尊氏などがどんな思惑を持っていたかということも問題にする必要がある。

尊氏は、北条氏よりうまい具合にそういう動きをつかんだという意味では進歩的といっていいと思うんですが、彼らのほかに、きわめて反動的な一群もあったということも考えなくてはならないのではないでしょうか。

時代は必ず後の時代が進歩的であるとは限りません。それは現代についてもいえることで、いまの動きは戦後の三〇年を前向きに押し進めるものでは決してない。後ろに引き戻そうという勢力がいまや主力になろうとしているような気がするのです。

そのことを考えますと、アンチ幕府ということでは一致するけれども、その中にはかなり反動的なものもあったんではなかろうか。もちろん、反動といっても、いまの新憲法反対が直ちに明治憲法復活にはならないと同じように、旧態そのものとはいえません。しかし、かなりそういう面もあったのではないでしょうか。これはいかがでございましょうか。

**網野**　鎌倉幕府に最後の決定的打撃を与えたのは、いまおっしゃった足利尊氏です。彼は主として東国武士団の北条氏に対する不満を組織していけるようなリーダーだったわけです。それともう一つは、正成あたりもそうなんだろうと思いますけれども、畿内・西国の方の商業活動とかかわりのある、私流にいうと「職人的」武士団の不満がある。問題はこの動きをまず組織した後醍醐についてで、これに対する評価は歴史家の中で大きく二つに分かれているわけです。

もちろん一つは、これは超反動的・復古的な体制をごり押ししようとした勢力だという評価です。もう一つは、「帝王」後醍醐がなければ建武の中興はなかったという評価で、これはいまおっしゃった最近の、時代を後に引き戻す方向に後醍醐を担ぐ動きにつながる議論です。

私はもちろん後の方の見方はとりませんけれども、ごりごりの反動復古というふうに後醍醐をとらえてしまうと、逆にそういう権力の持っている怖さのようなものをわれわれがかえってつかみ切れなくなる危険性があると思うんです。

後醍醐の目標が、天武あたりは別として、前近代の天皇史上、最も徹底的な天皇専制体制をつくることにあったということは疑いないわけですが、ただ、ある意味では政治の先取りをすることがなかなかうまかった。

**永井** ええ、ええ。

**網野** そういう意味で、決してリアリストじゃないんですけれども、ある勘のよさを持っている。だからそれは逆に、無原則といってもいいような動きにもなってくると思うんです。それが彼のカリスマ性とつながって、一つの魅力となってかなりの人間が彼のもとに引きずられていったのではないか。

その点でいうと、後になって足利義満が実現した体制を後醍醐が先取りしていることがいくつかあると思うんです。正成とか、ああいう連中を後醍醐が組織したということにも、そういう点がなきにしもあらずという気が、私はしておりますけれども、これも大分ご批判があるところだと思うんですが……。

**永井** いえいえ(笑)。私自身はやっぱりアンチ南北朝的な感情が非常にあるからかもしれませんけれども、後醍醐という人の進歩性というところがどうも評価し切れないような気持ちがございますの。彼は非常に開明的なところもあるし、新しい時代はこうあるべきだということを頭の中では考えていたけれども、頭の中で考えているということと、持って生まれた体質とは必ずしも一致しないんですね。で、全く復古的とはいえませんが体質的にはかなり古いものがあるのではないか。復古に革命的なものをかぶせて本質をあいまいにするのが一番日本人の危険なところで、そういう体質が歴然と表われてるのがあの人だという気がするんですね。それでは、その復古を支えていたものは何かというと、私は、寺社勢力を後醍醐が踏まえていたということを考えに入れなきゃならないんじゃないかと思うんです。

寺社勢力の中にも、確かに新しい動きはありますが、本質的には寺社勢力はアンチ鎌倉であり、鎌倉時代における地頭と高野山との争いなんかを見てますと、これが新しい勢力であるとはどうも評価しかねるんです。

**網野**　なるほど。

**永井**　そして、後醍醐人脈を見ますと、その後ろに動いているので一番私が注目しているのは、醍醐寺の僧侶、文観《もんかん》(5)なんです。

**網野**　はい、はい。

**永井**　彼については非常に誤解が多くて、真言立川流《しんごんたちかわりゅう》(6)の妖僧だということになっておりますけれども、私はそうは思えないんです。彼は小野流(7)の正統を受けておりますし、真言宗の根本教典である理趣経の中にすでに立川流的なセックスの自由とか、そういうものがありますので、その分だけ拡大いたしますと、立川流になってしまうんですけれども、そこを混同しちゃいけないと思うんです。

それで、やっぱり醍醐寺というのが後醍醐の後ろの大きな勢力ではないでしょうか。文観のお師匠さんの道順が後醍醐と関係がございますし、文観の人脈につながってくるのが東大寺と笠置山を持っている聖尋《しょうじん》(8)です。そして、まさに後醍醐は文観のルートで歩いてるんですね。東大寺に行こうとしたが、入れないので聖尋の持っている笠置山に行った。それから二度目の吉野はまさに醍醐寺の方のルートでございますから、途中、内山永久寺(天理市)に行って、これも文観の息がかかってまして、それで吉野へ入っておりますでしょ。そういうふうに見ますと、むしろ後醍醐が個人で動くというよりも、南北朝のプロデュース、演出は文観じゃないだろうかという気がします。それで、その文観と、今度は河内における金剛寺(9)と観心寺(10)がくっついていて、そこから楠木正成が出るというところに私は多少問題があると思っております。

**網野**　ああ、なるほど。

## 変革期における個性の作用

永井　実は半月ぐらい前に用事がございまして、唐招提寺《とうしょうだいじ》へ参りましたの。そこの森本長老という方は古文書などに非常にご造詣の深い方でしてね、何かの話でちょっと文

（5）　一二七八―一三五七。鎌倉末期・南北朝期の真言宗の僧。文観は字《あざな》。法名は殊音、のち弘真。小野僧正とも呼ばれる。当初は西大寺流の律僧として活動。醍醐寺報恩院の道順から伝法灌頂を受け、真言密教の法脈にも連なる。後醍醐天皇に接近して護持僧となり、関東調伏や倒幕運動に参画した。鎌倉幕府滅亡後、東寺大勧進、東寺一長者・正法務、さらに醍醐寺座主に就く。建武政権の崩壊後は吉野に下り、南朝興隆のために活動した。河内金剛寺で入滅。真言立川流の大成者とする世評もあったが、その明確な徴証はない。

（6）　真言宗の一派で、文観が大成したとも言われるが、その流祖については定かではない。男女の交会が即身成仏の実践である大楽の境地と説き、当初より邪教とみなされて弾圧され、近世以降は衰退していった。聖教《しょうぎょう》類はほとんどが焚書によって失われたため、究明されていないことも多い。

（7）　真言宗の一派。密教では教義を理論的に究明する面を教相、修法や灌頂などの実践面を事相と呼ぶが、真言宗では事相において、主として小野流と広沢流の二つの流派に分けられる。

（8）　鎌倉末期の真言宗の僧。関白鷹司基忠の子。醍醐寺三宝院聖尊法親王の弟子になり、岳西院定耀に伝法灌頂を受けた。東大寺別当、醍醐寺座主、東寺長者法務などを務める。元弘元年（一三三一）に倒幕の密議が発覚して吉野の東南院に逃れてきた後醍醐天皇を、笠置山へ案内したのが院主の聖尋であり、これにより笠置山が主戦場となった。

観のことが出ましたら、「文観の書いた日課の文珠を持ってます」っておっしゃいますのよ。

**網野**　ほう。

**永井**　「お見せしましょう」と持っていらしたのは、紙を八枚に折って、一筆がきで文珠の像を一日に一つずつ描いたものです。

**網野**　文珠ですか。

**永井**　はい。普通、お坊さんがよくやることですけれども、日付を入れて毎日かいていく。二五歳から始まって生涯続いているくらいやったんですね。「たくさん持っていましたけれども、あとは博物館に寄付して、この一幅しかありません」とおっしゃいましたけど、それが先生、何と般若寺《はんにゃじ》(11)の文珠像の胎内から出てきたものなんですよ。

**網野**　はあ。西大寺《さいだいじ》流の律じゃないでしょうか。文観は西大寺にも……。

**永井**　ええ、西大寺にも行ってますね。

**網野**　ですから、私は文観は律と関係があると思うんです。般若寺は律でございましょう。

**永井**　いまのようなことは当然起こるであろうという感じがしますね。

**永井**　そうすると、護良《もりよし》親王が般若寺に隠れたのも、決してゆきずりに飛び込んだのではなく、その系統の寺でかくまってもらったということになります。

網野　そうですね。

永井　大般若経の中に隠れて呪文を唱えた、というのは文学的な表現でしょうね。もちろん、寺というものも古代の寺ではない。確かに、寺は非農業的な人たちをたくさん抱えておりますので、旧勢力であるといい切ることはいけないかもしれません。しかし、むしろそれは下の層であって、上の、たとえば文観なり道順なりという人の物の考え方はかなり保守的と見られるのではないだろうか。

例の児島高徳《こじまたかのり》(12)が問題になっておりますけれども、あそこは商業の中心地であるととも

(9)　大阪府河内長野市天野町にある真言宗の寺。その寺領は大覚寺統（本書対談6、注(13)参照）領であったと考えられる。文観の弟子禅恵が金剛寺の正学頭だったことから、後醍醐天皇の保護を受け勅願寺となった。

(10)　大阪府河内長野市寺元にある真言宗の寺。楠木正成の居館があったとされる赤坂からも近く、正成が幼少時に当寺で仏典を学んだと伝わる。また観心寺庄は得宗領であったとされており、網野は武蔵国の御家人であった楠木氏が、得宗被官となって観心寺地頭職とかかわって河内に移ったと推定した（網野善彦「楠木正成」『朝日 日本歴史人物事典』）。また文観の弟子光賢が当寺の座主を務めている。

(11)　真言律宗の寺院。病者・乞食・非人の集住地であった奈良坂を登り切ったところ（奈良市般若寺町）にある。『太平記』によると、元弘の変で笠置山を陥されたのち、鎌倉幕府の軍勢に追われていた護良親王が、当寺の唐櫃に身をひそめて難を逃れたという。

に児島修験《しゅげん》(13)という修験道の中心地でもあるわけで、『太平記』に出てくるようなものが必ずそういう寺社勢力とつながっているんです。

しかも、寺社勢力というのはいまの日本医師会の医者勢力以上の、かなりの力があったのではないか(笑)。

そうなりますと、正成と観心寺や金剛寺とのつながりをもうちょっと解明してみたいという気がするんです。それで、楠木というのが突然現われますが、彼は和田《にぎた》と同族でございますよね。

**網野**　和田《わだ》と和田《にぎた》(14)と両系統あるように思いますが、和田《わだ》は同族でございますね。

**永井**　その辺がちょっとよくわからないんですが、後に、後村上になってから、金剛寺領に南朝方が進出してきて、そこから召し上げるものをよこせといったとき、楠木正《まさ》儀《のり》は金剛寺側の荘官としてそれに対する異議申立てをやっておりますね。それが正儀が北朝に走る契機の一つになるかと思いますが、彼が正成の子供であるということは注目してもいいのではないでしょうか。私はそれを正成の実像を考えるときの一つの根拠にしてるんですが、いかがでしょうか。

**網野**　かなりの部分、おっしゃるとおりだと思うんですが、私が後醍醐進歩論を唱えたということになるとちょっと具合が悪いので、弁明をまずさせていただきます。

**永井**　はい、はい、どうぞ(笑)。

網野　永井さんのおっしゃるとおり後醍醐が何か非常に進歩性を持っていたとは全く私は思っていないんです。時代の先取りをすることは決してすぐ進歩性を持つとはいえませんからね。むしろそうだから専制的になるのだと思います。ただ、いままで武家と公家、とくに武家だけで中世史を考えていたわけですが、公家の中にもいろいろな動き

(12)　生没年不詳。南北朝時代初期に活躍した武将。備前国邑久郡の住人で、和田備後守範長の子。元弘の変で後醍醐に呼応して挙兵。後醍醐が隠岐に流される途中、その身の奪還を企てたが失敗。後醍醐の宿所の庭にあった桜の木に「天勾践《こうせん》を空しうすることなかれ、時に范蠡《はんれい》なきにしもあらず」の言葉を書き残して、後醍醐を励ましたという。後醍醐が隠岐を脱出して船上山で兵を募ると父範長とともに馳せ参じた。建武政権の崩壊後も一貫して南朝方に属し、各地で北朝方と戦った。『太平記』を書いた小島法師を高徳とする説もある。

(13)　児島半島の新熊野《いまくまの》権現(岡山県倉敷市林)を拠点として活動する熊野系修験。承久の乱により、後鳥羽上皇の皇子頼仁親王がこの地に流され、その五人の子が新熊野権現の五つの院、尊滝院、太法院、建徳院、伝法院、報恩院を再興し、それぞれの院主を代々務めたとされることから、児島五流、五流修験、公卿山伏ともいう。また児島高徳を尊滝院頼宴の子とする説もある。

(14)　和田《にぎた》氏は金剛寺領和泉国大鳥郡和田《にぎた》庄の荘官で、当該期に和泉・河内において勢力を拡大していた。これとは別系統で、和泉国大鳥郡上神郷《かみつにわ》和田《わだ》に住んで和田《わだ》を称した一族がいる。こちらは楠木氏と密接な関係にあり、同族とも見られている。

がある。それにさっきおっしゃった寺社勢力は中世の中では最大の勢力の一つなんで、いままで考えられなさ過ぎていたと思います。ただ、寺社勢力であるからすべて反動的であるとはいいにくい。

**永井**　そのとおりでございます。

**網野**　実際、醍醐寺の中でも尊氏側に立つ賢俊《けんしゅん》(15)などがおりますし、世俗の対立が寺社の中に持ち込まれているところがあるわけで、鎌倉幕府の時代には、東大寺の僧にせよ東寺の僧にせよ、ずいぶん鎌倉との関係を持っている者がいるんじゃないかと思うんです。

いままでは寺社の中のこういう対立を余り考えず、専ら武家・公家を中心にして見ていただけですけれども、寺社はいろんな勢力を動員できる大きな力であるわけですから、これを相当見直さなければいけないと思うんで、その点は全く同感でございます。

それから、文観なんですが、岡見正雄さんもいっておられますが、私もどうも西大寺流律宗と関係があるような気がするんです。それがどういう意味をあの時期に持ってくるかが問題なんですけど、般若寺のルートというのはまさにそうだし、文珠の中から出てきたということもそれと符合するわけでしてね。

**永井**　あの人、播磨の人なんですね。

**網野**　そうなんです。一度播磨のお寺へ入って、西大寺へ行って、それで醍醐寺に行くんですね。

**永井**　そうです、そうです。

**網野**　醍醐寺の中に律の系統が入ってくること自体かなり異様なことだった面もあるかもしれませんし、文観は、その意味では一種の怪僧というか、立川流は差し当たり問題にしないにしても、当時の寺院の中のいわゆる常識から逸脱した性格はやはり持ってるような気がするんです。

**永井**　そうなんです。おもしろいんですよ。文観は私、書いてみたいという気が非常にするんです。普通、醍醐寺の座主《ざす》などになるのは大抵名門の人なんですけれども、あの人は違いますね。

**網野**　全く違う。

**永井**　そういうところから出てきて、すごい組織力を持って、人脈の張りつけ方が実

(15)　一二九九―一三五七。鎌倉末期・南北朝期の真言宗の僧。日野俊光の子。醍醐寺宝池院賢助に学んで伝法灌頂を受ける。後醍醐天皇の護持僧であった文観と対立し、足利尊氏と結んで追放した。また尊氏が豊島河原の戦いに敗れて九州へ落ち延びるため備後鞆《とも》の浦にあったとき、持明院統の光厳院の院宣と錦旗を奏請して尊氏に授けたことで、尊氏は朝敵の汚名を免れた。醍醐寺座主、東寺長者、根来寺座主を務め、同寺内部の南朝支持派の寺領を没収して三宝院領に組み込んだ。

にうまい。あちらこちらにちゃんと張りつけておいて、計画的に行動していく。その意味で、乱世型の人間だという気はするんです。

**網野**　そう思いますね。

**永井**　ですから、先生がお書きになっておられましたが、文観から道祐、(16)そして道祐のもらった若松荘《わかまつのしょう》(17)に正成が登場してくるということ。これを、文観が持っていた金剛寺に対する勢力と結びつけて考えれば、道祐と正成がぐっと近づくんじゃないかなあという気がしましたんですよ。

**網野**　道祐という人は、多少追いかけてみましたけれども、文観のような個性的な人ではない。やはりあの動きの裏に文観の手が動いていたと考える方がおもしろいと思っているんですがね。

ただ、さきほどの話に戻りますけれども、修験という問題がございますね。護良親王はもっぱら山伏《やまぶし》を使う。

**永井**　ええ、修験で生きてるんです。

**網野**　いろんな連絡や何かもそうです。隠岐にいる後醍醐と連絡をとる場合も、恐らく修験が動いているだろうという感じがいたします。あれだけ組織的に山伏を動かしたというのは、軍事的にはあの時期が初めてのような気がしますし、さっき後醍醐が単純ではないと申しましたのは、そういういわゆる当時の常識からいえば軌道の外れた連中を取り込んでいく、後で出てくる千種忠顕《ちぐさただあき》(18)にしてもそうですけれども、ああいう一種の婆娑羅《ばさら》(19)風の連中をつかまえる術を、寺社勢力についても持っていたからなんです。

その辺が、逆にいえば後醍醐の政権が早くつぶれる原因になるのかもしれませんが、ただ、時代の風潮を組織した一面はあったわけで、これがなければやっぱり鎌倉幕府を倒すようなことにはならなかっただろうと思うんです。

**永井**　その辺の人間評価が非常に問題で、個性的な面と歴史的な体質とが混在してい

---

(16)　鎌倉末期・南北朝期の真言宗の僧。中院内大臣通重の子。西南院道順や文観の教えを受け、醍醐寺座主に任じられている。また和泉国若松荘領家職を望んでこれに補任されているが、このとき現地の楠木正成と結んでいたとされる。また網野は後醍醐が隠岐を脱して船上山に拠っていたとき、道祐は伊予国忽那島に渡り、水軍の忽那氏を動かして海上から支援していたとした(網野「楠木正成に関する一、二の問題」『悪党と海賊』【著作集6】参照)。

(17)　「山城天龍寺文書」正慶元年(一三三二)六月日、山城臨川寺領目録(『鎌倉遺文』四一巻、三一七七一号)の和泉国若松庄の項には「悪党楠兵衛尉押妨当所」とある。

(18)　?―一三三六。後醍醐天皇の近臣として活躍した公卿。六条有忠の子。元弘の変では天皇とともに笠置山に立て籠り、笠置山陥落後は後醍醐の隠岐配流に従った。翌年、後醍醐とともに伯耆国船上山へ脱出し、赤松円心や足利尊氏らとともに六波羅を攻め滅ぼした。建武政権下では雑訴決断所(後掲注(35)参照)寄人となり、丹波など三カ国の知行国主となる。足利尊氏が建武政権に叛旗を翻したのち、近江国西坂本で尊氏の弟足利直義の軍と戦い戦死した。

て、どっちともいえない場合がございますね。特に、そういう変革期には、個性が大きな作用をいたします。後醍醐もそうですし文観や正成もそうです。彼らはダイナマイトとしては優秀だった。起爆力としてはすさまじいものを持ってて、それがないとだめだった。しかし、それがたちまち新しい時代の建設の力になるかというと、絶対といっていいほどそうじゃない。

**網野**　そのとおりですね。先取りですから。

**永井**　最後にはそれがすごいブレーキになる。私は明治における岩倉具視がそうだと思うんです。彼がいなければ、あれだけの宮廷内での大芝居はできなかったでしょう。だけど、彼の体質はやはりものすごく古いですよ。明治になってからあの人はうまく死にましたけども、あの人の持っていた明治の構想はもっと保守的なものだったでしょうねえ。

**網野**　なるほど。

**永井**　それで、楠木正成は、お気の毒ではあるけれども、本質的には保守だった後醍醐と密着してしまった。そののりづけ役に私は文観を考えてるんです。文観は最後までとことん後醍醐と一緒にいる。正成もまたそうでして、それが彼があいう生き方をせざるを得なかった一つの理由なんじゃないだろうかという気がします。

**網野**　それはそうでしょうね。

## 正成は悪党か

**永井**　私自身は、はっきりいいますと、南北朝の争乱は非常に長いですけれども、後醍醐の問題をわれわれは少し大きく考え過ぎてやしないだろうかと思うんです。明治以後の歴史学に非常に毒されているところがあって、あれこそ革命の本質だ、それが足利尊氏によってネグられたと思いがちなんです。

そうじゃなくて、寺社勢力などの旧勢力がまだ体質的に残っている時代であるために一度後醍醐が主導権を握るわけですが、本質的には後醍醐の問題ではなくて、その後の南北朝争乱といわれている武士相互の戦いの方が時代の本筋ではないでしょうか。

---

(19)　婆娑羅は南北朝時代に流行した風潮で、分不相応に派手な格好や振舞をし、既存の権威を無視して勝手気ままで遠慮のない様子を言う。前近代では身なりは重要な身分指標であり、分不相応な格好の流行は身分秩序の破壊をも意味していた。建武式目において幕府が取り締まったのはそのためである。この風潮の源流は鎌倉末期における異形異類の悪党にあるが、高師直・佐々木道誉・土岐頼遠など幕閣の中心人物たちも巻き込んだ時代潮流でもあった。ただ権威・秩序の破壊を志向していたわけではなく、師直が書や和歌に通じ、道誉が華道・茶道・連歌・能・狂言などに通じていたように、新たな文化を生み出していく原動力にもなった。

つまり、北条幕府がつぶれて、足利が一応天下を取ったように見えるけれども、それでは満足し切れない、それこそ革新勢力や何かがある。そういう大きな揺れが時代の本筋であって、そこへ後醍醐がひょいと出てきたために、時代の流れをちょいと間違って考えているところがあるんじゃないかな、なんて思っているんです。申し訳ありません。

**網野**　いえいえ(笑)、さっきも申し上げたように、私は後醍醐以後も、揺れが何べんもあって、最後に義満が出てきて一応体制がもう一度収まるということになるわけで、後醍醐は先の方をチョッ、チョッと手をつけて、つぶれちゃったところがあります。ですから、あのような天皇が出てこなければ、時代の流れはどうなっておりましたかねえ。正成みたいなエネルギーがあれでかなり燃え尽きたところがあるような気がするんです。これは想像になるし、歴史家は踏み込みにくいところですけれども、ずいぶん世の中は変わったと思いますよ。

**永井**　ええ。

**網野**　それにしても、正成とか、文観の話が出たわけですけれども、たとえば赤松円心[20]とか名和《なわ》長年《ながとし》[21]とか、ああいうタイプの武士の中にも、もちろん反鎌倉の空気はあったので、後醍醐が旗を挙げるとそこになびいてくるわけですが、後醍醐が意識的に組織していたような気が私はしないではないんです。

たとえば、名和長年なんかも、普通はたまたまあそこに富裕な武士がいてというふうにいわれておりますけれども、前にちょっと調べてみたときに気がついたんですが、あそこは御厨《みくりや》（御来屋）っていうところなんですね。

**永井**　ええ、そうでございます。

**網野**　前に『蒙古襲来』（小学館【著作集5】）を書いたときには気がつかなかったんです

(20)　一二七七―一三五〇。鎌倉末期・南北朝期の武将。元弘の変では足利尊氏とともに六波羅探題を陥すなどの功を立てるが、恩賞薄く、尊氏の叛旗に従った。尊氏が豊島河原の戦いに敗れて九州へ落ち延びるときは、新田義貞の軍を播磨で阻止した。室町幕府開府に大きく貢献し、播磨国守護、嫡子範資・次子貞範もそれぞれ摂津・美作の守護に補任されている。出自については諸説あるが、円心の子息範資と貞範の二人が鴨御祖社領摂津国長渚御厨の沙汰人になっていたことから、円心も鴨御祖社の供祭人だったと思われる（網野善彦「悪党の系譜」『悪党と海賊』【著作集6】参照）。

(21)　?―一三三六。建武政権期の武将。元弘の変で後醍醐が隠岐を脱出すると、これを船上山へ迎えて近隣より軍兵を集めて護衛した。建武政権では伯耆守に任じられ、恩賞方、記録所、雑訴決断所寄人などを務める。建武政権崩壊ののち、九州から東上する尊氏の軍勢と戦って戦死した。佐藤進一（本書対談4、注(1)参照）は長年が後醍醐天皇より帆掛け舟の旗印を賜ったこと、また長年が鰯売だったとする所伝などから、日本海の海上交通に従事して富裕になった武士とした。網野もこれを受け、伯耆国の名和湊を天皇家御厨の浦とした（網野「悪党の系譜」『悪党と海賊』【著作集6】参照）。

が、これは神宮の御厨だと思われていた。ところが、そうではなくて、あそこには、天皇の御厨、少なくとも朝廷直属の御厨があったことは確かなんです。一方また、佐藤進一さんがおっしゃってらっしゃるとおり、名和長年が北陸の廻船をやっていたことは確実でございましょうね。後醍醐は最初からそれに目当てをつけていたんじゃないかと思います。ただ、もう一つの筋はいまの修験の方から来るわけで、伯耆《ほうき》の大山《だいせん》とか、ああいう流れもつながってくるかもしれません。

**永井**　そうですね。どなたでしたかしら、長年は大山の僧侶と親戚関係にあるということを書いておられましたね。

**網野**　それは十分あり得ますね。

**永井**　ええ。後醍醐自身も隠岐にいて、鰐淵寺《がくえんじ》(22)にいろいろ手紙を出したり……。

**網野**　はい、いろいろやっておりますね。

**永井**　そういう意味では寺社勢力を糾合しようという工作は怠りなかったわけですから、名和長年の場合にも、そういう大山との関係とかいうものの中から浮かび上がってきたのであって、全く偶然に登場したということはちょっと考えられませんね。

先生は、正成も後醍醐と偶然知り合ったのではない、後醍醐は前から知ってたんじゃないだろうかということをおっしゃってまして、これは大変おもしろいお考えだと思いましたけれども(笑)、私は『太平記』に夢の中で現われたと書いてあるのを割と素直に受け取っちゃったんです。それほど正成というのは取るに足りないところにいたんではなかろうか、と(笑)。で、結局、会いに来たかどうかもちょっとわからないんですが……。

**網野**　それはそうですね。

**永井**　文観あるいは道祐という人の線から出てきたんじゃないだろうかという気が、私はしてたんです。

それで、いまはどういう評価をされているかわかりませんけれども、楠木正成の「悪党」説というのがございますね。あの根拠になっておりますのは例の『臨川寺文書』[23]でございますか。

**網野**　はい。あれだけだと思います。ただ、その前に、正成の親父かどうかわからないんですが、河内《かわち》楠《くすのき》入道《にゅうどう》というのが出てまいります。しかし、楠河内入道でしたらまだわかるんですが、河内楠入道という名前のつけ方から楠木氏といえるかどうか。全部史料を否定しちゃうようなことばかり申しますけれども、いままで播磨の大部荘《おおべのしょう》の悪党

---

(22)　島根県出雲市別所町にある天台宗の寺院。延暦寺の末寺として広大な寺領を有していた。当寺の南院長吏頼源は、隠岐に流されていた後醍醐天皇より宸筆の願文を拝受して、翌年(一三三三)その脱出を助けた。その功により出雲国宇賀荘・同国三所郷を賜っている。

(23)　「山城天龍寺文書」『山城臨川寺領目録』のこと。前掲注(17)参照。

が楠木氏だというんで有名ですけど、あれも正成の祖先であるという確証は、はっきりいえばないといわざるを得ないいんじゃないでしょうか。

ただ、ちょっと妙な話になりますが、正成は礫《つぶて》(24)を使うんです。これは『楠木合戦注文』(25)にも出てきますから、非常にはっきりわかります。『太平記』にはそれが若干誇大に表現されてくるんだと思うんですけれども、『熊谷文書』に礫傷を受けた人のことが出ておりますから(26)、正成が礫を戦闘に使ったことは確実に証明できるわけです。

**永井**　なるほど、そうですね。

**網野**　ところが、礫を使う戦術をとるような武士団は当時の東国的武士にはいないんです。有名な『峯相記』(27)の悪党の描写の中に出てくるわけですが、悪党の使う武器は礫であったり、撮棒《さいぼう》(28)という棒であったりするわけです。それから、おもしろいことに、柿《かき》帷子《かたびら》を着ているとも出てまいりますけれども、山伏も柿帷子を着るわけですし、あれを着ると世俗の秩序をはなれて、何でもやってもいいということになるらしいんです(29)。

もちろん、正成が柿帷子を着たというつもりは毛頭ないんですけれども、『太平記』に出てくる「悪党」だとか「溢者《あぶれもの》」だとか「野伏《のぶせり》」だとかいう集団と正成とが、史実としてかなりかかわりを持っていると考えることはできるような気がいたしますね。史料にだれかが悪党であると出ていたから、あれは悪党だとすぐ考えるのは私も問題だろうと思うんですが、ある程度、事実に即してみても、正成の用兵は通常の武士団とはちょ

# 本の豆知識

## ●本の部分名称●

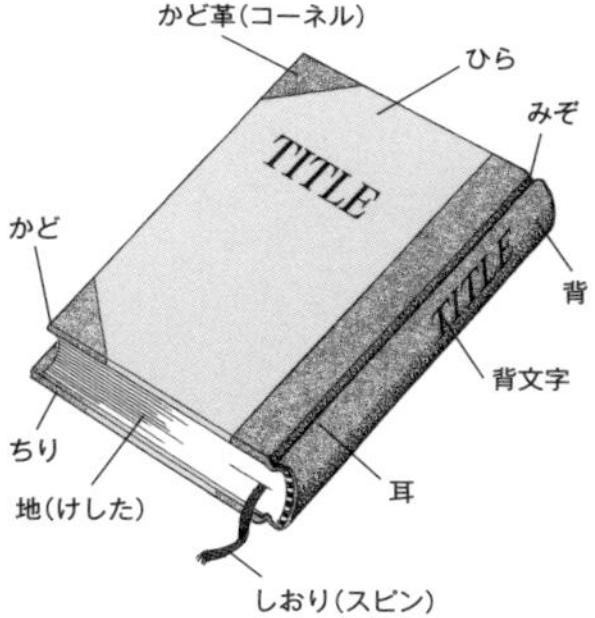


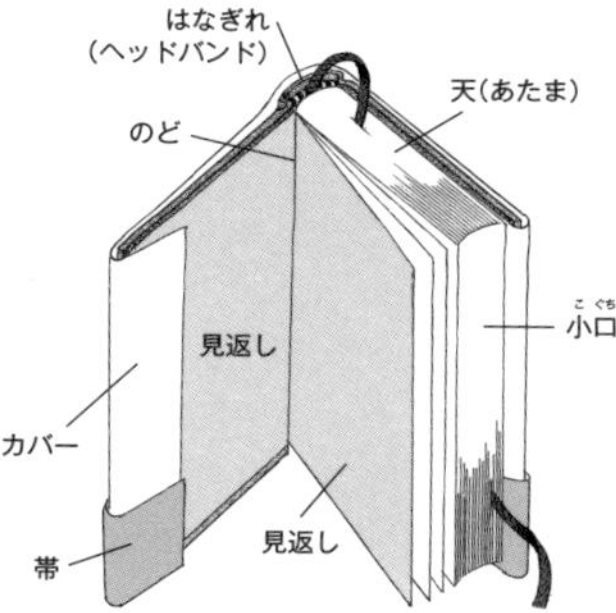

っと違います。

そういう意味では、文観も枠から外れている。後醍醐も実は天皇史でいえば大変枠の

(24)　網野善彦「飛礫覚書」「中世の飛礫について」『異形の王権』【著作集11】参照。

(25)　東福寺の僧・良覚による元弘の変の見聞記の一部。嘉暦四年(一三二九)七月三日、東福寺領肥前国彼杵荘重書目録の裏に書かれている。『楠木合戦注文』には楠木正成の具体的な行動が記載されており、全見聞録のうち『楠木合戦注文』を除いた部分(『博多日記』と呼ぶ)では、当時の九州・中国・四国の在地勢力の動向などが窺える。

(26)　「長門熊谷文書」正慶二年(一三三三)閏二月廿七日、熊谷直氏合戦手負注文(『鎌倉遺文』四一巻、三二〇四四号)。

(27)　「ぶしょうき」「ほうそうき」「みねあいき」などと呼ぶ。貞和四年(一三四八)に成立した播磨国の地誌。著者は不詳であるが、播磨国峯相山鶏足寺に参詣した僧侶と、同寺に住する老僧が問答するという形式で書かれていることから、同寺の僧によって書かれたと考えられている。悪党に関する詳しい描写もあり、鎌倉末期の社会情勢を知る貴重な史料である。同書によると悪党は「竹ナガエ、サイ棒、杖」を武器としていた。

(28)　網野は小正月の行事と結びついた棒祝に使われるさまざまな棒が、悪党の使う撮棒の源流ではないかとした。さらにサイの神――道祖神とその祭りに使われる陽物、石棒などともつながるのではないかと推測し、礫と同様に太古の原始的な呪術・民俗にその根をもった武器であるとした(網野「悪党の系譜」『悪党と海賊』【著作集6】参照)。

(29)　網野善彦「蓑笠と柿帷」『異形の王権』【著作集11】参照。

外れた男だと思うんですね。

永井　ええ。

網野　その辺がつながって、さっきおっしゃったひとつの起爆力ができ上がってきたというふうに、大きくはいえると思うんですけれども、それでは、何でそういう変わり者が出る時代であったかということが次の大きな問題になってまいりますね。

永井　私も、先生がおっしゃったように、悪党と書かれているから悪党だというふうにはどうも決められないと思うんです。『臨川寺文書』では、本質的に悪党の行為をやっている人あるいはアウトローと思われている人を悪党と呼んでいるばかりじゃなくて、自分の気に入らない人間に「あいつは悪党だ」と軽くレッテルを貼るような感じがございます。

網野　そうです。

永井　非常に微妙な土地争いの問題が絡んできておるようでございますね。

網野　はい。ですから、あの文書だけで楠木正成イコール悪党ということではなくて、それとは違った意味で悪党的武士団といってもおかしくない動き方をしていると思うんですね。それから、いろいろ追いかけてみると、正成はある時期から後は護良とつながってるんじゃないでしょうか。一度挙兵してから一年ほど姿を消してしまいますけど、あのとき多分、彼は吉野か、とにかく畿南の山の中にいたにちがいないんで、護良の指揮に従って動いている。その線から金剛寺とのつながりがもう一度出てまいりますね。
**永井**　そうですね。
**網野**　さきほどの文観と護良とそれがどうつながっていたか、この辺はいろいろ想像を巡らしたくなるところですけども(笑)、そちらのルートもあるような気がいたします。山から出てきてからの動きは大体護良軍の尖兵という感じですね。

## 正成は鎌倉幕府の御家人か

**永井**　それから、今度は正成についてちょっと次元の低い問題になりますけれども、ああいう一人の人物が動くときには、その人がどういう体質を持ってたか、進歩的だったかそうでなかったかということだけでなく、周囲の勢力との現実的なかかわり合いがどうだったかということを考えてみる必要があると思うんです。私がそれを痛感したのは頼朝の旗上げのときに土肥《どひ》実平《さねひら》(30)が非常に協力したということについてなんです。つまり、頼朝が真鶴《まなづる》に逃げ、房総半島へ渡ったというのは土肥実平の勢力に乗っかって動いたわけですが、それでは実平という人物が非常に進歩的で、体質的にもそういうものを持っていたかというと、東国武士団の中でとりわけそうだったとは思われないんです。
ただ、土肥氏というのは神奈川県の中部を握っていた中村の武士団の中の分かれでして、中村、土屋、土肥というふうにだんだん南へ下がって開拓してきて、そこでぶつかるのが伊東氏であり、曽我氏なんです。曽我祐信は現在の小田原、実平は真鶴から湯河原なんです。当然そこでは競《せ》り合いがあるわけで、しかも、伊東氏は平家の方に近いわけですから、「伊東が平家ならおれは頼朝だ」という気持ちがある。

そういう非常に現実的な一種の配慮というものは、歴史を考えるときに実は逃せないことなんですね。そこで、先生にお伺いしたいのは、湯浅党(31)とは何か、湯浅党と楠木はどうなのかということなんですよ。

**網野**　なるほど。

**永井**　そこに楠木が後醍醐につかざるを得なかった一つの理由はないでしょうか。私は湯浅党については全く知らないんですが。

**網野**　いや、これも大問題ですなあ。『高野春秋』の中に、正成は〔北条〕高時の命令で保田荘司《やすだのしょうじ》である保田氏を追討したという記事がございますね。(32)

**永井**　そうでございますか。

**網野**　いまのご質問に対するお答えになるかどうかわからないんですが、この記事はいままでは皆さん、否定していらっしゃる。実際、『高野山文書』にはそれを裏づける文書はないわけです。ところが、これは『高野春秋』の研究をきちんとやらないと何ともいえないことだと思うんですが、あの本にはかなり本当の文書を使った記事が多いわけで、私はこの記事を全部否定してしまうのは躊躇するんです。なぜかと申しますと、保田荘と阿弖河荘《あてがわのしょう》の地頭は同じですが、その阿弖河荘を押さえている湯浅氏が幕末のころに高野山との相論《そうろん》に負けて、阿弖河荘を没収されたんじゃないかと思われる節もあるからなんです。ですから、私は正成はやっぱり御家人であり、もしかすると得宗の被官ではないかとも考えてみたくなるわけです。

**永井**　ふーむ。

**網野**　そんなのはちょっと暴論だとおっしゃるかもしれませんが(笑)、正成が高時の

(30) 生没年不詳。平安末期・鎌倉初期の武士。相模国土肥郷(現・神奈川県湯河原町および真鶴町一帯)の開発領主。源頼朝の挙兵に応じていち早く参陣し、石橋山の戦いの敗戦などを乗り切った。その後、一の谷の戦いでは搦手の大将であった源義経に属して戦い、戦後は備前・備中・備後三カ国の守護に任ぜられた。実平の子小早川遠平は安芸国沼田庄の地頭職を賜り同地で繁栄した。

(31) 鎌倉初期に活躍し、紀伊国在田郡湯浅庄(現・和歌山県有田郡湯浅町)を本拠にしていた武士、湯浅宗重(生没年不詳)の遺跡《ゆいせき》を軸に結合した武士団。紀伊国在田郡一帯の諸荘園の地頭に任じられていた。湯浅一門の湯浅、保田、石垣、阿弖河、糸我、得田、崎山の各氏に加え、「他門」と称される田中、宮原、六十谷、木本、藤並などの諸氏によって構成されていた。南北朝期にはそれぞれの立場で行動し、武士団としての実態を失っていった。

(32) 本書対談4、注(31)参照。

命令で保田荘を押さえに行ったというのを、御家人として両使の一人に立って、紀伊の守護は北条ですから、その命令でそこを打ち渡しに行ったと考えるか、没収された保田氏の所領は当然得宗領か何かになっちゃうでしょうから、そこに彼は給主として入ったと考えてみることもできる。そういたしますと、正成がその所領をもらった可能性があるわけですね。しかし正成が挙兵して、またそれを没収された後には当然湯浅が入ってまいりますでしょう。正成が姿をみせるとすぐ湯浅党にぶつかるというのは、その辺から考えることもできるのではないか……。

楠木氏が武蔵出身だというふうに万一考えられれば、武蔵の武士で得宗の被官になる可能性は全くないわけじゃございません。そうでなくても、河内の御家人でもいいわけです。要するに、湯浅との間に所領をめぐるかなりもつれた関係があったに違いありません。

**永井**　そういう気がいたします。湯浅というのはやっぱり高野と非常に関係がございましょう。しかも、あの動乱期に高野山は動かないんですよね。

**網野**　余り動きませんね。

**永井**　で、私はさっき非常に大ざっぱに寺社勢力といいましたけど、寺社勢力にもさまざまございまして、醍醐寺がやるなら、おれたちは一口乗らないよということもあったでしょう。吉野と高野の関係も微妙ですから。

寺社勢力も一まとめにはもちろんできないわけで、トップでは高野山対観心寺、あるいは高野山対吉野という関係、下に行けば湯浅と正成の対抗関係を、ひとつ考えてみてもいいんじゃないかと思うんです。

そうしたら、おれは観心寺だとか、おれは後醍醐だということになって、一度そうなったら、その道でいくしかない。現実の問題として、湯浅党に取られないためにどれを担ぐかということで決めた旗ですから、降ろすわけにはいかない。私は忠義の観念ではなくて利害打算でいきますが（笑）、そういう引くに引けないものがあったんじゃないかという気がしてるんです。

**網野**　いや、全くおっしゃるとおりの面はあると思います。とにかく、最初に正成が山から出てくるというか、姿を現わすと、『太平記』でもまず阿弖河荘を攻撃することになっておりますし、『合戦注文』でも実際湯浅氏との関係がまず出てまいりますから。ただ、いま私は武蔵国の御家人で河内へ来て、という筋も全く考えられないことではないということを申してみたんです。

しかし、そうはいってみても、やはりそうではなくて、河内の御家人ではなかったか。そして、これも推定ですけれども、金剛砂《こんごうしゃ》の御薗《みその》(33)というのがございます。本当は金剛砂が出るのは二上山《にじょうざん》ですから、もうちょっと北になるんですが、なぜか和州金剛山金剛砂の御薗になってるんです。まあ、河内の御家人クラスの連中でしたら、そういう商人集団の惣官《そうかん》になることは十二分にあり得るんで、私は得宗被官説を自分で立てて自分でつぶすことになりますけれども（笑）、やはりあのあたりの非常に機動力のある武士団というふうに考える方が筋ではあろうと思うんです。

それから、例の観世との関係を示す系図があったというのもなかなかおもしろいことだとは思いますね。

**永井** ええ。私は、金剛砂関係の商業的性格などについて先生のご本で読ませていただいて、正成の個性を考える上でそれは非常に大きな意味があるんじゃないかと思ったんです。そうしますと、むしろ御家人というふうに考えない方が正成のためにはいいのではないでしょうか。

**網野** いや、河内あたりの御家人はみんなそういうことをやっております。ですから、その方がおもしろいんです。ぼくは、正成は本来かなり離合集散ただならぬ人物であって、ただ、しかし、どうも後醍醐にだけ大分いかれたんじゃないかという感じがするんですね。さっきおっしゃったように、お気の毒だけれども、ということです。

**永井** 先生のような学者の方にこんなことを申し上げるのはおかしいんですけれども、私は御家人というのは割と少なかったんじゃないかと思うんです。いま考えられているほど多くはなかったのではないか。たとえば、いま労働者というのは日本にたくさんいて、全部が総評（日本労働組合総評議会）に加盟していると思うと、これは大違いである。

そういう意味で非御家人的な武士がかなりいたのではないか。それは決して弱小であることを意味しない。そして、寺社の中にそれが伸びる下地が一番あったんじゃないかと私は考えてるんです。ですから、正成にもう少し自由なものを持たせるんだったら、むしろ御家人でない方が……。

**網野**　それはちょっといままでの御家人に対する通説のいけないところでしてね。畿内・西国の御家人の中には神人《じにん》になってる人もいるんですよ。天皇の供御人《くごにん》の統轄者になってるのもおりますし、(34)東国の御家人とは大分違うんです。

**永井**　そうでございますか。

**網野**　いままで、正成は最初から幕府に対してアンチでなければならないということから、彼を御家人だというと、いやがられたんです。しかし、御家人であっても当然そういうことはあるわけです。

(33)　金剛砂とは柘榴石の小結晶、エメリー。研磨材として用いられる。楠木正成の本拠である金剛山の近くには、平安時代から蔵人所《くろうどどころ》管轄の金剛砂御薗という荘園があり、網野は正成が「金剛砂御薗供御人」ともいうべき集団の「惣官」のような立場だったのではないかとしている（網野「悪党の系譜」『悪党と海賊』【著作集6】参照）。

(34)　例えば和泉国の和田《にぎた》氏は春日社神人でもあった。また摂津国の御家人であった渡辺氏は、大江御厨《おおえのみくりや》の供御人たちの統括者である渡辺惣官職でもある。

永井　あ、なるほど。逆でございますね。申し訳ありません(笑)。

網野　いや、御家人も非御家人もよく似ているわけです、ほんとに。東の御家人ではそういうことはちょっと考えられませんが、西の御家人の場合には、寺院の寄人《よりうど》になるなど、かなり自由にやってるところがあると思うんです。

永井　正成もそういうスタイルで考えれば、御家人であってもいいわけですね。

網野　はい。

『太平記』の正成像

永井　正成は河内の守護になりますね。

網野　ええ。

永井　これは彼にとっては大変な出世だと思うんです。

網野　そうですね。

永井　これは中小企業のおっちゃんが県知事になったようなもので、後醍醐とどうしても離れられなかったのも、そのためではなかったでしょうか。

網野　それだけじゃなくて、雑訴《ざっそ》決断所(35)に入ったり、恩賞方の寄人になったり、あれだって大変な出世ですよね。ですから、もちろんそういうことはあるだろうと思います。ただ、湊川《みなとがわ》で死ぬところが大変有名ですが、あの死に方が本当だったかどうかは別として、だいたい正成っていうのは政府の中に入ってるときというのは全然だめですね。

**永井**　そうなんです。

**網野**　何の能力も発揮できない(笑)。で、戦争が始まると、ともあれ、生き生きとし始める。もともとそういうたちの人なんだろうと思いますけどねえ。〔新田〕義貞との関係はどうお考えになってますか。

**永井**　よくなかったと思います。義貞っていう人も余り評価できませんね。軍事的才能も政治的な才能もないと思うんです。本当に一致団結して足利尊氏に当たるんだったら、彼はもっとほかの作戦計画を樹てるべきでした。たとえば、日本軍をやっつけるために蔣介石と毛沢東が手を握った。そのくらいのことをしないとだめな時期だったのに、それをしていない。正成の方も評価してないみたいですね。

**網野**　全然評価してないようです。正成は護良と最初かなりつながっていたはずですけれども、最後に護良が捕まるときになると、ちゃんと切れてますし、そういう意味ではなかなか身の処し方がうまい。冷静に動いている。

---

(35)　建武政権における訴訟機関。鎌倉幕府が滅亡すると、幕府が行ってきた訴訟を一手に引き受けることになり、それまでの記録所だけでは捌ききれなくなった。そのため訴訟のうち寺社・権門にかかわる大事のみを記録所で扱い、その他は雑訴決断所に移した。管轄地域ごとに八番に分けられ、各番の長を頭人、所員を寄人と呼んだ。

**永井**　そうなんですよ。したたかなところがあります。それから、尊氏と手を握るべきだと……。

**網野**　非常にその点はリアリストです。

**永井**　その意味では、ただ打算的だということ以上に、時代を見る目が非常に地に足のついたものだったと思うんです。

**網野**　正成の動き方は終始、いわゆる悪党的だったと思うんですよ(笑)。ただ、それなのに最後に負けるに決まってる戦争であんな格好で死んだのはなぜでしょう。

**永井**　やっぱり私は文観骨がらみという考え方なんです。最後まで文観は後醍醐とともにやってますから。

**網野**　そうですね。

**永井**　天皇では後醍醐、寺社勢力の中心は文観、それの軍事的表現が正成、これが後醍醐の中心だったわけで、だめになってもとことんついていったのは、結局、寺社勢力だけである。それをどう評価するかは今後の問題かもしれませんけれども、それを正成が切れなかった悲劇でしょうね。

**網野**　まあ、私などは、『太平記』がつくり出した正成像からまず離れて正成を見て、というふうに思っているんですけれども、どうしてもあの正成像に引きずられているところがあるわけですね。ただ、あの時代に、なぜああいう正成像がでてくるか、正成のような人物があれだけ表に出てくることになるのか。その辺りが問題ですよね。

**永井**　どうしてなんでしょうね。私もよくわかりませんけど、ただ、ああいうとことんまでやる人間が日本ではあの時期にすごく評価されてはいますね。これはおもしろいところで、『平家物語』と『太平記』との一番の違いはそこなんですね。

つまり、『平家物語』では、負けてきたら、「もうこれで合戦やめだ。しばらく待て」といって、最後まで戦わないで、西へ向かって念仏して死んだ〔平〕忠度《ただのり》であるとか、そういった人たちに賛辞を惜しまない。そして、それが日本人の典型のように思われてますけれども、『太平記』の中では、それとは全然違う人間像が評価されてるんですね。

**網野**　そうですねえ。

**永井**　たとえば、例の六波羅《ろくはら》の北条氏、あれが番場で全部死にますのは、実に壮烈ですが、『太平記』もそれには賛辞を惜しまないわけです。

要するに、正成だけということではなくて、自分の生き方を貫いた人を『太平記』は敵味方にかかわらず評価しているわけで、もう少しいいますと、『太平記』は宮方深重《しんちょう》のもの[36]だというあの言葉はもう一度検討し直さなきゃいけないと思う。私は『太平記』は決して南朝びいきだとは思わないんです。ただ、そういう一つの人間像として一番はっきり表われてくるのが正成であり、また、これは後醍醐についてもいえることなんですね。

つまり、後醍醐は、最期を迎えたときにも、剣を持って北の天をにらんでいたわけで、仏道のさとりからすれば、これは誠に非難さるべきもんですよね。確かに、本当をいうと、『太平記』は後醍醐をすごく非難してますよ。だけど、その生き貫いたことへの評価はありますでしょ。その時代のそういう人間、つまり一つの生き方を貫いた人間として正成も評価している。そういう気がいたしますんですよ。

**網野** あの死に方は、仏教の方からいうとどういうことになるのかわかりませんが、後に怨念を残し、恨みを残して死ぬわけですね。しかも、『太平記』には、死ぬところをずいぶんあからさまにというか、リアルにというか、毒々しく描くようなところがございますね。

**永井** これでもか、これでもかと……。

**網野** ええ。あれは本当に『平家物語』の世界との大変な違いだと思いますし、なぜああいう書き方が出てくるのかというのは、あの時代の非常に大きな問題だと思いますね。

**永井** 私が『太平記』で評価したいのは、そこなんですね。先生なんかが学問の世界でおやりになっている下からの盛り上がり、そういう力による変革の先に一つの明るい未来があるという活力が、そこにはあると思いますの。それに対して、『平家』[(37)]というのは、終末観にとらわれて、自分たちの世の中は終わったと思って、仏に身をゆだねて死んでいくわけで、『平家』は当然そういう形で終わるべき文学だと思います。だけど、『太平記』の場合は、確かに一つ北条はつぶれたけども、これから先、足利になるかどうかもわからない、どろどろしたカオスの世界ですから、そこを生き抜くためには、あきらめて死ぬなんてのではだめでして、とことんまでやらなくちゃならない。そこを『太平記』はつかまえてるわけで、そのあたりに、乱世の文学としてのおもしろさがあるんじゃないかと思います。

**網野**　それの裏返しみたいなことになるのかもしれませんが、さきほどの話に出たように、悪党は、ばくちをやるし、返り忠をするし、きょうはあっちの味方をしたと思ったらきょうはこっちの味方をするといった動き方を平然とやるわけで、あの時代の動き全体にそういうところがあるように思いますね。もうちょっと後の、有名な婆娑羅的な

---

(36)　応永九年（一四〇二）に、今川了俊によって書かれた『難太平記』にある言葉。「この記（太平記）の作者は宮方深重（宮方贔屓）の者にて」の部分を指している。同書は今川家の功績と足利家への忠誠を子孫に伝える目的で書かれたものであるが、『太平記』が今川家を正しく評価していないという太平記批判が大きな部分を占めていることから、後世に「太平記を難ずる」という意味で『難太平記』と称されるようになった。

(37)　『太平記』では、後醍醐天皇は「玉骨は縦《たとい》南山の苔に埋まるとも、魂魄は常に北闕の天を望まん」と遺言したとされている。

千種忠顕や高師直《こうのもろなお》なんかの動きも含めてですけれども、いまおっしゃった、人の最期のある種のあくどさと、そういう一種悪党的な動きとがある。

**永井**　両方ありますね。

**網野**　『太平記』がお説教をするときがあるんだけども、一方でお説教をしながら、その一方では、それとはまるで逆の世界を結構肯定的に描いてるところがあるわけですね。そして、その世界の頂点の一つにどうも正成が置かれてるような気がします。

**永井**　そういうところがございますね。

正成というと、どうしても大忠臣、大楠公的な感じがつきまとうけども、それをはがしてみれば、まさに南北朝的な人間である、そしてやる以上はとことんやっちまえというバイタリティを持った正成像が出てきますね。

**編集部**　どうもありがとうございました。

永原慶二◆網野善彦

# 6　後醍醐天皇と内乱をどうみるか

永原慶二（ながはら・けいじ）　一九二二―二〇〇四。歴史学者。専門は中世を中心とした日本経済史。東京帝国大学文学部在学中に学徒出陣。終戦後、同大学大学院に入学。卒業後、東京大学史料編纂所に入所。同大学社会科学研究所講師、一橋大学助教授、同大学教授を経て、日本福祉大学客員教授、和光大学教授を歴任。網野は旧制東京高等学校および東京大学の後輩にあたる。

著書に『日本封建社会論』（東京大学出版会）、『日本の中世社会』（岩波書店）、『二〇世紀日本の歴史学』（吉川弘文館）、『永原慶二著作選集』（全一〇巻、吉川弘文館）など。

●初出／底本　『中央公論　歴史と人物』一四九号、一九八三年八月／『網野善彦対談集』4

## 二つの評価

永原　今日のテーマは南北朝の内乱ですが、これは大きな政治的変動ですから、その内乱を通して政治の体制がどう変っていくかをみる必要があると思います。

もう一つは、半世紀以上にわたる大きな動乱の時代を通じて、政治だけでなく社会的、経済的、文化的にも大きな変化が予想されるわけです。その変化にどういう意味があるのか。問題は大きく分けてこの二つと思いますが、政治の問題から入ったほうが自然だろうと思います。

まず後醍醐天皇の建武政権の問題ですが、天皇は自分に権力を集中して、一種の独裁的な政権を目指したといわれています。ここで少しその実態から考えてはどうでしょうか。

**網野**　この頃、教科書問題をはじめ、靖国神社問題とかいろいろなことで永原さんも感じていらっしゃると思うんですが、戦前とまったく同じではないけれども、危険な傾向が出てきていると思います。たとえば教科書の検定のときに天皇に敬語をつけることが要求される。「没」は敬語になるかどうかわかりませんが、「死」を「なくなる」と変えさせた例が実際にあるようです。天皇に敬語をつけるのは個人の自由ですが、教科書でそれが強要されることは、まぎれもない思想統制だと私は思います。

また、年号はすべて政治的、宗教的な意味があるので、西暦も宗教的な意味はありますが、これがいちばん「解毒」されています。だから教科書が西暦を先に出していることは結構なことだと思うんです。ただ、日本年号を先に出す場合、南北朝時代には北朝年号がいちばん広く使われているのですから、あくまで便宜的にそれを最初に出して、カッコの中に南朝年号、西暦を書くのが自然で一般的なやり方です。教科書もカッコの中は北朝年号だけしか書いていませんね。

ところが、ある出版に関連してそういうやり方をしていたところ、南朝年号を先に出せという脅迫めいた強い圧力がかかって、結局、南朝関係のことについては南朝の年号を先に出すということになったそうです。これも、戦前的な南朝正統論が、強くなりつつあることを示しています。そういうことを考えても、南北朝期は日本の歴史のなかで評価の大きくわかれている時期で、しかも現代の問題ともすぐにつながる非常に重大な問題だと思います。

その南朝のはじめは後醍醐天皇ですから、この天皇をどう評価するかが、その後の歴史の見方にかなり決定的な意味をもってくると思うんです。ところがいままでの学説は、後醍醐天皇の評価についてはっきり二つの見方に分かれます。

たとえば村松剛《たけし》さんは『帝王後醍醐』（中公文庫）で後醍醐の親政があったから「明治帝国」があり、「帝王後醍醐のかげは近代日本の国家権力の基礎に深く滲透している」[1]と強調して後醍醐の政治を極端に積極的に評価する。ところがそれに対して石井良助さんは天皇は不執政、権力をもたないのが本質で、「血塗らざるの伝統」を持つ。その意味で壬申の乱の天武をはじめ承久の乱を起こした後鳥羽、ついで後醍醐は、「外国の影響をうけた天皇史上最悪の天皇である」という評価をはっきり下しておられる。

これは後醍醐天皇の評価についての、天皇制を支持する人たちの中にみられる二つの対極的な考え方だと思いますが、天皇制に批判的な歴史家の側でも評価が二つに分かれる。永原さんはどちらかというと石井説に近いですね。

**永原**　そうですね。評価は別として、やったこと、実態の理解として。

**網野**　つまり後醍醐はすべての点で反動的であり、その政治はその後の歴史に寄与するところがない。歴史の流れをせき止める政治だという評価をなさるわけです。これは「最悪の天皇」という石井さんの評価と同じといってよい。

ところが、黒田俊雄さん〔本書対談3、対談者紹介参照〕の場合、後醍醐の政治は封建王政を目指し、それに失敗したので、専制的、反動的であることはもちろんとしても、それなりに時代の流れの一端を代表し、時代を先へ進める要素をもっているという評価になる。これは後醍醐の積極面まで認めるという点で、村松さんに近いともいえます。

このような意味で後醍醐の評価は非常に分かれるのですが、それはじつは日本の天皇が実態としてもっている二つの側面をどう考えるかということから、その違いが出てくる。つまり、権力的というか、帝王、国王的な側面を天皇の本質と考えるか、権威的な存在とみて不執政の側面を本質と考えるか、ここで意見がはっきり分かれてくるのだと思います。

問題の一つは、後醍醐がきわめて権力的な天皇だったことは間違いないとしても、実態として、その面だけをみているだけでよいのか、という点です。「年中行事」「日中行事」も自分で書いているのですからね。それからもう一つは、後醍醐の政治がなにかを変えようとしたことはもちろんですが、それが本質的にどういう方向を目指していたのかという点で、これは決して解決ずみの問題ではないと思いますが。

**永原**　いま、大事な点を問題として出されましたが、後醍醐天皇は建武政権が発足するとすぐ、護良《もりよし》親王を征夷大将軍に任命しているわけです。しかし、それはかなりいきさつがあったらしくて、実際は任命したくなかった。護良のほうが征夷大将軍を強要してて、そうしなければ都に帰らない、信貴山《しぎさん》に立て籠って足利尊氏と一戦を交えるという強硬姿勢をもっていて、それをなだめるために護良親王を征夷大将軍に任命した。け

(1)　一九〇七—九三。法制史学者。東京帝国大学法学部卒業。同大学法学部教授、新潟大学教授、専修大学教授、創価大学教授を歴任。『中世武家不動産訴訟法の研究』(弘文堂書房)で法学博士の学位を取得。中田薫門下。日本法制史の実証的研究と体系化を進めた。著書に『日本法制史概説』(弘文堂)、『日本相続法史』(創文社)、『刑罰の歴史』(明石書店)など。

(2)　黒田俊雄は論文「中世の国家と天皇」(『日本中世の国家と宗教』岩波書店)にて、建武政権を「古代政権の復活」ではなく、むしろ権門体制を否定し、それまでの封建国家機構を王権中心に再編強化する封建王政を意図したとする。「それまでの封建国家機構」とは鎌倉幕府が構築した機構を指し、「王権」とは天皇権力を意味する。

れども、そもそもこれには後醍醐天皇は反対だった。そして足利尊氏を征夷大将軍にすることにも反対で、承知しなかったわけでしょう。

そうすると後醍醐天皇は、政権構想において征夷大将軍を置きたくないということですね。天皇自身が政治、軍事の両方を一元的に掌握する体制を考えていたに相違ないのです。そのことは地方体制の問題としてよくいわれることですが、国司と守護とを併置して、国司の補任《ぶにん》権はもちろん天皇にあるのですが、守護の補任権も天皇が自ら行使するわけです。守護の補任権は鎌倉幕府の伝統からいけば当然将軍にあるのですが、それを自分がにぎったわけですから、公家、武家を一元的に掌握して、公家、武家のつくべきポストを全部自分で左右するという構想だった。

そういう意味で、公家中心といいますが、武家を掌握することも念頭においていたことは間違いない。『太平記』だと、公家一統の政権、つまり、公家独裁政権のような評価があって、そこが反動的だという評価につながる理由だったんですが、黒田さんはそれがおかしいといわれる。公武一括して掌握するような体制を封建王政と考えたんだろうと思うんです。

しかし、私がそれについて疑問をもっているのは、確かに公武を一括して握る点については事実だと思いますが、武家を組織する、編成、掌握する方式を後醍醐天皇は果たして考えていたんだろうかということです。封建王政というからには、社会基盤においいて封建的な生産関係があるかというだけの問題ではなく、封建的主従制がそこでは問題になるのです。後醍醐天皇は鎌倉以来の将軍―御家人の封建的主従制のようなものをどのように処理しようとしたか。この点については私はどうしても否定的なんです。

**網野**　私も永原さんのいわれた事実には異論はないんです。ただ、封建王政とは何かという議論を始めると問題がそれますから、その点は別として、後醍醐天皇はどういう構想で武家、公家を掌握しようとしたかという点についていえば、戦後しばらくの間、彼が狙ったのは古代天皇制の復活であったというとらえ方しかしなかった。それに対する批判として黒田さんの議論が出てきた。

しかし、鎌倉時代の公家については、橋本義彦さんの研究があり、佐藤進一さん（本書対談4、注（1）参照）が『日本の中世国家』（岩波現代文庫）でも書いておられますが、後嵯峨天皇のころからかなり変ってくる。もちろん公家的なものはあるとしても、武家の制度を取り入れなければ、公家自身が成り立っていけないという状況があるわけですね。例えば弘安、元亨《げんこう》の公家新制[3]をみますと、明らかに武家の訴訟制度を取り入れる方向に進んでいます。その前提に立っての後醍醐天皇ですから、もちろん将軍の存在を否定し

（3）もともと新制とは、天皇・院が新たに発布した法令を指していたが、鎌倉幕府が成立し、独自に法令を発布するようになると、公家新制と呼ばれ、武家新制（関東新制）と対置されるようになった。

たことは永原さんのいわれるとおりだと思うんですが、だからといって古代の復活というわけにはいかないと思うんです。

永原　古代的だというのは三〇年も前のことで、当時そういう議論があったし、私もそう思った。しかしそれは研究水準がまだたいへんに素朴な段階で、解釈としては短絡的だったと思います。いま、それですべての理解がつくわけではないし、朝廷の側でも時代の変化に対応している面があるのは当然のことでしょう。それまで否定するわけではありません。

しかし問題は、そのときにそれでは後醍醐天皇は具体的にどういう政権を作ろうとしたか。公武両方の支配、一括統御することは考えたし、幕府がやっていた訴訟――本所《ほんじょ》側と武家側との所領紛争問題の裁判――を継承したのは、だいたい雑訴《ざっそ》決断所[4]ですね。そういう意味では、幕府の機能の掌握という点で、公武二元的な関係を克服して武の権能を吸収して統一政権を作ろうと考えたのは間違いない。しかし、直接的に封建的主従制を足場にしてそれをやろうとしたのではないことも事実です。そうなると佐藤さんがおっしゃったような宋朝国家型の中央集権国家体制、少なくとも公武を一括して天皇が掌握し、統御できるような政権を目指していたことは間違いないと思うんです。しかし、問題は武家です。公家はもともと天皇が掌握しているわけですから問題はないのですが、武家と将軍との間にできる全国の主従制、これをどうやって天皇が再編成するかということについての展望が果たしてあり得たのだろうかと思います。主従制を否定して、代わりに何をもって彼らをつかむかということです。

天皇はかなり大胆ですから、たとえば、諸国の荘官、地頭層に対しても、彼らの所領得分の二〇分の一を臨時税として賦課するわけです。安堵《あんど》権もそうで、それらの所領も天皇の認可がなければならないということで、形としては、将軍がやっていた安堵権に代わる権限をみずから行使するわけですが、主従制という原理なしに、平安から鎌倉を通じて二世紀以上にわたって展開してきた武士の社会的な編成関係を一挙にとり払って、天皇が無媒介に、いわば天皇自身が将軍と一体化することは事実的にも意識面でも不可能に近いが、天皇は武士をことごとく家人《けにん》のように見なしているのかもしれないけれども、果たしてそのようなことが権力編成の原理として成り立つかどうか、また、そのようなものが一定の説得性をもつような可能性があったかどうかということになると、まったく現実無視だと思うんです。

簡単に封建王政とかあるいは宋朝国家といっても、日本の場合、やはり中国型の伝統的な律令制的な官僚制国家とは違ったものが、すでに二世紀にわたって発展してきているわけです。その場合、宋朝国家を目指すということは、頭のなかではできるけれども、

(4)　本書対談5、注(35)参照。

現実の政策あるいは国家・権力構想として、果たして実現可能性をもったものかどうか。黒田さんとは、封建王政の実現可能性をもったのかどうか、そのへんの評価が私はやはりちょっと違う。結果からみますと、後醍醐天皇が目指したことは、室町幕府において実現したという意見もあります。だから後醍醐政権と足利政権とは歴史的連続性においてとらえなければならないといわれる。これは一理あるんですが、非常に違うところは、足利政権は封建的主従制を軸にした現実的な権力編成原理をもったと思うんです。

## 宋朝型国家かどうか

網野　なるほど。私は黒田さんの意見にも全面的に賛成ではないんですが、ただ、永原さんのいまいわれた封建的主従制は、東国のイメージだと思うんです。西国御家人の編成の仕方は果たして、永原さんのいう主従制といえるのかどうか。いままでの封建的主従制の概念で国別に交名《きょうみょう》を注進させるあの方式(5)が割り切れるかどうか、疑問だと思います。西国の場合には「御家人職《ごけにんしき》」という言葉もある(6)。こんな言葉は東国には絶対に生まれるはずがないんですが、西国の場合には、神人職《じにんしき》、寄人職《よりうどしき》という言葉が出てくるのと同じ意味で御家人の場合にも、「職」が浸透し得る。そういう組織の仕方でしょう。いまのお話の後醍醐のやろうとした地頭に対する二〇分の一税の賦課も、やり方はいってみれば西国型の方式を全国に押しつけようとした面があると思うんです。ですから、単純にはいえないので、東国的な主従制のみが進歩であって、その否定者はみな反動だという……。

**永原**　いや、そんなことはいっていません。

**網野**　いやいや、ちょっと挑発しただけで(笑)。そもそも後醍醐がやろうとしたことは現実に三年ぐらいでつぶれたのですからね。その意味で、できっこないことをやったことは自明なことだと思うんですよ。だいたい後醍醐という人は、何でも自分のところに集めてしまおうとする。これはひどいものですね。たとえば寺院のもっている大事なものをみんな自分のところへもってきてしまうわけです。それから中国かぶれも相当な

(5)　東国では一族の惣領が頼朝の前にみずからの名簿《みょうぶ》を提出して、個々に主従関係を結ぶ見参の儀式を経たうえでそれぞれ御家人となったのに対し、西国では頼朝の代官が御家人になるべき武士たちの名前を書き連ねた交名を幕府に提出することで、将軍(鎌倉殿)—御家人の関係が成立した。軍事動員においても同様で、東国では庶子たちが惣領に率いられて一族単位で勤仕《ごんし》するのに対し、西国では国ごとに守護に率いられて勤仕していた。網野は東国御家人のあり方を「本来の意味での主従制・惣領制的な関係」とした(網野「イエ的社会とムラ的社会」『東と西の語る日本の歴史』講談社学術文庫【著作集15】参照)。

(6)　「東寺百合文書ア函」文永七年(一二七〇)十月七日、藤原氏申状(『鎌倉遺文』一四巻、一〇七〇九号)、「紀伊金剛峯寺文書」正応四年(一二九一)九月日、法心申状案(『鎌倉遺文』二三巻、一七七〇九号)など。

もので僧衣を全部黄色にすることも考える。これは元《げん》の真似ですよ。

だいたい彼が整った政権構想といえるものを持っていたかどうかも問題でしょうが、ともかくその目指したところは、鎌倉時代までに公家側がつくり上げてきた伝統を受け継ぎつつ、かつ自分に都合のわるいところはそれをもぶち壊すということです。さきほどあげた佐藤さんの本のなかで、貴族が相伝してきた知行国[7]や官庁に対する権利[8]を全部否定する。さらに貴族の合議制をこわしてしまうという意図をもっていたといわれていますが、これは間違いないと思うんです。ですから、それまで公家の社会のなかで築かれてきた秩序までも壊して、自分にすべてを集中しようという性格をもっているのではないかと思うんです。

佐藤さんはそれを宋の国家をモデルにしたといわれるのですが、たしかに後醍醐が何を根拠にしてあんな強引なことができたのかといったらやはりその辺にしかないのではないか。僧侶の衣服もそうですが、紙幣にしても元の真似なので宋・元の文化に対して、大変傾倒していて貪欲に摂取しようとした、かなり中国かぶれの天皇だったと思うので、政権の構想として宋代の国家が彼の頭にあったことは十分あり得るだろうと思います。そのためには、公家の相伝の「職」をみんなとり払って、自分で自由に官僚を任命しうる体制を作ろうとしたと思うんです。こんなことは、もちろん現実にはできっこないので、公家からも猛烈な抵抗を受けるわけですね。

そこで一つの問題になり得るのは、宋代から封建制だという議論はいままでにもありますが、それはともかくあのようなタイプの国家を、日本の場合、可能性はまずないにしても、ともかく後醍醐が構想として考えたということはいえるので、これは建武制度を日本列島の中の問題としてだけではなくて、もっと広い視野から考える手がかりになると思うんです。もう一つは、永原さんがいわれたように現実に武士を組織する方式、主従制を彼がどのように処理しようとしたかという点ですね。後醍醐は皇子をあちこちに派遣しますが、(9)それがかなり意味があると思いますが。

**永原**　鎮と言っていますね。鎮台みたいなものを出すということでしょう。

(7)　院政期になると令制国は知行の対象として、上皇・女院・公卿・大寺社などに与えられるようになった。これを知行国制といい、知行国主は国司の実質的な任免権を持ち、知行国内にある国衙《こくが》領（公領）からの収益を得ることができるため、国衙領は実質的に知行国主の荘園となっていった。さらに鎌倉後期になると、一代限りだった知行国主は相伝されるようになっていた。本文は、後醍醐天皇がこうした知行国を相伝していくシステムを否定していったことを意味する。

(8)　一〇—一二世紀にかけて、特定官司を特定の貴族が請け負い、それを相伝していく官司請負制が定着していく。官司の運営は、官司が持つ荘園からの収益によって行われるとともに、相伝する家の収益でもあった。この官司請負制の概念は佐藤進一によって提唱された。

**網野**　しかもそれが彼と血がつながっているところに、恐らく意味がある。そういう意味で、案外古いのかもしれませんが、とにかく自分の分身をあちこちに派遣するわけで、これは南朝の一貫したやり方ですね。後村上天皇のときにもまたそれをやろうとしている。幕府の主従制と違う点の一つとして、南朝の場合、そのことを考える必要があると思うんです。もちろん現実には成功しなかったわけだけれども、それまでも北条氏が一族を派遣したりしていますし、足利氏も同じ方式をとっていますが、天皇の分身、「貴種」そのものを意識的に諸国にまきちらすというあの方式は前後にあまり例のない特徴的な方式ですね。

同じ問題につながると思いますが、後醍醐は一種のカリスマ的人物だったようで、楠《くす》木《のき》正成《まさしげ》や名和《なわ》長年《ながとし》など、西国の鎌倉時代にはあまり恵まれてない連中を直属の人間として集めてくる。正成なんか完全に後醍醐にイカレてしまったんだと思いますね。名和長年もそうですね。そういうやり方を、主従制と言えるかどうかわからないのですが、少なくとも東国の主従制とはだいぶ性格の違う、人のつかまえ方をしていることは確かだと思うんです。ともあれ、それがあったから一応蜂起が成功して鎌倉をひっくり返すことができたわけで、そうした組織の仕方を全く無効とはいえないと思いますね。

**永原**　封建的主従制だったら進歩であって、家父長制だったら反動だとか、そのように言っても面白くない話だし、そういう単純な設定自体が誤りだろうと思うから、そうは思わないけれども、問題はさっきからいっている権力の編成の仕方なんです。それを考えてみますと、宋朝国家の場合は、地方の地主層を科挙制度を通して官僚に編成するメカニズムをもっていたということです。ですから地方支配層は地主として押さえることができる。つまり、彼らが自立的な領主層として展開を遂げないで、国家体制のもとで私的地主的なものとしてとどまって、分権的な地方権力に転化しない。そういう事態では、地主は自分たちの子弟を科挙を通して中央、地方の官僚にしますから、自分たちはその官僚制のもとで経済的な支配層としての地位を維持できる。だから官僚制の編成のパイプがあったわけです。それで官僚制国家としてあれだけ安定できる。

ところが日本の場合にはそれはなかった、歴史的な伝統として。同時に、鎌倉時代までのあいだに、在地領主制[10]が相当な進展をとげている。もちろん彼らにも「職」的な制

---

(9) 後醍醐天皇は、尊良親王や恒良親王らを新田義貞に奉じさせて北陸へ向かわせ、懐良親王を征西将軍に任じて九州へ、宗良親王(後掲注(16)参照)を東国へ、義良親王を奥州へと、各地に自分の皇子を送って北朝方に対抗させようとした。

(10) 直接的な生産の場に居住し、封建的土地所有と経済外的強制によって農奴を支配する領主層で、具体的には根本領主・開発領主と呼ばれ、荘園寄進の主体となり、鎌倉時代には御家人となっていく階層を指す。貴族や大寺社など都市に拠点を置く荘園領主と対置される用語で、石母田正によって概念化された。

約があるという点についての理解は網野さんとそんなに違わないと思うけれども、彼らはそれぞれ相当な独立性をもっていますね。また、それ以降の一四世紀の動きをとってみれば、ますますその方向に動いていた。

したがって、そういうものをどのように編成替えするかということがなければ、官僚制国家とか宋朝型の国家ができるわけはない。在地領主層という新興支配層をどれだけ組織することができるかというところに、当時における進歩の方向があると思うんです。ところが天皇にはその点についてのプランはなかったとしかいいようがない。だから後醍醐天皇はいったん軍事的に成功をおさめたのですから、もし政策において適切なことが行われれば、あれほど短命におわるわけがない。

**網野**　それはほとんど異議ないですよ。

**永原**　天皇は皇子を諸国に派遣する。それを通じて、地方に何らかの形で軍事体制を作ろうとしたことは事実ですが、これだけではうまくいかない。その典型的なのは北畠親房《きたばたけちかふさ》でしょう。かれの場合は東国へ行く途中で肝心の皇子がはぐれてしまったから、もっと悲惨だったわけですが、親房は、自分は公家であるから武士はおれに仕え、命令を聞くべきだと言っているのです。それでしきりに、結城《ゆうき》親朝《ちかとも》などに手紙を送って、この際、味方につけと言います。ところが親朝のほうは、どれだけの所領をくれるかということ。これは発想としては御恩—奉公の関係、主従制ですね。これに対して親房のほうは

「お前は商人のごとき卑しい心をもっている」と言うのです。編成原理をもたないでそのようにだけ言うから、組織できないのです。

私は、地方組織者が皇子でもいいと思うんです。それでは皇子が地方の武士とのあいだにどういう人的結合関係・原理を作り出すかというプログラムが大切です。ところがそれがなくて、天皇の分身を派遣するところまでしか至らなかったんだと思います。そのへんが後醍醐政権の大きな限界だった。

後の〔足利〕義満政権に至って統一政権がだいたいできあがるのですが、あの場合には武のほうが軸になって公を従えさせたわけです。原理的には封建的主従制によって編成した権力に公家の権能を吸収してしまうのです。そういう意味で武を主軸とした武公統一政権だと思います。ただ、その場合には鎌倉の場合とは違って、主従制を二段階に編成することを認めてしまうわけです。つまり、国で守護が国人たちを被官化するという、守護被官の関係を事実上承認していき、守護を将軍が掌握する。

それで、網野さんのお話に答えるような意味でいえば、後醍醐天皇は東国型の主従制

---

(11)　北朝方の足利尊氏が入京して以降、南朝方として伊勢国で勢力を扶植していった北畠親房は、延元三年(北朝暦応元年、一三三八)に東国経略のため、義良親王(のちの後村上天皇)・宗良親王を奉じて伊勢大湊を出帆。しかし途中で暴風雨に遭い、二人の親王とはぐれて親房だけが常陸国東条浦に上陸した。

ではなく、西のほうの荘園制の「職」的秩序をふまえていたとみる点で私も同感ですが、すでに時代が「職」的な秩序を通した権力編成ではおさまらないところに、領主制の展開がきていたと思うんです。

## 権力編成の問題

**網野** むしろその西国の「職」的な秩序も後醍醐天皇は壊そうとしたんだと思うんです。

**永原** いや、網野さんはさっき二つのことを言ったように思うんです。後のほうではそうおっしゃったんですが、前のほうでは「西国には東国とは違う秩序があって、後醍醐天皇は西国のいわば「職」的秩序に基づいて統一政権を作ろうとした」と言ったでしょう。

**網野** 地頭に二〇分の一税を課すのは、たしかに「職」的とは言えないかもしれませんが、西国的賦課方式であることはたしかだと思うんです。後醍醐のこのときのやり方は国・郡を単位としているようです。後醍醐の大番役《おおばんやく》徴収のときの法令に郡の「役人」というのがあって、郡も動員の単位になっている。もちろん東国にも郡があるわけですが、鎌倉時代の大番役の動員(12)が西国では国単位だったのに対して、東国では主従制・惣領制にそった動員だったので、この方式は西国方式の全国化といってもよいと思うのです。建武徳政令のときも郡ごとに散状を出させていますね。職の秩序についていえば、この時期、下級の官庁の「職」から上は摂関家まで、職をめぐる争いがおこっている。天皇も同じになりつつあるわけですね。両統[13]の対立はまさしくそれなので、天皇の職まで「遷代の職[14]」になったら天皇にとっては一大事なんですね。「職」的秩序そのものにメスを加えなければならない。そうしないと官僚制はできないし、天皇の地位も安定しないわけですからね。

**永原**　そこまで思いきったことをやらなければ、後醍醐天皇の狙ったことは実現できないから……。

(12)　前掲注(5)参照。

(13)　鎌倉時代に二つに分かれた皇統。大覚寺統と持明院統。原則としてこの二つの皇統から交互に皇位につくとされた(両統迭立)。鎌倉時代末期になると、大覚寺統は幕府との対立を強め、持明院統は幕府との関係を強めていった。この両統の対立が南北朝の対立へと移行していった。

(14)　一代限りの職のことで、「一代の職」「一旦の職」ともいう。対して代々受け継がれていく職を「相伝の職」「永代の職」「自専の職」という。承久の乱以後、皇位継承について、幕府の意向が反映されるようになり、また皇統が二つに分かれて対立したために、鎌倉末期には天皇自らが後継者を選んで地位を相伝することができない状況が生まれており、こうした状況が続けば天皇の職も遷代(替)の職になりかねなかった。

網野　裏返しにいえば「職」的秩序は官僚制ではないと思うんです、それ自体。

永原　私もだいたいそう思うんです。本来の官僚制ではないと。しかも「職」的秩序すら、かなり解体期に入っているわけでしょう。

網野　いや、それはどうかな。私は逆に「職」的秩序は、矛盾が鋭くなっているけれども、まだまだ生命力はあったと思うんです。だから後醍醐が一所懸命ぶっ壊そうとしてもそう簡単に壊れるものではなかった。その証拠に、たったの三年で後醍醐の政権自体がつぶれたわけですから、もちろん後醍醐自身のやった政策が非常に観念的であり、現実を見ていなかったということには、全然異論はないんです。しかしあえて申しますと、にもかかわらずとにかく南北朝の動乱が六〇年も続いたということですよ。

永原　そのつぶれたというのは、南朝側の抵抗が続き得た……。

網野　もちろんその根底には、「職」的秩序の矛盾や混乱があるんですが、とにかく南朝方式が一つの方式として続き得たということですね。そこのところをほんとに説明しないと、戦前的な方向で観念的な南朝の「悲劇性」をむしろ強調する見方を批判しきれない。

永原　たとえば恩賞の問題で、武家を優遇しなかったということがよく言われますね。後醍醐天皇は公家を優位に置いていたということも事実であろうと思うんだけど、それ以上に地方武家、赤松則村(15)なんかまるで冷遇されていた。楠木とか名和みたいな田舎武士でも、ごく一部の人だけは地位を得たけれど、あとの武士たちにしかるべき処遇ができなかったのは、単に公家優先というような物の考え方だけではなくて、さっきから言っているような武家の編成原理、位置づけの方針をもっていないからです。私はそのことと関係していると思うんですね。だから積極的な対応ができないんですよ。

あとは、地方武士にとってみるといいことはちっともないわけで、結局、かれらは自分たちを何とかしてくれる主君がいないことにはどうしようもないということになる。それは当時の武士の実感だったと思いますね。これは恩賞の不満とかいう問題ではなくて、もっと根本的な武家のあり方、自分たちの存立問題として、そういう気持ちを持ったんじゃないですかね。

**網野**　やはり永原さんがおっしゃっている武家は、東国的なんですよ。地方武士に対する親房の姿勢は全くその通りで、親房は後醍醐よりはずっとコチコチで柔軟性がない——後醍醐に柔軟性があるというとちょっと言い方が悪いな。

**永原**　伝統型ですね。

**網野**　要するに後醍醐の方がよくいえば奔放、悪くいえば勝手気儘なんですよ。親房は形が整ったことを考える人ですね。だから東国武士との矛盾がよりはっきり出てくる

(15)　赤松円心。本書対談5、注(20)参照。

いですよ。

ので、後醍醐がやったような無礼講、裸で宴会をやるようなことは親房には絶対できな

**永原**　もちろんそう思います。

**網野**　そういう奔放な側面で正成や長年、海賊や、悪党を組織するわけでしょう。彼らが心から従ったかどうかはいろいろ評価はあると思うけど……。そういう連中を、後醍醐は組織する力は持っていたわけですよね。

**永原**　だから、ある意味ではそういうカリスマ的な存在であって、非組織的に正成なり名和なり個々人をつかまえるということはできるわけだけども、じゃ、もう少し体制的にどういう組織原理を持つかという点で網野さんのように東国主従型でなくて、西国型だというときにそれは具体的にどういうことか。西国型で後醍醐天皇が地方武家を組織する原理というのは何ですか。

**網野**　供御人《くごにん》と天皇、神人《じにん》と神との関係をどう規定するかということでしょうが、これも「主従制」といえるのかもしれませんが、少なくとも東国型とは違うと思いますね。海賊はかなりあとまで南朝を支えているし、大体「南朝伝説」は山に関係ありますね。あちこちにある長慶天皇の墓は、木地師《きじし》と関係があるようですし、宗良《むねよし》親王(16)にしてもやはり山と関係がありそうですね。後南朝もそうでしょう。

**永原**　修験《しゅげん》だとか、海賊だとかいわば怪しげな非体制的存在を次々に編成していたこ

とは事実だろうと思いますね。

**網野**　しかし正規の武士が進歩で、怪しげなのが反動であるということではすまない。そういう議論よりも、なぜこういう海民や山民が、南朝と関係を持つか、その根拠をはっきりさせる必要があると思います。いままでこういう山民・海民を農民にくらべて、おくれた連中だからという見方であまり問題にしなかったのですが、それでは、だめだと思うんです。

**永原**　そういうものをまわりにたくさん、非常に非組織的ながら人間的なつながりみたいなものでとらえていたことは事実だろうと思うんですよ。だけども問題は、そういうことでは権力編成がないとできないのですね、国家権力だから。後醍醐天皇政権というのは、そういう点では、やはり荘園公領制型の秩序に依存

(16)　一三一一―?　後醍醐天皇の皇子。早くから出家して尊澄法親王と称し天台座主《ざす》まで務めたが、建武政権崩壊後に比叡山を出て伊勢に向かい、還俗して宗良を名乗る。その後、北畠親房に奉じられて海路で東国へ向かう途中、親房らとはぐれて遠江国海岸で上陸。同国の井伊城(浜松市)に入ったのち、信濃に拠点を移し、越後・越中・武蔵など各地で転戦。しかし信濃国桔梗ヶ原で北朝方の小笠原氏と戦って敗れ、大きく勢力を減じ守勢に転じた。その後は信濃国大河原(現・長野県下伊那郡大鹿村)に立て籠って防戦し、同地で病没したと考えられている。

してゆくということになるでしょうけど、その点も相当大胆なことをやって、例の諸国一の宮については本家・領家職《りょうけしき》を停止するということをやっている。これは公家の荘園領主権＝本家職というものを否定して、一、二の宮を天皇が直接にぎる形です。その点ではむしろ荘園制に対しても否定的でさえある。大胆といえば大胆な、乱暴といえば乱暴な政策ですね。それをあらわしているという点では、私もそう思いますね。だけども、そうだとすればますます武家に対しては、従来持っていた職の秩序すら、これは個別に安堵されない限りは保障されないとまで言い出すわけでしょう。そして得分二〇分の一の賦課についても、所領をできるだけ実態に即して検注しようとしている。

網野さんに聞きたいのは、後醍醐天皇は貨幣を作ったといわれていますが、証拠が残っているんでしょうか。

## 商業との関係

**網野** 現物はないようですね。ただ鋳銭司《じゅせんし》の長官や職員は任命してますね。

**永原** 大体意図したことは間違いないと思うんですね。作ったんじゃないかと思いますね。佐藤〔進一〕さんが貨幣を作って商人を編成することを考えたといっておられますが、後醍醐天皇は商人を編成する相当具体的な方策を持っていたんでしょうか。かなり昔、林屋辰三郎さんが堺の商人とか、伊勢の商人とかと関係を持ったから、吉野朝が長続きしたんじゃないかということを言われました。非常に勘のいい面白い説だし、それについて抜本的な批判は出てなくて、大体承認されているように思うんですが……。

**網野**　後醍醐が鎌倉末に親政をはじめるとすぐ、寺社の神人《じにん》・寄人《よりうど》に対する支配権を掌握強化しようとしたことは事実ですね。当然寺社とは摩擦を生ずるのですが、これは、すべてを自分に集中しようとする観念から出てきたものだと思うんです。いわば全神人の供御人化ですからね。具体的には供御人の交名を作らせて、日吉《ひえ》神人にも公役を賦課するわけですよ。神人公事《くじ》停止令《ちょうじれい》(17)ともいわれています。

**永原**　寺社側の反発も大きいでしょう。その辺の実態はわかるんですか。

**網野**　神人公事停止令のでたのは元亨二年(一三二二)ですが、それと同じときに、寺院の神人・寄人になっている洛中の酒屋のすべてに酒鑪《しゅろ》役《やく》を賦課する、つまり、同じように神社と神人の関係を断ち切る方向に向った法令も確実に出しています。

**永原**　それは面白いですね。そういう方向というのは建武政権の時期では何かあるんでしょうか。

---

(17)　寺社から神人に公事などの税負担をかけることを停止する法令。また洛中通行税免除を含んでおり、関所停止令・津料停止令とともに遍歴する非農業民の活動を著しく容易にした。網野は山民・海民が南朝を支えつづけたのは、後醍醐をはじめとする南朝側のこうした施策によるものと考えた(網野「元亨の神人公事停止令について」『悪党と海賊』【著作集13】参照)。

網野　後村上天皇の正平一統[18]や文和の争乱[19]で南朝が京都に帰ってきたときに元亨の例に任せてとして神人公事停止令を出しています。建武政権の法令には残っていないけれど、この点からみて建武のときにも同じことがやられていたことは確実ですね。どういうふうに実行されたかは短い期間だからわかりませんが。

永原　貨幣のほうはどうですか。佐藤さんも一つの想定として言っていらっしゃるんだろうと思うんですけれど……。貨幣の発行が商人の編成に効果を持つということはどういうことでしょうね。

網野　そのためには、鎌倉幕府や室町幕府が、どうして中国の銭しか使わなかったのか、なぜ銭を鋳造しなかったかということも問題になりますね。それとはちょっとずれますが、後醍醐は鎌倉末と建武に関所の停止令を出していると思いますよ。中世の天皇の支配権の中で非常に重要なポイントは、交通路、流通をにぎる過所《かしょ》発給権、関所設定権だと思うんです。鎌倉時代には東国の交通路支配権は確実に将軍が掌握していたと思います。しかし西国では天皇だったんですね。ところが、文永のころモンゴル襲来に関連して鎌倉幕府はその交通路支配権を西国にまでひろげます。これはこのころ幕府の政策全体が西国をとり込んでいるのと軌を一にしているので、恐らく文永一二年(一二七五)だと思いますけれど、西国新関停止令を出すわけですよ。それ以後、文永以後新関停止令がたびたび出ているんですが、この状況を後醍醐がひっくり返そうとしたのです[20]。

**永原**　それはわかりますね。当然意図としてやりそうな感じが……。

**網野**　それと貨幣問題を重ね合わせれば、さきほどの問題は多少はわかる。どこまで彼が現実的に考えたかどうかは別で、元のやり方を真似しただけかもしれませんがね。そういう意味では後醍醐天皇は新しがり屋で、「純日本的」どころかハイカラ好きなんですよ。

---

(18)　正平年間（一三四六―七〇）に一時的に成立した南北両朝の合一。将軍足利尊氏と、その弟直義との対立である観応の擾乱が始まると、尊氏は関東にいる直義を討つための背後固めとして、武力をもつ南朝方に恭順。これによって南朝の後村上天皇は、北朝の崇光天皇を廃して三種の神器を接収した。しかし南朝方は尊氏の京都留守中に、足利勢を一方的に排除しようとして破談。再び南朝方が京都を追われて北朝が擁立された。

(19)　足利直義が毒殺されたのを機に南朝方に下った足利直冬《ただふゆ》（直義の養子・尊氏の実子）が、中国地方の諸豪族を糾合して入京した事件。京都は二カ月で奪還され、その後、直冬は中国地方で転戦した。

(20)　元徳二年（一三三〇）、後醍醐天皇は鎌倉幕府に連絡もなしに綸旨《りんじ》を発して、諸関での升米徴収と兵庫島での商船に対する課税を停止して、幕府から交通路支配の奪回を図った。こうした企図は謀反失敗によって一旦潰えるが、建武新政下において津料停止令を発して再び交通路支配権を回復しようとした（網野善彦「文永以後新関停止令について」『悪党と海賊』【著作集6】参照）。

**永原**　そうそう。紙幣やお金を発行するということがいわば公権力のシンボルみたいなもので、国家にとって欠かせないということは考えたと思うんですよね。

**網野**　それは絶対考えたでしょう。

**永原**　だけど、そのことが現実の経済関係を組織するという実際の意図を持っていたかどうかですね。

**網野**　ただ、元亨のころの動きや米価に対する対策などをみていると後醍醐は流通問題には、土地問題よりは、現実的な感覚は持っていたと思います。

**永原**　ただね、もしそういう商人などを掌握しようと思うと、商人というものを身分編成することがいちばん現実的だと思うんですけど、日本の場合に中世を通じて商人が明瞭な身分編成を受けていないんじゃないかと思うんですよ。実際はもう鎌倉の末から南北朝期に商人は相当な勢力を持っている一つの社会階層として存在しているんだけど、士農工商型の意味で、商というものを一つの身分に編成することはなかった。一つの身分にすることによって管理、掌握はしやすくなるわけですが。もちろん商人的機能を持っているものを供御人にするといったことはやっているけど、供御人というのはあくまで天皇の「供御」ということにかぎられるわけで、供御人の中に商人全部を置きかえてしまうわけにいかないと思うんですね。

**網野**　そうかなあ。

**永原**　当時の日本では商人というものを特定の身分として編成するまでに到達してなかったという見方もあるかもしれないけど、商人身分をなぜ考えなかったかということは疑問に思うんですね。

**網野**　神人や供御人は「職人」の身分なんで、私は中世の最初からそういう身分の編成はあったと思うんですがね。しかし後醍醐がさらに意識的に身分編成を新たにしようとしたかどうか、そこまでは私も言う気はないですけれど、神人・供御人、つまり私のいう「職人」に目をつけたことだけは間違いないでしょう。

**永原**　私もそれは反対しないですよ。

**網野**　あのころの商人は手工業も兼ねている場合もあるし、神人や供御人はみんな武力をもっているわけですよ。実際後醍醐に同調してくるのはそういう連中で、じかに彼のカリスマで集めたのはその線ですね。正成も長年もそうなんで、結局その辺の武力を組織した。だから東国的な主従制とはちょっと違った人間関係で集められた武力なんですね。その全部が南朝に滑り込むわけではないけれど、南朝は最後までそこにかじりついてきたと考えているんです。

**永原**　言っておられることは非常によくわかるし、そんなに何も網野さんに反対するためにこれを言っているわけじゃないんだけど、たとえば商人をつかむとすれば、商人身分層を設定したり、その上で商人司を置くなどもう少し体制的につかむ方式というのが考えられるのだけど、後醍醐天皇はそれについてもプログラムがなかったんじゃないかということをいま言っているのです。

**網野** プログラムはないと思いますよ、現実的なプログラムは。ないからつぶれるんで、それはわかりきったことです。

**永原** だけど、例えば坂本や京都には、建武のころすでに土倉《どそう》がいっぱいあった。それら土倉は比叡山《ひえいざん》の山門が握っていた。これをなんとかしなければ、後醍醐天皇は、商品流通組織とか貨幣流通組織をつかんだことにならない。だから一番重要でしかも身近なところからやるとすれば、まずそれに手をつけることです。

**網野** やってますよ。だから元亨のときに酒屋を支配下に入れようとして、(21)山門と正面衝突するんです。もちろんやろうとしても、簡単にできはしないですよ。できなかったけれども、やろうとしたことは確かです。大体現実的プログラムがあったら、政権は多少とも成功しますよ。ないからつぶれるわけでね。

**永原** 私は義満の役割を高く評価するけど、それは明徳の酒屋土倉役条々です。あれは山門の権利を没収する、ものすごい攻撃的なことですね。

**網野** 後醍醐がやった先例があるから、義満はできた。そういうところがあるんです。

**永原** だけど建武政権そのものについてやってないでしょう。

**網野** 元亨のときと正中、文和に明らかにやっていますから、建武のときにやってないはずないんですよ。ともかくプログラムなんかない。やってみては引っこむ、という調子ですよ。永原さんが「プログラムがない」と強調なさるのは、水掛け論になるけど、逆にいってないものねだりをしたところで後醍醐を批判するから、批判にならなくなると思いますね。

**永原**　いや、そんなことないので、ある権力が封建王権だというときには、彼が何を目指したかではなく、何をやったかが問題なのです。

**網野**　だから私は封建王権と言ってない。ただ、非常に非現実的だけれども私は佐藤さんのいう通り、君主絶対は目指していると思うので現実に進行している事態に対しては、後醍醐も人間ですから対応せざるを得ないですよ。だからいろいろなことをやる。

**永原**　それが世の中に現にあるんだから、それだけ権力欲が旺盛なんだから、何かや

---

(21)　中世において酒屋は蓄積された資本をもとに金融業を営むことが多く、同じく金融業者である土倉と併称されることが多かった。もともと酒屋は造酒司に所属して日次《ひなみ》供御《くご》酒酢以下の公役を納める酒麴売《しゅきくうり》供御人であったが、鎌倉初期より諸社の神人になって公役を務めない者が多くなった。そこで造酒司は仁治元年（一二四〇）に賦課を試みるが失敗。正和の頃に臨時課役として再現し、元亨二年（一三二二）に後醍醐天皇によって恒常的課役とされた。網野はこれを神人公事停止令と同様に全神人の供御人化を企図していたとした（網野「造酒司酒麴役の成立」『悪党と海賊』【著作集13】参照）。

ろうと思っているわけですよ。そのことを、私は何も否定していないけれども、どういう組織原理を示したかということは、国家史とか権力論としては欠かせない。

網野　それはよくわかります。ただ、酒屋の問題は京都の問題ですから、幕府が京都に来てからぶつかるんですよ。後醍醐の場合は結果的に失敗しているんで、時期が熟していなかったということになりますが、後醍醐がともかく酒屋課税に手をつけて失敗したことを本格的にやって、幕府は京都でようやく安定できたと思うんですね。

永原　権力編成の問題と切り離して論議すると、「いや、同じことだ。例がある」ということになるんですよ。だけど、では義満が、いつの段階で山門の権力を没収するかといえば、やはり封建的主従制による現実的な統合が進んだときを待たなくてはならなかった。

網野　それはそうです。ただ幕府も明徳以前から、貞治、応安ごろに何遍か酒屋への課税を試みているんです。(22) 北朝を通じても、やっています。その上での明徳なんですよ。むしろ伺いたいんだけれども、悪党や海賊が南朝に結びつく理由はどこにあるんでしょうか。

海賊、悪党について

永原　中世の社会には、ある政治体制に全体が組織されていない集団が、いっぱいあるんですね。海賊にしても、みんな体制離脱的な集団でしょう。修験者とかね。そういうところにつながりを持っているので、その問題は天皇のカリスマか政策かわからないけど、天皇そのものの魅力から来ることではなくて、中世社会の構造から来ることです。中央支配体制が分解してくれれば、ある疎外されている部分は、分裂した権力の一方、とくに南朝のような非主流的権力に結びついてゆくことはありうるでしょう。だからこの問題は天皇のほうからもっぱら考えるべきことではなく、むしろ中世社会の構造や秩序のあり方から考えることでしょう。果たして天皇制原理から説明するほうが筋かどうか、疑問をもっています。だけど天皇にそれらをつかまえる条件がぜんぜんないかといったら正しくないでしょうね。

**網野**　海賊や悪党は体制離脱者だから、体制側に対する反発があるという見方には従えませんね。体制離脱者どころか堂々たる西国武士団が海賊とか、悪党といわれているので、だからこそ西国における強力な武力になりえたわけです。だからそれ自体が一つの体制になりえたとすらいえるので、いま体制とおっしゃった例と対等に対峙するぐら

(22)　応安における山門(延暦寺)と南禅寺との争いのなかで、朝廷は山門側の「大訴」を受け付ける代償として山門に属する酒屋に酒麴売役を賦課することに成功し、他の寺社に属する酒屋に対しても課役を追及しやすくなった。網野は、これにより明徳の幕府新制の地ならしがほぼ出来上がったとした(網野「造酒司酒麴役の成立」『悪党と海賊』【著作集13】参照)。

いの力を持っているのが、あの時期の海賊、悪党の実態だと思うんですね。

そういう意味でやや挑発的に申し上げますと、永原さんも黒田さんも、最初から体制をあまりにも整ったものにお考えになり過ぎるんです。それからはじき出された人間が、でき上がった「体制」の周りをうろうろしていて、「どこにも行きどころがないから、しようがないから天皇にくっついていく」という説明の仕方だけだと、「悲劇的南朝」という見方を最後まで克服しきれないと思うんですけれども、いかがですか。

**永原**　体制離脱といっても、いまみたいに一本きちんと体制があって、それから完全にはじき出されたというのではないでしょうね。中世は、そんなに中央的体制秩序が隅々までつらぬいているものではないから、みんな相対的に独立性を持っている。体制か、体制離脱かということは、中世社会のとらえ方としてはあまりうまくないと思います。

しかしそうはいっても大筋で見ると、この時期になれば、室町幕府と北朝につらなるものは体制的だと認めないとこの時代は理解できない。ぜんぜん体制がないとか、海賊や悪党も、同じように体制的だというわけにはいかないと思います。おのずから二種類の系列があって、どっちかといえば濃厚に体制的でないほうが天皇についているんだと思いますね。

**網野**　それを農業的秩序といいかえてもいいんですね。

**永原**　農業とか土地所有とかね。

**網野**　そういう秩序からはずれた連中。

**永原**　商人も、全部ではないんじゃないですか。商人だって実際儲けようと思ったら、後醍醐天皇につくより、守護についたほうがずっといい。そういう商人がいっぱいあるわけですよ。

**網野**　最終的にはそういう方向に行く。だから南朝の根がなくなって内乱は終るわけですよ。それはそのとおりだと思うんです。しかし非農業の方にも秩序はありますよ。その辺の評価がずれるんだと思いますね。

## どうして転換期なのか

**永原**　そこでもう少し社会的な変化の方に話題を移しましょう。網野さんは非常に面白いことを言っている。これはみんなが注目しているところだけど、南北朝期は日本を民族史的[23]に二分するほど大きな転換期[24]だといわれている点です。民族というのは、エスノロジカルな諸関係とでもいうことでしょうか。私が考えていることも、かなりそういう問題につながっているので、大体同感なんだけど、ただ自分で本当にわからないことが多い。いままではこう説明してきたけれども、本当にそれでいいのか、ということについて意見を聞きたいんです。たとえばこの時代になると、村の世界で惣村《そうそん》[25]が生まれてくるとか、村の中でおきてができるとか、百姓申し状という形でしきりに農民が対領主行動を積極的にやりだすとか、一連の動きがあるでしょう。それは、それ以前と農民の階層構造が変ってきて、小農的階層が力をのばしてきて、彼らの横の連携が発展してきたという説明だったわけです。だけど人によると、「このときに、小農の発展があったとか、家父長的奴隷制が崩れてきたということが本当にあったかどうかわからない。ぜんぜんなかったのではないか」という人もある。安田次郎《つぐお》さんなど。

**網野**　前から同じだったというのですね。

**永原**　そうそう。安田さんみたいに見るとそういう説明の根拠になった小農の展開ということ自体、なくなるわけですね。網野さんの社会史的な見方からは、どういう説明ができるだろうか、ということを聞きたいんです。

**網野**　自分では「社会史」をやっているつもりはないんですがね。

笠松宏至さんが、最近「甲乙人」について『月刊百科』(26)(二二五号(のち『法と言葉の中世史』平凡社ライブラリー))に書いてますね。昔、松本新八郎さんが、南北朝の内乱での甲乙人の重要性を強調したことがありますが、松本さんは、「勘」でこのことを主張したのだと思いますが、笠松さんは言葉の意味の変化を通してその意味を明快に根拠づけたと思います。所領や所職《しょしき》に対する正式権利から、まるで排除された人間、これが甲乙人なので、凡下《ぼんげ》(27)百姓は、もちろんこれに入る。安田さんや稲垣泰彦さんのいわれる通り、とくに畿内辺では田畠を請け負う農民が、その土地に対して、平安末期から単なる耕作権とはいえない権利を持ちはじめていたことは事実でしょうね。しかし、一方では相伝

---

(23) 網野は時代区分について、社会構成史的次元と民族史的次元の二つの次元があるとした。前者は古代、中世、近世、近代という、生産関係、法律的・政治的諸制度に即した事実に根拠をおく時代区分であり、後者は南北朝内乱期や高度経済成長期などを境とする、自然と人間社会とのかかわり方からみた時代区分であるとし、このふたつの時代区分は必ずしも一致しないとした(網野「『社会構成史的次元』と『民族史的次元』について」『日本中世の非農業民と天皇』【著作集7】、『日本史大事典』(平凡社)の網野「時代区分」の項【著作集17】参照)。

(24) 内藤湖南など、中世における社会の変化は以前より注目されていたが(本書対談1、注(3)参照)、それは応仁の乱のあった一五世紀であった。しかし、網野は一四世紀の南北朝時代の変化に注目した。

(25) 網野は「惣村」を、都市的な場と対置される村落における自治組織として捉えている。逆に一般的には惣村の典型とされる近江国菅浦・堅田などは、村落とは隔絶された都市的な場であり、惣村ではなく自治都市の範疇に入れるほうが適切と考えていた(網野「近江国堅田」「近江国船木北浜」『日本中世都市の世界』【著作集13】参照)。

(26) 本書対談5、注(3)参照。

(27) 中世において侍身分より下の身分の者を指す。刑罰など法制上、侍とは厳格に区別されていた。

の権利、所職、所領と無関係な状態に置かれていた甲乙人が、鎌倉末、南北朝には広範にいたと思います。それが内乱後、百姓職、作職などの形で、所職の世界に入ってくる。これも間違いないことと思います。

私は「家父長的奴隷制」から「小農の展開」という論理的構成で中世がとらえられるのかどうか、疑問を持っていますから、それとは別の次元のとらえ方になりますが、これは非常に大きな社会的変化だと思います。

**永原**　網野さんは昔、農民の土地所有が固まらないと表現していましたね。そういうのが固まってくる時期は、南北朝時代だと言えるんですか。

**網野**　いまでもそう思いますね。

**永原**　私もその点は同感ですね。

**網野**　農民自身の定着性が安定してくるから、はじめて農村といいうるような村落ができてくるし、商工業者「職人」の場合にしても、津や泊とか、金屋《かなや》のように自分の仕事場に定着して港町や「職人」の村が成立してくる。私の言い方がいけなかったのかもしれないけれども、全くの漂泊状態でふらふら動いていた人が定着するというのではなくて……。

**永原**　定住というのは、あんまり図式的にとらえられがちで、網野さんの意向とは別に、非常に単純化されている気がして。

**網野**　遍歴といっても、根拠地は必ずあるわけですし、逃亡してももとの場所にもどってくることもあるわけですから。ただ南北朝期をこえると遍歴の範囲はぐんと狭くなりますし、都市に定住していく傾向、これは大きく言えば「遍歴から定住へ」という言い方で表現してよいと思います。

**永原**　そのことは、別に間違ってないと思います。ただ一般の受け取り方がね。

**網野**　港町に一番はっきり見られますけれども、菅浦《すがうら》を見ても、部落の東西に門が現われるのは、南北朝期からです。

**永原**　村の入口に門が二つあるんです。南は琵琶湖に面して、北は山だから東西に門があるんです。

**網野**　文献上で「大門」が出てくるのは、南北朝のなかば過ぎぐらいです。大体そのころから、領域がはっきりしてくるんですね。村落、農村や漁村の場合も、集落が安定するのは、そのころだと思うんです。

これを民族史的と言えるかどうかわからないけれども、安定した定着生活をするようになった人間の生活のあり方とそれ以前の浮浪の危険性が大きく、また遍歴を広くしている状態とでは、かなりの違いがあると思います。それとも大きな関係があると思いますが、読み書き算盤《そろばん》がこのころにはかなり広い範囲の庶民が身につけるようになってくる。いまのように都市と村落が分化すれば、当然その間の流通に関連したいろいろの計算が必要になってくる。それまでの土地台帳の計算とは違う計算が必要になったに違いないんです。そうなれば、ものの見方も大きく変ってくるでしょうね。

**永原**　私もそれはとても共感できる。たしかに網野さんのいうようにいろいろな現象を指摘できるんですね。しかし学問の問題として、民族史的転換と網野さんがおっしゃる場合の指標になるものは、何ですか。

**網野**　読み書き算盤——文字と計算能力が非常に大きいと思います。そういう力を庶民が持っているか、持っていないかでは、世の中がまるで変ってくる。

**永原**　何でその時出てきた？

**網野**　それが問題でしょうね。さきほど言った甲乙人が権利の世界に入ってくることと、不可分じゃないかと思います。

**永原**　不可分かもしれませんね。しかし、それじゃ説明にならないわけでね。私は、短絡的かもしれないけれども、農村に剰余が残る、つまり、富が成立してくることと関係していると思うんですよ。かりに剰余が在地に残っても、以前には在地領主が握ったり、ある特定の商人が握ったりしていたのが、もう一つ下の民衆的なレベルまで、富とのかかわりが生じてくる。つまり自分たちがやっと生きているだけではない。それ以上の富との関係ができだすのが南北朝期だろうと思います。そうなると、農村の中に階層分化が起こるのは当然なわけです。そこから私流に言えば、農村の中に小領主的な者と農民と、いわゆる封建的な階級分化が進みだすと思います。それで富が残りだす時期は商業史の方から見ても変化がありますね。例えば油の使い方が非常に増えてくるということは、夜の生活ができるようになり、よなべにむしろを織ったり、いろいろの農産加工を農民ができるようになったということです。大和《やまと》の農村を見ますと、農民の中に農産加工業がずっと広まるわけです。素麺をつくって売るとか、むしろを織って売るとかがさかんになり、そんな人々の新しい座が出てくる。座といっても、農民たちがグループで座をつくっているらしい。一定の座銭などは本所に出すけど、彼ら自身が現に商品生産をやって、京都なんかで売る。私の観点で言うと、それから人間の考え方の合理性が強まってくるということです。そのことの持つ意味の大きさが、網野さんの言う民族史的な転換とつながるならば、私は大賛成です。

**網野**　矛盾がなくなって、具合が悪いけど(笑)。

**永原**　民族史的変化という諸現象を、根本的なところでは何でとらえるか。認識の問題として見ると、その中で何がテコかを説明してください。

**網野**　農業だけではなくて、手工業・商業の変化もあるわけですから、社会的な分業のあり方の大きな転換ととらえるほかないと思いますね。ただそれをいままでは、古代から中世、中世から近世という変化とすぐにつなげるのでふつうだったけれども、それだけでは処理のできない問題があると思うんです。

もう一つ言わなければならないのは、それで世の中がよくなっていっただけではないということですよ。庶民が合理的になれば、それだけ逆に権力が支配しやすくなる面もあるわけでね。差別の問題もはっきりしてくるので、南北朝期ごろから職種別に人が定着して集落をつくるようになります。被差別部落の原型ができてくるのは、室町ぐらいからだと、三浦圭一さんも言っておられますね。世の中が豊かになった、万々歳というのではなくて、かえって世の中がむずかしくなってくる面を考える必要がある。

**永原**　鎌倉時代までは、「無縁」とか、「自由」みたいなものがあって、南北朝ぐらいからはそれがなくなっていく。網野さんは悲観説なんだな、女性でも転落の一途をたどるということになる(笑)。その点は高群逸枝さんと網野さんはとても似ていて、女性史の認識において似ているだけでなく、女性史をさらに民衆世界全体にひろげて、民族史の転換を、原始以来の「自由」が失われるとか見ている。たしかに社会の権力の編成とか、階級的な支配原理が次第次第に拡大、浸透していくことは事実だと思います。そういう面があるということは否定しないけれども、ただ、そういう「転落」の画期であるというとらえ方を、歴史認識の問題として見ると、単純であって、どうも変っていくことの意味がわからない。だからどうもあの無縁・公界《くがい》と女性史の認識については、私は共感しがたいものがあるわけですね。だけど悲観説的な側面に、なにも全面的に反対だと言うんじゃありません。私も気がつかなかったことを教えてもらったことも事実だし。

私も、あのころに大きく日本歴史を二つに分けるところがあると思う。網野さんの言葉と同じに言ったかどうかわからないけれど、そういう点では大体似ている。

**網野**　永原さんはそれを社会構成の問題としていわれた。その点が違う。

**永原**　それを議論すると焦点がはずれるからここではやめときましょう。

**網野**　私は女性について永原さんが最近書かれたことにも異論があるので、私の言うような面があることも事実だと思うんですよ。

たとえば、江戸時代に、女性側に離婚の権利が法的にはまったくないという状態がでてくることは事実でしょう。鎌倉時代にはそんなことはないですよね。たとえ経済的にきれいな着物が着られるようになったからといって、女の基本的な権利がそれ以前に比べて低下していることは、明白だと思うんですよ。現代の問題でもあるけれども、世の中が豊かになったから、すべてが良くなるとは決して言えないでしょう。そのことによって、人間の持っている非常に大事なものが失われるということを、われわれは最近いたるところで見ているわけですからね。私は「暗黒史観」とか「末法史観」とか言われるんですよ（笑）。

**永原**　やっぱり（笑）。初めて聞いた。

**網野**　このレッテルを貼ったのは佐藤和彦さんだったと思いますけれど、私はわが意を得たところもあるんです。マルクスにだってそういうところがあると思っているので、ちっとも困らないんです。

**永原**　南北朝時代は、権力とか支配体制が、いままで日本の歴史が経験したことがないぐらい深刻に分裂して、日本の歴史の流れからいえば、地域的な領主制の進行と絡んでいますから、それだけに一つの体制の動揺とか、変化は、根深かったと思うんです。南北朝時代の評価については、荘園制がまだ続いているとか、この時期で社会はそれほど変らなかったではないかと言う人もある。確かに荘園が一挙になくなるのでないことも事実です。にもかかわらずその間にもたらされた秩序の転換は、地方世界まで含めて、その以前の時代に比べたら一度もなかったぐらい大きいと思います。

**網野**　それは異論ありません。農民の財産目録を見ると、南北朝の初期と室町期とを比べますと、同じ太良庄《たらのしょう》の百姓の持っている品物がぐっと豊かになっている。畳まで持っている百姓がでてきますね。永原さんはさきほど農村に余剰が残ること、農業の生産力の発展が基本だといわれたけれども、それだけではない。例えば若狭の漁村の刀禰《とね》(28)の財産を見ると、農村よりはるかに豊かなんですね。鎌倉末期の常神浦《つねかみ》の刀禰は米百五十石・銭七十貫文も娘に譲っています(29)。

**永原**　刀禰は豊かですね。

**網野**　これは流通、海上交通によるのでしょうね。

**永原**　それは何も、漁民が平均的にそうだということではなくて、刀禰のところに集中するのではないですか。

**網野**　ただ若狭の刀禰は、江戸時代には長《おさ》百姓の漁民と同じぐらいになるんで、農村では名主《みょうしゅ》クラスと考えればよい。要するに海民小集団の首長です。室町期になると、御《み》賀尾《かお》浦の刀禰は立派な焼物をいっぱい持っていますよ。中国の青磁、白磁もある。もちろん農村の富の蓄積の問題は大事だと思うけれども、もっと視野を広く、立体的に変化を考える必要があるんじゃないでしょうか。

**永原**　これも別にそのことを否定する理由はないけど、私は主として農村のことをやっていただけで、商業のことまで勉強が及ばなかったというだけだから、反対する理由はないけれども、ただそれと関連して言うと、貨幣流通とか商品流通を、非農村地帯にひきつけ過ぎることには同感できません。

**網野**　永原さんは、貨幣を近代的にお考えだからだと思うんです。中世の銭の流通は、

---

(28)　中世において刀禰の用法は多岐にわたるが、ここでは中世における津刀禰・浦刀禰を指す。これらは津・浦・泊・浜などを統括し、漁民の長として漁撈を指揮したり、津の通行料を取ったりしていた。津や浦が荘園化していくなかで、刀禰も給田を与えられて税負担の責任を負う荘官的性格を持つようになった。

(29)　「若狭大音家文書」正和五年(一三一六)十一月日、忠国陳状案(『鎌倉遺文』三四巻、二六〇三六号)。

江戸時代的な流通とは、私はずいぶん違うところがあると思います。

**永原**　現象についていうことと、どういうロジックをとるかということとは、ちょっと別だと思っているんですよ。ただ民衆史の考え方で言えば、これはまた別なので、いろいろな展開があることは否定すべきでないし、私はもちろんたくさん教わっている。そういうことを研究する意味がないなどと言っているわけじゃないですよ。だけど何を論理にして、社会の展開の筋道をおさえるか、ということについて、別な論理がとれるかどうか、ということです。

**網野**　ただね。世界は農業民族だけでできているわけではないんです。だから農村からだけで議論を展開していく論理構成をとりますと、例えば牧畜民族、遊牧民族は、世界史のはずれものになってしまう。

たしかに永原さんのおっしゃるように、南北朝期以降日本は農業国家になっていきますから、結果的にはそれで処理できるようにみえるけれども、事実としてもそれ以前は大分違うし、それだけでいくから、海民や山民は、はずれものになってしまうのだと思います。世界の歴史だけではなくて、日本の歴史を全体として理解する論理としては、それでは何かひとつ大きく欠けたものができてくるのではないか、と思うわけです。

廣末 保◆網野善彦

# 7 歴史からみた天皇制

**廣末 保**（ひろすえ・たもつ）　一九一九―九三。国文学者、演劇評論家。東京帝国大学文学部卒業。法政大学教授。松尾芭蕉・井原西鶴・近松門左衛門などの研究を通じて遊行・遊里・歌舞伎などの悪場所に注目し、そこに近世文学の発想の根源があるとした。

著書に『元禄文学研究』（東京大学出版会）、『悪場所の発想』（三省堂）、『廣末保著作集』（全一二巻、影書房）など。

●**初出／底本**　『新日本文学』五〇〇号、一九九〇年一月（のちに『遊行の思想と現代――対談集』（廣末保著作集　一二）、影書房、一九九八年に収録）／『網野善彦対談集』5

**天皇制をどう考えるか**

**廣末**　天皇はけしからんということだけでやるのは簡単で、しかし、それだけでは足をすくわれるようになるかもしれない。とすれば、その奥にあるものを無視できないわけです。網野さんが中世史と天皇の関係を問題にしているのもそのへんにあるでしょうが、そのとき現在の天皇の問題は視野のどこかに入っていたかどうかということから……。

**網野**　どこまで意識的かは別としても、それは関係しています。敗戦後一〇年ほどの状況は若い方々の想像もつかないものがあって、すべてが動いていたと思います。しかし、その後社会が落ちついてくると、そのころ活発に議論されていた天皇の問題が、ほとんど問題にされなくなっていくんですね。私が一九七二年に中世の天皇について論文〔「中世における天皇支配権の一考察――供御人・作手を中心として」『史学雑誌』八一-八【著作集7】〕を書いたとき、このように天皇の問題を取り上げることは、むしろ天皇制を強めることになるという批判をたくさんいただきました。たしかに社会的には天皇について無関心の状態があったと思います。歴史家でも、天皇の問題をもはや主要な問題ではない、無関心の中でやがては風化していくと考える人が多かったと思います。

ただ、私は戦中の経験を持っていますし、天皇の問題にこだわりつづけていたのは間違いない。それから、津田左右吉(1)さんの仕事に大きな影響を受けたこともあって、人間としても歴史家としても、この津田さんの主張に対してはっきりした答えを出さなくてはいけない、という気持ちが強くあったのです。そのように考えつづけているうちに、自分自身をふくめ天皇という存在をズルズルといまにいたるまでもち続けている日本人の体質と、現代の日本社会が直面している問題、人類が直面している問題との間に関連があるのではないかという気がしてきたんです。いま代替わりに関連して天皇をめぐる議論が活発ですが、これを一過性のものにしてしまわないで、人類史的な視点からの日本社会論、日本人論として突きつめて考えてみる必要があると思います。それができるならば、これは天皇の問題をふくむ現実の政治に、日本人が対処していく上での大きな力になりうるだろうと思います。

中世史に即して考えてみますと、戦後の歴史学は古代天皇制、律令国家を崩した力として、武士の力を非常に大きく評価しました。その路線はいまも中学や高校の教科書に生きている。それは、そのままな形でよいかどうかは別として、大切なことなのですが、その中にあって公家や天皇の問題を持ち出すことは、教科書に反動的な要素を加えることになるという意識が、多くの歴史家の中にあったのではないかと思います。私が論文を書いたとき、歴史学界に強く反発された原因はそこにもあったと思います。

(1) 一八七三―一九六一。歴史学者。東京専門学校(のちの早稲田大学)邦語政治科を卒業ののち、中学校等の教員を経て満鉄東京支社満鮮地理歴史調査室員となる。その後、早稲田大学教授を務めるも、記紀における早い時代の天皇の実在を否定したことにより出版法違反で起訴され、同大学を辞職した。著書に『文学に現はれたる我が国民思想の研究』(洛陽堂、のち岩波文庫)、『シナ仏教の研究』(岩波書店)、『津田左右吉全集』(全二八巻・別巻五・補巻二、岩波書店)など。

**廣末**　いまのお話を聞いていると、網野さんは津田歴史学などを通して、天皇の問題に非常にこだわりを持っている。僕の戦前の経験からいうと、やっぱり恐怖の対象というか、憲兵・警察というのにつながっていて、天皇に対する感情は心情的なものであると一方でされながら、実際は権力的な恐怖の対象であった。そういうものとして押しつけられていた。だから、戦後はそこから解放されたという感じがありましたね。

ですから、このまま放っておけば風化して問題にしなくてもすむのではないかとする側面もあった。へたに問題にするとかえってなんでもかんでも天皇制的なものにつながっていきかねない。例えば、自然観なり美意識なりをたぐっていくと、新古今、古今という勅撰集につながっていく。さかのぼるとどこかでつながっていって、今度はそこを中心にパッと網を張って、そこに全部入っているというふうに逆にもっていく。つまり自己完結した循環運動ができて、自分を錯覚させ、そう解釈してしまう。天皇制という言葉も融通無礙《むげ》に使われる。

ある体制を批判するときに復古的な要素を媒介にして否定的に運動するという構造はありえます。それは日本だけじゃないと思います。けれど、天皇制という言葉は非常に比喩的に使われていて、毛沢東だって天皇じゃないかとか、終戦直後は共産党も天皇制だという批判があった。天皇制という言葉はかなり多面的に使われているわけです。王権の問題になってくると普遍的な図式が出来上がってくるわけでしょうが、ひとたび天皇制を問題にしようとすると天皇制として考えなくてもいいものまでいつの間にか天皇制で包み、非常に体系的に、整序的に説明してしまう。さらには説明可能であるがゆえに存在理由があった、いまもあるということになる。

**網野**　おっしゃるとおりだと思います。歴史家の中でも天皇と天皇制を区別しなくてはいけないという議論があり、それは厳密にする必要のあることだと思います。しかし、私は日本社会に固有な存在としての天皇にこだわりたいわけです。それを、人類社会に普遍的に見られる「王権」や皇帝などの問題の中で考えぬいてみたいと思います。天皇はキングやエンペラーという英語、あるいは皇帝、王という言葉に簡単におき換えられない要素をもっている。その点で日本社会の個性に深くかかわっており、日本固有の絶対に無視できない問題の一つだと思います。なぜ日本の社会がここまで天皇を引きずってきたかを問題にするのは、その意味からなのですが、これにはもちろん強い異論もあって、天皇をそれぞれの時代の支配者が自分の支配体制を維持するために利用してきたわけで、問題は天皇ではなく利用した支配者のあり方だという見方ですね。この見方が天皇を問題にせずに、風化させるという発想の元になっていると思います。もちろん、それも非常に大事なことで、すべてを天皇、天皇制に帰着させることは間違いだと思いますが、しかし、日本社会の個性を考えるためにはどうしても天皇を度外視はできない。

**廣末**　天皇制の問題を考えるときに、持続性の問題を無視するわけにはいかない。持続性の存在と持続願望の関係は厄介ですが、それにある制度を与えることで顕在化しようとしますね。それが日本の場合には天皇的なものになってきたのであって、例えばローマ法王と天皇の場合はどう違うかといった問題も考えないといけませんね。直接の権力構造が変わっても天皇はいつも存在していた。その存在の仕方、意識のされ方には変化はあったと思うんです。しかし、それらを整理していくとき、抜き難くあったものが「天皇」なのか。天皇は権力であったし、宗教的なものであったし、超歴史的なものであった。また、葛藤を無化してしまう無責任体質みたいな要素もある。だが、そういうさまざまなもの全部を天皇のもっている性格として集合させると、万能の概念になっていくんで、天皇という原点があってその下にヴァリアントがたくさんあるのではなくて、天皇もひとつのヴァリアントではないかと思うんです。例えば宗教的なものとか農耕儀礼とか、超歴史的なもの——潜在的なもの——に持続性を与えたいとか、そういったものが民俗芸能になったり、ある場合には政治的な権力機構になったりする。それのきわ立ったヴァリアントが天皇的なものだと考えるわけです。天皇神を信仰した折口信夫《おりくちしのぶ》(2)にしても、どうも天皇をマレビト(3)の一つのヴァリアントとして考えていたふしがありますね。ホカイビト(4)も一つのヴァリアントだったりして……。

**網野** すべての日本人が天皇をそのように捉えるようになったら天皇は消えると思います。その点で異論はないのですが、ただ天皇がヴァリアントのひとつだとしても、どこまでそうであるのかという精密な測定をしようとすると、まだわからないことが歴史学の問題としてずいぶん残っています。そもそも、天皇という称号がなぜ生れたのかについても、まだ解決しているわけではないですね。

「日本」という国号についても、本気になって考えてみるとわからないことだらけです。この国号は中国大陸との関係でできた国号で、対外的に用いられたことはほぼまちがいない。通説は日の出る処という意味だとされていますが、これにも異論はあります。『日本書紀』を注釈するとき「日本」は必ず問題になるのですが、平安時代前期にすでに、その意味がわからなくなっている。中国の方を基準にすれば日の出る処だが、日本列島から見ると、日の出る処は海になってしまう。これは平安時代からの問題で、この

(2)　一八八七—一九五三。国文学者、民俗学者、歌人(歌人としての筆名は釈迢空)。國學院大学を卒業後、大阪府立今宮中学校教員、私立郁文館中学校教員、國學院大学教授、慶応義塾大学教授などを務めた。柳田國男の薫陶を受け、国文学研究に民俗学の研究法を導入した独自の学風は、「折口学」と呼ばれた。著書に『日本文学の発生　序説』(斎藤書店、のち角川文庫)、『日本芸能史ノート』(中央公論社)、『新版　折口信夫全集』(全三七巻・別巻三、中央公論社)など。

(3)　民俗学において、異郷からの来訪神を指す用語。日本文化の基層を解明するうえで重要な用語として、折口信夫によって提起された。

(4)　家の戸口に立って祝いの言葉を唱えて、食べ物などの物乞いをする人。

議論は明治にも盛んに行われますけれど、まだ結論は出ていない。

しかし、「日本」という国号が使われるのと、「天皇」の称号が制度的に定着するのとは確実にセットになっている。「日本」は「ヤマト」とも読まれたようですが、「大和」なら地名になるけれども、そうはしないで「日本」になっているわけです。ヒノモト、「日本」という文字に意味があるのだと思います。しかし、国号が決まったころの東北や沖縄、南九州は日本ではない。「日本」は日本列島のごく一部でしかなかったのが事実です。ところが、現在の日本人は「日本」という国号ができる以前から「日本人」が日本列島にいたと考える人が多いのではないでしょうか。私もこういう「呪縛」から逃れるためにかなりの時間を要しましたが、卑弥呼だって「日本人」ではないし、縄文人、弥生人ももちろん「日本人」ではない。ところが、日本列島に「はじめから日本人がいた」という発想で歴史がはじまる。こういう日本人の思考構造はものすごく根が深いと思います。

現在の日本文化論や、日本社会論はそのことを正面から考えきっていない。縄文時代から「日本」とはなにかを始める。そこにある虚偽性が気づかれていないと思います。われわれはもっと「日本」自体を歴史的に対象化しなくてはならないので、日本という国号を国民の総意で変えるときがあっても少しもおかしくないと思うんです。しかし現在、日本人の中にはそういう発想は余りないと思うし、通説的な歴史のとらえ方自体がこれまでは「はじめに日本人ありき」だったと思いますね。

**廣末**　日本的な、というかナショナルなものは拡大していきますよね。そのときにどこかに回帰しながら拡大し統合されていく。その核として天皇は日本という国名ができた段階と対応して成り立っているんでしょうか。

**網野**　というよりも、結果的にそうなっているということではないでしょうか。歴史的に見ると日本列島の一部が「日本」から脱出するチャンスは何回もあったと思います。もちろん琉球は「日本」とは別の国家ですから別問題ですが、「日本国」の下で、平将門が東に国家をつくったときや鎌倉幕府ができたとき、「日本」とは別の国号を持つ国家ができる蓋然性は確実にあったと、私は考えます。しかし鎌倉幕府は「日本国」の覇者になる道を選んだ。ですから、この時期に日本国は東北まで広がることになります。面白いことに、「日本」――ヒノモト――は関東からさらに一五、六世紀には東北北部、北海道南部に動いていく[5]。しかも、その地域を支配した松前氏[6]は、「ここは日本ではない[7]」といっているのです。このようなことはあるのですけれど、結果的に現代まで日本

(5) 日本国の東の端を「日の本」「日下」という。鎌倉時代には東国の王権に関わる人物が「日本《ひのもと》将軍」と呼ばれているが、南北朝時代以降は東北最北部から北海道にかけての地名になり、さらに豊臣秀吉の書状では奥州のさらに北方を指す語として使われるようになった(網野善彦『日本の歴史00　「日本」とは何か』【著作集17】参照)。

列島の社会は「日本」と天皇を引きずったことになっている。日本という国号自体が国民統合の重大な意味をいまでも持ち続けているわけですが、このこと自体を客観的に対象化した仕事をやらなければいけない。ところが、これまで私もそうした問題意識がなかったので、例えば「日本人」という言葉がいつごろから史料に出てくるのか確信をもっていえないのです。最近、一五世紀の記録に「日本人」という言葉が出てきたことを見つけましたが、これは京都の僧侶が使った言葉で、その人は関東は別の国と考えていたこともわかりますので、問題は簡単ではないのです。

いずれにせよ「日本」は日本列島の一部から出発した国なのですから、細かく見ていくとアイヌ、沖縄はもちろん東北人、関東人でも「日本」に対する意識は畿内人とは違いがあると思います。天皇についても同じような違いがあることは確実です。しかし、現実は、ここまで来てしまったということをまず認めた上で、その理由をさぐっていく必要があります。

七世紀後半、畿内を中心に律令という中国大陸の制度を日本列島の社会は内発的に受け入れる。非常に真面目に熱心にこれを受け入れようとするのです。しかし、まだ未開な日本列島の社会にはそのままでは受け入れられない問題がいろいろあって、唐の律令とは違ったところが出てくるのです。この国家ができたときに「日本」という国号、天皇という称号が定着するわけですが、この点にもその問題が現れている。そして「日本」の歴史はそこからはじまるのですが、このことを意識しないで、「はじめに日本人ありき」から出発することには、「はじめに天皇ありき」と考える傾向が無意識のうちに潜在していることになる。例えば天皇系図を神武天皇からはじめたり、実在しない神武から数えた天皇の代数を学問的な本でも使っているのをよく見るのですが、こうした問題をまず対象化することから始める必要があると思います。

歴史教育でも「日本」という国号の意味はほとんど全く教えられていない。自分の国の国号がいつ決まったのか、どういう意味を持つのかを教えない国家、国民のほとんどが知らない国家はきわめて珍しいのではないでしょうかね。このように問題を突きつめ

(6)　北海道南部を拠点に勢力をもった豪族。もとは蠣崎《かきざき》氏を名乗り安東氏の傘下にあったが、戦国時代に自立する。蠣崎慶広の代のときに豊臣秀吉に従って本領を安堵され、のちに徳川家に従い、姓も松前と改め、松前藩を形成した。

(7)　慶長一九年(一六一四)の宣教師追放以後、東北地方に潜伏して宣教を行っていたイエズス会宣教師のジロラモ・デ・アンジェリスは、元和四年(一六一八)に蝦夷地に上陸し、そのときの様子を報告している。それによると松前殿(松前公広)は信者たちに、「パードレの松前へ見えることはダイジモナイ(大事もない)、何故なら天下(幕府)がパードレを日本から追放したけれども、松前は日本ではない」と語ったという(「アンジェリスの蝦夷第一報告」『北方探検記』吉川弘文館)。

きっていないことと天皇の問題をずるずる引きずっている現状とは関係があると思います。

## 再生する天皇制

**廣末**　引きずっているというより、うまく再生しているんでしょうね。例えば天皇が神でなくなったのは簡単にいうと戦争に負けたということですね。日本中の神々を全部動員したその頂点に、天皇神がいてこれが負けた。神が負けると零落するしかないんです。どこかにさすらっていって変質してもいいんだけど、今度は神でなく人間になってしまいましたね。人間が神になることはあっても、神が人間になるなんて絶対できないはずだから、仕方なしに人間宣言はしたけれど象徴という形にした。人間でも神でもないものをつくった。そういうふうに作為的に再生されるという下地はありますよね。

引きずっていくときに再生させていく権力機構がからんでいるのであって、引きずっていく重みを網野さんのように痛感するか、僕のように全部天皇に収斂しなくてもいいんだと一度解体してみるかということですね。

**網野**　そうした問題の一つとして、日本列島の社会に原始以来生きている自然に対する信仰を、国家や宗教に収斂する試みを、明治のときの国家神道はもちろん、それ以前からいろいろな形でやっている。しかし、神道に汲みつくされていないものが、日本の社会にはまだ生きているので、これはこれからの社会にこれまでと別の形で再生しうると思うのです。

私は廣末さんのおっしゃることに異論はないんですけど、ただそこまでいくために、自分が歴史家として何をしなければならないかということを考えてみますと、正直いって、日暮れて道遠しです。私には残された時間がそうたくさんはないから、例えばいまからあらためてすべての文献をひっくり返して「日本人」という言葉を全部チェックし直す仕事はなかなかできそうにもない。やってみたいとは思っていますがね。しかし、廣末さんのような視点に立って、われわれ自身の中にある問題を突きつめて考えていくべきことがまだあるんじゃないか、それを一つ一つ解きほぐすことはやっておかないといけないと思います。

**廣末**　網野さんに期待している部分ですよ(笑)。これは最初にいったことのくり返しになるけど、天皇制に関係づけなくてもいいことを洗いだしていく必要があるのではないか。「それは天皇制の一つの残滓だよ」とか「天皇制的な発想だよ」とかいわれるとそうかなと思いこんで反省するわけだけれども、しかし待てよ、これは天皇制にもっていかなくてもいいんだ、と考えることがあるわけですね。

日本の四季をうたってる美意識は宮廷的、王朝的美意識で天皇制的だとよくいわれます。しかし、四季は日本の風土に密接に関係あるんで、天皇制を批判するからといって四季の循環を止めてくれとはいえないよね。ところがそれを天皇制的美意識というふうに短絡的に捉えてしまうとか……。さらにそこから近世にさがってきて芭蕉なんかの俳諧が出てきますと、芭蕉は確かに伝統とか、古今、新古今の美意識を踏まえていますけど、俳諧は滑稽化、異化をするわけですね。だから、そこに俗が入ってきて違った美意識が出てくる。ところが、その中に王朝的なものがあるといって、そこだけをピックアップすると全部万世一系的美意識になる。保田與重郎《やすだよじゅうろう》(8)みたいに天皇美学的な万世一系の系譜ができてしまう。

あえて異化するものばかり探しているんじゃないかといわれるかもしれないけれど、もっと微細に考えていくとかなり時代によって違ってきてるわけだし、僕はさっきヴァリアントといいましたけど、原点志向みたいなものがあって、そこから全部展望すれば網の中に全部入ってしまう。それをやめると何かもっと見えてくるんじゃないかと思うね。

近世になってくると、都市の町人は「無縁」(9)なんですね。完全に「無縁」ではないけれども、貨幣経済の中で生活している。そのとき彼らのもっている生活空間は、世間というのは無限定な空間なんです。

よそでもしゃべったんだけど、近松に「世間が冷える、子共《こども》に風(風邪)ひかしやんな」というのがある。「世間が冷える」というのはあたりの空気が冷えるという意味なんですね。世間とはちょっと考えると、摑みどころのない点で天皇制みたいなものとパラレルに見えるけれども、彼らは天皇制というものではなく「世間」という世界をつくって、その中で生きていくために私的倫理としての義理などというものをつくり出してそれを内側から支えるわけです。

例えば網野さんの「公界《くがい》」(10)にあたるものが世間という空間につくりかえられてしまっている。その瞬間に天皇的なものとの関係はほとんど切れてしまうという構造が近世の都市にはあるのではないか。あえて網野さんのいい方に関係づけていうならば「公界」

(8)　一九一〇—八一。文芸評論家。東京帝国大学美学科を卒業。大学在学中に大阪高校時代の仲間とともに『コギト』を、亀井勝一郎らとともに『日本浪曼派』を創刊した。次第に反近代主義、反進歩主義、民族主義の立場を強め、その思想は第二次世界大戦中の若者たちに大きな影響を与えた。著書に『日本の橋』(芝書店、のち講談社学術文庫)、『後鳥羽院』(思潮社)、『近代の終焉』(小学館)など。

(9)　無縁・公界・楽はいずれももとは仏教用語であるが、世俗的な縁が切れる場あるいは人を指す。場所としては河原・中洲・浦・浜・山の根・国境《くにざかい》・峠といった聖俗の境界となる場であり、人としては神人《じにん》・供御人《くごにん》などの「聖別」された遍歴の職人・芸能民などが挙げられる。いずれも中世には肯定的な意味を持っていたが、近世になると無縁は「よるべがないこと」、公界は遊女の境遇を指す「苦界」、楽は一部の被差別部落の呼称となった。

(10)　前掲注(9)参照。

は近世では「世間」になったという単純な図式を僕は引いているんですけど。

それから、近世の浄瑠璃なんかにも天皇がよく出てきます。特に南北朝の悲劇とか……。そこに出てくる天皇は、自分たちのすぐ側にいる町人たちが恋愛したり、悩んだり、理解したりする世界を描くための素材なんですね。非常に遠くに追いやってしまって逆に自分たちの素材にしてしまっている。ストーリーだけ見るともちろん貴種が出てくるけれども、その貴種の悲劇とは町人の持っている悲劇がモチーフにあって、そのための題材に使われて、逆に天皇的なものは遠くに追いやってしまっている。もし明治の国家だったら不敬罪にあたるようなことが描かれている。

明治になってくると、逆に神にしてしまって遠くに祀ったように見えるけど、それを回路にして降りてきて支配するわけでしょう。その関係は近世と全然違うんですね。近世で一度そうなったのに、また明治国家で違うものに再生してしまったことがあるんで、近世の浄瑠璃の中にも天皇制的なものがあるというとまちがうのではないか、近世の都市の世間という生活空間がつくられたときには天皇空間とかなりずれていたという気がしますね。

## 天皇と異化するもの

**網野**　これも廣末さんのおっしゃるとおりで、無縁・公界・楽には「天皇の影」はないと思います。最近、少し近世の勉強をはじめて感じるのですが、最近の研究の進行は江戸時代の農村のイメージを相当変えつつあります。つまり、都市の「世間」とは少し違いますが、村の中の自治は江戸時代を通じてしっかり保たれていて、領主の方も村に対して余計な事に口出ししない。それをすると面倒になるので、自治を認めた上で支配しているわけです。

表の世界に出てくる法令や制度と実態とは違うんですね。例えば離婚についても、文書だけを見てみると、男だけに離婚の権利があるようにみえるし、三下り半は男しか書けないのですが、実際は妻が夫を離婚することも大いにあったことがわかってきています。専制的な表の支配に対し、自治的な空間は近世社会の中でも、裏では広く存在したわけです。

近世の体制は村や町の請負関係を基礎にしているので、一定の負担を請け負い、完済すれば後は村に任されています。だから帳簿も、領主側に出す帳簿と村の中の帳簿はずれているんです。現代流にいうと「裏帳簿」ですね。「裏帳簿」は戦国時代から作られていて、領主の方の帳簿とは違う内容を持っている。検地帳は長い間変わらないけれども、村の生活は当然変わっているから、それに応じた帳簿を作っているし、領主に知られていない村の収入もあった。

ところが表は領主、村は裏の世界という関係は江戸時代を通じて変わらない。これが裏に固定したのは江戸期以降ではないかと思いますが、村の独自な世界はしっかり保たれている。都市の場合でもそれは同じだと思います。表が公で裏が私になりますが、裏の世界こそが本当の公であるということができるはずだけれども、日本の社会はそれをつらぬききってこなかったところがある。

明治以降の社会でも、見方を変えてみるとふつう考えられているよりも、天皇制支配はこうした「裏」の世界に浸透していないのではないか。戦時中の、あのきびしい時代にも「ヤミ」は厳然として存在し続けていたわけで、そこには権力もなかなか立ち入れなかったと思いますね。近代史をそこまで視野を広げて研究したら、いままでの近代史のイメージを相当変えることができるのではないかと思います。ですから、廣末さんのおっしゃった天皇にとらえられていない要素を探していくのは大事なことですが、その視点をとった上で、なおなぜ和歌は天皇の主催で行われてきたのかを考えなければならない。

この間、美空ひばりが死んだとき、一生懸命にテレビや週刊誌を見ていたんですけれど(笑)、そのときびっくりしたのは葬儀のときの彼女の写真の右側には山口組の田岡氏、左側には部落解放同盟委員長の上杉佐一郎氏、手前には三笠宮寛仁親王の花輪の札があったのです。週刊誌は見事な写真を撮ってくれたと思いましたが、そういう構造はたしかにあるわけです。私は美空ひばりはとてもおもしろいと思って見てきたのですが、それをすぐに「天皇制的構造」といわれるとやはりちょっと困るんです。単純にそういわないで、なぜこの構造が現にいままで存在しているかを問い続ける必要がありますね。

**廣末**　なぜそういうものが雑居しうるかという問いなら僕もわかるんだけれど、天皇制がそれをくるんでいるんだというういい方が一方ではある。天皇は非常に便利な、なんでも吸収できる装置だということになってきている。権力でもあるし、権力を中和する装置でもある。

**網野**　私は以前から天皇と博奕打《ばくち》とは近い位置にいたのではないかと思っていたんです。説話などにも天皇が博奕打を呼び出したという話が出てきますからね。しかし、最近紹介された史料で、(11)双六別当《すごろくべっとう》という役職が加賀国にあったことがわかりました。おそらく朝廷にも同じような双六打、博奕打を統括する機関があったとみてまちがいないと思います。なぜ、そういう機関が宮廷にあったのかはよくわかりませんけれど、博奕打はたぶん古くから行事と関係があったのでしょう。遊女も非人も同様に天皇に近いんですね。博奕打と巫女が早い時期の「職人歌合《しょくにんうたあわせ》」(12)に対になって出てくるのは、理由がないわけではないんです。こういう歴史的な事実があるので、それを直ちに美空ひばりに

---

(11)　大治二年（一一二七）、加賀国国務雑事条々事書（「医心方巻二十五裏文書」『加能史料』平安Ⅳ、補遺）。

まで短絡させるのは問題ですが、この辺の問題を度外視しては、いまの問題は決して解決できないと思います。

**廣末**　僕は天皇制的でないものを強調することによって、天皇制の問題を薄めるという意識はないわけです。そんなことで天皇制の問題を克服できるとは思っていない。天皇制的なものとそうでないものとの関係を明らかにしなければならない。

**網野**　天皇制の下地にあるものが、クリアになって、天皇的でないものがわかればもっといろいろな事がいえるはずだけど、正直にいってまだわからないことがあまりにも多い。

**廣末**　下地はかなり未分化なものであるけど、それをどこかで分化させて制度的なものに吸収していく。日本国ができたときに天皇が存在して、すべてそこへさかのぼっていけばそれこそ万世一系の網の目の中に全部包み込まれてしまうでしょう。天皇で統合し求心的に収斂していこうとしたものがどう破綻しているかも考えなければならない。収斂されることを欲している意識もこちら側にあると思う。

僕は拡散は否定的エネルギーとして価値転換できるというのが持論なんだけど、しかし拡散状況がたえられなくなると求心的志向がおこりだしますね。ナショナルな心情の中に自分を同化させようとする欲求が出てくるわけです。自分を一体化して救済するというナショナル・センチメンタリズムみたいなものが歴史の転換期には出てくる。そこで一役買うのが天皇制なんです。もう一つは名誉心というのがあります。叙勲、あれは天皇家の握っている奇妙な武器です。文化勲章みたいなものを与える装置としてなお生き長らえているわけです。

**網野**　その辺が大問題で、世の中がいろいろな分野の方々のご苦労をねぎらうのはあたり前のことで(笑)、褒章制度そのものを否定する気はないですけども、日本の場合、元号と位階、叙勲は最初から今にいたるまで天皇とつながっていると思います。歴史家から見ると、なぜ天皇が今にいたるまでそれを包み込んでいるのかが大きな問題ですね。日本の場合、問題をはっきりさせないまま、幸か不幸かここまできていることがある。この禍いを究極的には幸のほうへ転ずるべきだと思うんです。

異化したもの、天皇に組織されていないモヤモヤしたもので、大事なものはまだまだたくさんあると思います。そういうものを本当に生かしきったときに、ここまでずっと引きずってきたマイナスが一挙にプラスに転ずるという夢を私は描くわけです。生きているうちにはそうした事態は来そうにもないという感想はもつんですけどもね(笑)。た

(12)　歌合とは歌を詠む人が左右に分かれて、お題に合わせて左右一首ずつ詠んで優劣を競う遊び。職人歌合は各種の職人が左右に分かれて、神主や勧進聖《ひじり》などの判者が優劣を論ずる形式でまとめられた作品群。さまざまな職人を和歌や絵画で紹介する職人尽《づくし》の一種。「東北院職人歌合」「鶴岡放生会職人歌合」「三十二番職人歌合」「七十一番職人歌合」などがある。

だ、そのくらいの気分であわてずにやる必要があると思います。

## 新しい歴史のイメージ

**網野** 前にふれたように、江戸時代のイメージが最近はずいぶん変わりつつある。幕藩権力はきわめて強そうに見えますけれど、それは権力的な強さだけではなくて、それを支えている社会の側のあり方があって、しかも表は専制的にみえるけれど、裏に回ると結構自由な世界があった。例えば間引きの問題にしても、単純にこれを貧窮の結果とだけいえるかということがあります。女性の地位にしても、男に押さえ付けられていただけでなかったことは確実で、意外にフリーな状況があったようなんです。そういう問題について、江戸文学の研究者としてどのようにお考えになっていますか。

**廣末** 終戦直後、近世の文学はルネッサンス的なものだという見方があって、そのあと、それに対する批判があったりしたのですが、いまの江戸ブームはちょっと危険ないやなものがありますね。高度成長的なムードのなかで発見された江戸。

私は昔、神話ブームだった頃に、もう少ししたら近世ブームになるだろうと書いたことがあるんです。ただ、いまのブームとは違う意味です。近世はもっと多義的な領域が出てくる時代、いい意味の脱構築的な要素が出てくる時代です。つまり求心的でない方向でものを捉えようとする。彼らは断片を生きていて、その断片を整合的に統合しようという意識はあまりなかったと思いますね。それは簡単に支配されないということでしょうが、おそらく上の方も簡単に支配できるなんて思っていない時代じゃないか。

女性の問題でいうと、西鶴なんかを読むと、倒産しかかると女房の持ちものに変えるというのがあるんですよ。倒産しても女房の物には借金取りも手をつけられない。ある意味では女性独自の財産権を認めているんです。

**網野**　女性史のイメージも最近はずいぶん変わってきていますし、女性が財産権を持っていることは古代以来、近世まで確認できます。ですから明治以後についても、民法の上では女性の地位はとてつもなく劣悪ですけれど、実際はどうだったのか問い直してみる必要がある。選挙権がないのももちろん大問題だけれど、日本の社会の伝統からいうと、表は男、裏は女性というのは律令制以来のことで、しかも裏では女性が結構実力を持っていたと思います。戦後につくられた歴史教育の枠は、意外に戦前以来の枠組みをうけついでいて、それがいまでも変わっていない。その枠組みを徹底的にこわすぐらいのつもりで、一人一人が仕事をはじめれば、さっき言った夢がかなう日がいつかは来ると思っています(笑)。

## 手厚く葬るべき天皇制

**廣末**　僕の場合、天皇制的といわれるものを基準に分析していくとそこに適合しないものがいろいろあって、それとの関係を明らかにしたい、そこに可能性があるという捉え方になってきていますね。天皇の話に戻ると、さっき僕は戦時中は恐怖の対象といったんですけど、逆に権力として可視的な存在である時は対象化できますよね。ところが象徴となってきますと、権力は喪失しているけれど目に見えないものがあってそれがどう働き出すかという不安が出てきます。見えない形で変身しながら生き長らえていくものを見極めなければならないということです。

よく「……れば」ということをいってはいけないと野球評論家はいうけど、僕は歴史の場合はいっていいと思うんです。絶対に必然的にこうならざるを得ないということはないんで、多義的な可能性があって、その中の何かがいろんな諸条件の中で展開したんであって、そのときに展開しなかった潜在的なものが別のときに現れてくることがあるわけでしょう。だから「……れば」を入れないで、ただ継続的につなぐ物語にしてしまうと歴史を痩せさせてしまうと思うんです。

もしいまが天皇制の問題がとっくにすっとんでいるような時代であれば、もっと自由に天皇の文化についても議論できると思う。いいものはいいとして評価できる。ところがそうでないから、これは天皇制につながるからみだりに評価してはまずいということになったり、肯定する側は天皇制肯定の論理に抱きこんで客観的に扱えない。網野さんはそうならないために実証的に見ていくんでしょうが、それにしても天皇象徴論なんていうのはなくなってしまったほうがより天皇的文化が果たした役割の功の部分も評価しやすい。だから、せめて「……れば」というところに置いてみる必要がある。

例えば文化天皇制という場合にも、日本の文化は天皇制であるのと、日本の文化の中に天皇制的文化があるというのとは違うだろうし、そして天皇制的文化というのがあったのも事実で、それが果たした役割があったのも事実です。それをそれとして肯定的に評価できる自由な場所に自分を置きたいわけです。そういう努力をしたほうがいいと思うんですけれど、危険ですかね。

**網野** いや、私は賛成ですね、日本の文化にはすばらしいところがあるわけですから、これを客観化して考えたい。客観化できるためには、前提がいるわけですね。しかしわれわれが気づいていない問題は非常に多い。この前の昭和天皇の葬式についても、あの方式が「伝統的」だとさかんにいわれたけれども、あんなインチキはないですよ。天皇の葬式は聖武から一貫して仏式ですし、近世になってちょっと違うところがあるけれども、基本的に火葬なんですね。「伝統的」であるとすればそれは天皇の称号ができる以前の伝統で、しかもそれは、なにも大王《おおきみ》だけに限定された方式ではない。それを取り込んで「伝統的」といっているわけで、こうしたことがいろいろなところで行なわれていると思います。国家神道を批判的に見ることは当然ですが、自然そのものに神を見た信仰自体をすべて否定することはできないし、その必要もない。そういう意味で問題を突き放してみることは全く賛成ですけれど、ただ、まだなかなか難しいところがある。そこをあわてて やると廣末さんのご心配のようなことがおこるのだと思いますね。

**廣末** 美意識の中に天皇制的文化の遺産というものがあると思います。しかし、そのことによって何も天皇制を護持しようということにはならないわけですよね。フランス革命みたいなことがあったところは逆に昔の宮廷文化だって評価できる、少なくとも客観的に批評しようとしてそこで論争もできる。日本はそういう状態にまだなっていないんですね。今の天皇制がどの程度われわれの意識を曇らせているか、今の天皇制を批判しなければならないという意識が先行することによって過去のさまざまな文化も坊主憎けりゃ袈裟まで憎いという形でやってしまうと、大事なものが落ちてしまう。その辺の操作が難しいけれど、これからのわれわれの仕事でそれをただ暴力的に強引に否定するのでなく、大事に取り出してきて大事に葬ってやるべきです。

**網野** その通りで、大事に葬ってやる必要があると思います。自然体で行くべきですね。私は天皇が死んだ時のテレビをわりとたくさん見たのですが、あんなのを見るのかという人もいる。しかし、見ておかなければなにがおこっているかわからないと思う。自然体で行く必要があるので、本当にすべてを知りつくした上で手厚く葬るべきです。逆に知れば知るほど禍い転じて福とする可能性が大きくなると思います。

**廣末** 文学のほうでは虚構の形をとおして天皇制を否定することは可能ですね。僕は思うんだけど、深沢七郎の『風流夢譚』(13)、あれは傑作だと思う。あれは見事に伝統にのっとって天皇を葬送している。風流なナントカ桜とか、そんな名前をつけた花火なんか打ち上げたり、盛大に祭りの儀式にのっとって天皇一家を葬っている。伝統をうまく使って天皇を葬り去ろうとしている。文学ではそういうことがやれるし、やらなくてはいけないんじゃないか、天皇には天皇の方法で消え去ってもらう方法があると思いますね。

**編集部**　最後に一つだけお聞きしますが、古代天皇制の成立は朝鮮半島からきた人たちが農耕儀礼を逆用しながらつくり上げたのではないかといわれています。天皇制そのものがはじまりから人工的で作為的だったのではないでしょうか。

**網野**　これはうっかりすると、遊女や被差別民が朝鮮半島から来たという見方の裏返しになる危険があると私は思います。日本列島と朝鮮半島との間は決して切り離されていたわけではなく非常に密度の濃い交流があった。もちろん古くから人は向うからたく

---

(13)　『中央公論』一九六〇年一二月号に掲載された小説。主人公が夢のなかで革命に出会うという内容。天皇、皇后をはじめ皇族たちがほぼ実名で登場し処刑される描写に、宮内庁や右翼団体からの抗議が起こった。掲載の翌年、大日本愛国党の元党員だった少年が中央公論社社長の嶋中鵬二宅に侵入。家政婦を刺殺し、嶋中夫人に重傷を負わせる事件へと発展した(嶋中事件)。その後、同社の過剰な自粛に対し、著名な評論家たちによる寄稿拒否などの抗議が起こった。

さん来ているし、こちらからもたくさん行っているはずで、その時期には日本も朝鮮という国もなかった。それに近代のあり方を投影して見ること自体、大きな間違いの起こる危険を持っています。天皇はやはり日本列島の畿内を中心とした首長たちが作り出した制度ですね。中国の皇帝、天子とは違う称号になっているのは、明らかに中国大陸の帝国を意識しているからでしょう。「日本」という国号も同じ構造を持っています。それを外来のものとして捉えるのではなく、まだ未開な日本社会の一部が、高度な文明的な制度である律令制を内発的な要求の中で受け入れたというところに日本の歴史の出発点での個性的な問題があると考えた方がよい。

実際当時の貴族、官人はきわめて真面目に本気で律令を受け入れたともいえるので、私はこれを単純に外来的なものとはいえないと思います。だから現在もなお、われわれはその影響をいろいろなところで引きずっている。文字の問題を考えてみても律令国家にかかわりをもとうとする人々は、女性を含めてみな漢字を一生懸命に覚えるわけです。その前提があって、仮名文字が生れ、普及していくわけですね。そもそも「渡来」というい方が「日本」「朝鮮」が早くからあったという虚構に影響されていると思いますね。人の行き来をもっととらわれない見方で考えていく必要があると思います。

もちろん、天皇が自然にいままで続いていたわけではありませんし、危機はたびたびあったと思います。特に鎌倉末、南北朝期は大きな危機で、それを強く感じていたのは、決して後醍醐だけではありません。花園天皇(14)は同時代人ですが、彼の書いたものを見ると、それまで天皇家や貴族たちができるだけ避けてきた革命思想をはっきりと主張している。天皇に徳がなければ、その「土崩瓦解」は必ず起こるだろうということを懸命に皇太子に説いているんですね。(15)後醍醐も同じ危機感から動き出すのですが、やはり彼が天皇の歴史に及ぼした影響は大きいと思います。

「皇国史観」と「南朝史観」は不可分ですし、北朝の子孫であるいまの天皇家が南朝を正統としていることも、もっと問題にしなければならない。なぜ南朝がこうした潜在的な力を持つようになったかについては、さきほどの下地の問題と関係があるでしょう

(14)　一二九七―一三四八。第九五代天皇。当時、二つに分かれていた皇統のうち、持明院統に属する。皇太子は大覚寺統で九歳年長の尊治親王(後醍醐天皇)であった。好学の天皇で、和漢の学や仏教に通じていただけでなく、和歌や絵画も嗜む文化人でもあった。幼少の頃より日記(『花園天皇宸記』)を書いており、延慶三年(一三一〇)から元弘二年(一三三二)までの二三年分が、断続的ながら残されている(網野善彦「花園天皇／悪党の群像」『人物・日本の歴史4』(読売新聞社)、『日本史大事典』(平凡社)の網野「花園天皇」の項【著作集6】参照)。

(15)　元徳二年(一三三〇)、花園上皇は、後醍醐天皇の皇太子で自らの甥にあたる量仁親王(光厳天皇)に向けて、君主としての心構えを説くべく「誡太子書《かいたいしのしょ》」(『鎌倉遺文』三九巻、三〇九三八号)を書いた。

ね。例えば南朝の皇子や天皇に関する伝説は、まだ十分に調べられていないと思いますが、これは実際に広くあると思います。そういう点をふくめて、われわれが調べて明らかにしなければならないことはまだまだたくさんあると思いますね。

高取正男◆原田伴彦◆網野善彦

# 8　中世の賤民とその周辺

**高取正男**（たかとり・まさお）　一九二六―八一。民俗学者。宗教史、宗教民俗学を専攻。京都大学文学部史学科、同大学院修了。京都女子大学教授を経て国立民族学博物館客員教授を務めた。著書に『日本的思考の原型』（講談社現代新書、のち、ちくま学芸文庫）、『神道の成立』（平凡社ライブラリー）、『民間信仰史の研究』（法蔵館）、『高取正男著作集』（全五巻、法蔵館）など。

**原田伴彦**（はらだ・ともひこ）　一九一七―八三。歴史学者。専門は都市史や部落史を中心とする日本中近世史。東京帝国大学文学部国史学科卒業、同大学院修了。国民新聞社や信陽新聞社などで勤務ののち、大阪市立大学教授、八代学院大学教授。また部落問題研究所理事、部落解放研究所初代理事長などを務めた。著書に『中世における都市の研究』（大日本雄弁会講談社）、『日本女性史』（河出書房新社）、『原田伴彦著作集』（全七巻・別巻一、思文閣出版）など。

●**初出／底本**　『歴史公論』五五号、一九八〇年六月／『網野善彦対談集』5

### 差別の発生は

原田　被差別部落史の研究はこの十数年ほどのあいだに、かなり進んできていると思います。とくに近世以降、あるいは中世と近世のつながりの部分についても研究は深められ、問題点だけは出しつくされた感がありますが、まだじゅうぶんな結論をえるまでにはいたっていない。それからもっとさかのぼって、古代・中世に関する、いわば被差別部落の前史ともいうべき部分についても研究が進められ、多くの業績があげられていますけど、ただ資料的にかなり制約があって、まだまだじゅうぶんとはいえませんし、やっと問題が整理されてきた段階だと思います。

ところで、中世の賤民について考えるばあい、中世の段階を被差別部落の前史と簡単に割り切ってしまう立場と、日本の社会の差別構造のつながりのひとつとして考える二つの立場があると思います。後者の立場に立ちますと、近世以降の被差別部落史とも関係するわけで、前史という扱いよりも中世の差別の起こりかた、ありかたが近世の部落差別に影響をもつし、つながってくるということを問題にせざるをえなくなってきます。

そこで、今日は、古代から中世にかけて、賤民身分といわれる人びとが、どこから発生してきたのか、それを発生させた原因は何なのか、そしてその賤民身分の特色は何なのかなどについて、歴史的・段階的にふれていただき、それと関連させて、賤民身分にたいする差別構造と社会一般の差別構造の共通性とちがいなどを念頭において話を進めていただきたいと思います。

で、古代の賤民身分というのは、議論の余地がないほどはっきりしてますね。しかし、それがどうなっていったのかについては、よくわからない。それが中世賤民とストレートにつながるものか、あるいはワンクッションおいてべつのものができてくるのか。このへんは学界でも問題となっているわけです。

そこで高取さんにおききしたいのですが、日本の社会で差別がどういうかたちで起きてきたのか、そのきっかけとなったのはなにか、たとえば穢《けが》れの思想とか、行刑にたいする考えかたとかがあると思いますが、そのへんのところから話をはじめていただきましょうか。

**高取**　これまで日本の民俗学は無意識のうちに稲作を前提にしてきましたけど、その稲作にもとづく日本独特の農本主義の形成と差別の問題はいつもくっついてきたと思うんです。柳田國男が(1)『日本農民史』(『定本 柳田國男集』一六、筑摩書房)のなかで、水呑《みずのみ》百姓の多いのは村方の利徳であり、採算のとれる村だといういいかたが、近世でされていたといってますね。つまり、耕地をもっていないような、もっていてもそれでは自活できないような水呑百姓は村方(村の一員)に数えないというかたちで、村そのものが二重構造になっているわけです。水呑百姓というのは村に住む農民ですけれども、祭りのときとか、田植えを手伝いにいったときしか米を食べられないような人たちです。近世になると出稼ぎの口もあるんですが、中世以前は焼畑農耕で里イモや雑穀で日常を送っている。そういう人間がいつも村の周辺に再生産されていたわけで、すくなくとも中世まではそれがふつうだったと思うんです。

で、従来の民俗学は米づくりだけに重点をおいてやってきたんですけど、米づくりにタッチせず、豊年のときは米を食べるけれどもふだんは食べない文化がおなじ村のなかに並存していたわけです。現在、たとえばモチを食べるところもあるんです。正月の三箇日に里イモを食べて、四日からモチを食べない習俗もたくさんある。つまりこういった文化と米づくりの文化とが、古代から中世まで村のなかで重層的になっていて、それが米づくりにとりこまれていく過程で差別が出てくるんじゃないでしょうか。米づくりをしていないということでね。

ですから中世の後期になると惣村《そうそん》(2)が出てきますけど、恵まれた地域の恵まれた村から成立しはじめたために、もともと差別的・閉鎖的な共同体という性格を最初からはらんでいる。せっかくつくりあげたものを他所者に攪乱されたくないというかたちのものだった。そのような村のタテマエが近世に一般化したわけです。村落における差別の構造は中世後期以来、稲作とその文化が成熟し、村落生活そのものを包みこむなかで形をなしたものではないかと思います。だいたい米づくりというものは農繁期だけに集中して労働力を必要とするものですから、その労働力を常時米づくりで食べさすわけにはいかない。だから農業の集約化が進めば進むほど、農繁期の必要労働力はパートでやりくりするかたちが出てくるわけです。つまり田植えとか草取りに水呑百姓(中世では間人《もうと》)といった人たちを使うというかたちで稲作自体の二重構造が出てくる。それで、米を食べる人間が一人前で、そうでない人間を差別するというかたちが米づくりの側から出てきたと思うんです。

**原田**　そういった水呑百姓というのは、農耕儀礼には参加できないわけですね。

**高取**　ええ、米づくりには顔を出しません。しかし畑作のほうに独自の農耕儀礼があって、これが細々と伝承されており、そのなかに米づくりがすべてを支配するようになる以前のものが、米づくり文化のかげにかくれて伝承されていたわけです。だけど近世

---

(1)　一八七五―一九六二。日本民俗学の創始者。東京帝国大学法科大学政治科卒業。農商務省法制局参事官、内閣書記官記録課長、貴族院書記官長を歴任。退官して朝日新聞社客員となり論説を執筆。その後、国際連盟常設委任統治委員会委員、枢密顧問官などを務めた。各地に伝わる民俗資料の収集や日本民俗学の体系化・組織化に努め、多くの民俗学研究者を育成した。著書に『遠野物語』『海上の道』(岩波文庫)、『定本　柳田國男集』(全三一巻・別巻五、筑摩書房)など。

(2)　本書対談6、注(25)参照。

以後、日本人の意識は畑作のほうをしだいに切りすてていきますね。とくに明治以後は完全に忘れてしまう。もちろん無意識のうちには残っているわけですけれども。

## 穢れの思想と差別

原田　それと関連して穢れの思想というものを考えたばあい、いったいどういうところから出てくるんでしょうか。やはり農耕儀礼と関係があるんですか。

高取　穢れというのはむしろ古代貴族の政治の過程で出てくる意識で、それを中世の惣村ができる段階に、中央で職を失った民間新興宗教家たちが全国を遊行《ゆぎょう》して歩きながら、村方に教えていったんじゃないでしょうか。

それまでの村方は、そういうことには無頓着にすごしていたようですけど、村自体が閉鎖性をもっているわけですから、穢れを入れてはいけないというかたちになってくるんです。たとえば死穢《しえ》の問題でも明治二〇年代の行政指導で家のそばに遺体を埋めてはいけないということを最終的にやっていますが、すくなくとも中世くらいまでは屋敷に遺骸を埋めているんですね。

原田　穢れといっても狩猟はやっているわけでしょう。そうすると、動物にたいする穢れと人間にたいする穢れというのは、かなりちがうんですか。

高取　のちには一緒になるんですけどね。だけど、たとえば一〇世紀の『延喜式《えんぎしき》』(3)には、天皇も正月の歯固《ハガタメ》の雑煮にイノシシの肉をつかっていることが出てますね。それが一二世紀の初頭の『江談抄《ごうだんしょう》』(4)には、イノシシの肉を食べたら、清涼殿には三日間出勤停止という立札があったと出ている。このころの雑煮はキジですね。それが近世初頭にはウズラが飼われるようになって、禁裏の雑煮はウズラになるんです。

**原田**　『延喜式』には、天皇が一日に牛乳を一升も飲むとか出てますね。

**高取**　それは薬として飲んだようです。

**原田**　そういう獣類と鳥類にたいするタブーはどうだったんでしょうか。

**高取**　やはり一〇世紀まではないですね。

**原田**　そうすると、神道などの穢れもやはりそのころからですか。

**高取**　ええ、そのころからやかましくなります。ところが意外に仏教が穢れにうるさいんです。もともとインドのカースト制度というのがそうなんですね。ちがったカース

---

(3)　養老律令における施行細則である式を集成した古代法典。全五〇巻。延喜五年(九〇五)に編纂開始、延長五年(九二七)に完成、康保四年(九六七)に施行された。古代中世を通じて、百科便覧としても尊重された。

(4)　平安時代後期の学者・大江匡房《おおえのまさふさ》の談話を集めて編纂された書。筆録者は不明であり、複数いたと考えられている。内容は主に貴族社会に関するものと、漢文学に関するもので構成されている。

トとはいっしょにものを食べない。これはまちがいなく穢れの思想でしょう。それで仏教自身も穢れということをひじょうにやかましくいうわけです。とくに法相宗《ほっそうしゅう》(5)がそうですね。

原田　だけどインドはヒンズー教だし、カーストというのはそもそもヒンズー教のものですね。むしろ仏教は、そういうヒンズー的なカースト制度をのりこえるものとして出てきたのに、けっきょく成功しなくてインドでは仏教が衰えてダメになっちゃう。で、そのヒンズー教のカーストの穢れの思想を、仏教が取り入れるわけですか。

高取　仏教はそれを形而上的な穢れの問題として、これを乗り越える道を考えたんですね。つまり、この世が穢れ、穢土《えど》で、あの世を浄土としたわけです。穢れをすてて浄土にいく、解脱するにはどうしたらいいのかということで、心身を浄にすべく「薫修《くんじゅ》」するということをいうんです。たとえばヨガなどをやって心身を解脱するということですね。それが日本に入ってくるとせっかくの初心が忘れられて因習に戻る部分が出てきます。

ですから思想の問題としては、仏教は飛躍したわけです。しかし思想の型としてはインド的な型のうえでの飛躍の論理なんですね。それが日本に入ってくると精神を忘れたかたちだけのものが社会的に通用してしまう部分が出てきた。

原田　なるほどね。

**高取**　せっかく仏教が穢土にたいする浄土というふうにしたのに、この世のなかに穢土と浄土をつくっちゃうんです。

**原田**　それで、この世の穢土に賤民身分をひっつけちゃうわけですね。

**高取**　ええ。仏教が厭離《おんり》穢土(6)の精神を失ったら、もとのもくあみですからね。それで法相宗では「薫修」ということをいって、身も心もきれいなものにして浄土にいけるようにするわけです。仏教というのはそういう論理なんですね。たとえば聖武天皇の詔勅で「敬神尊仏」、つまり「神を敬い仏を尊ぶは清浄をもととなす」というのが出てくるんですが、これが「清浄」ということばのいちばん最初だと津田左右吉(7)もいっています。こういった清浄の論理を仏教から学んでいるし、仏教そのものがもってきたわけです。で、寺院というのはこの世の浄土を表わすものですから、穢れたものは入ってくるなと

---

(5)　奈良時代の代表的な宗派（南都六宗）のひとつ。玄奘三蔵の弟子、窺基《きき》を初祖とし、白雉《はくち》四年（六五三）に入唐《にっとう》した道昭が、玄奘より学んで日本に伝えた。平安時代に貴族の支持を受けたが、鎌倉時代になると次第に衰えていった。法隆寺、興福寺、薬師寺などにおいて、その法脈は受け継がれている。

(6)　煩悩に穢れた現世を嫌うことを指す。「厭離穢土、欣求《ごんぐ》浄土」のように対で用いられる。「欣求浄土」は、極楽浄土に往生することを願い求めることを意味する。

(7)　本書対談7、注(1)参照。

いうことになるんです。

原田　それで『万葉集』の卑しい女は美しい堂塔のそばに寄るなといった歌が出てくる。

高取　ええ、出てきますし、僧侶は聖職者だから穢れにたずさわってはいけないということで、穢れた仕事をそういう人にやらせるわけです。ですから寺院関係で最初にそういう穢れた仕事という意識が理屈づけられたんじゃないかと思うんです。

### 古代とのつながり

原田　差別の出発点を穢れにもとめるわけではないですけど、部落差別のなかで穢れの問題が一つの大きな要素であることは事実だと思います。この穢れの思想がはっきりしてきたのは一〇世紀以降ということになっていますけど、いまのお話からすると、奈良時代からすでに仏教のなかにはそういった考えかたがあることになる。

ところで、古代の賤民身分というのは、中国の律令制を日本がまねたときに作られたものといわれていますけど、この律令下における賤民というものには、その穢れの思想にもとづく部分もあったのではないかという気がするんですけどね。律令の五色《ごしき》の賤民(8)というのは、どちらかというと技術者集団でしょう。それで技術は有能だったんだけど、職業にたいする蔑視が強かったんじゃないだろうか。

**網野**　その点どうでしょうね。いままでの通説ですと、技術者集団はむしろ品部《しなべ》・雑戸《ざっこ》(9)のほうで、五色の賤民とはずれると思いますが、その品部・雑戸を賤民に近づけて考えるみかたが支配的だったんじゃないでしょうか。

しかし、最近の脇田晴子(10)さんの研究によると、雑戸のなかにも位階をもつものがいるわけですね。そういうことを考えると、品部・雑戸を、のちの一部の職業技術者にたいする賤視とパラレルに考えて、いやしめられた存在であったとはたして考えていいのかどうか。その点についてはかなり疑問が出てきているといえますね。

そのことを中世につなげていいますと、たとえば供御人《くごにん》や神人《じにん》(11)についても、その非農

---

(8)　律令制において定められた五種類の賤民。陵戸・官戸・家人《けにん》・公奴婢《くぬひ》・私奴婢からなる。陵戸は陵墓の守衛にあたる人々。官戸は謀反人の子孫や廃疾者などよりなり、宮内省に所属して官司の雑役に駆使された。家人は代々主人の家に隷属する奴婢。公奴婢は諸官司に属してその雑役にあたった。私奴婢は家人と異なり売買の認められた奴婢。

(9)　ともに律令制下において諸官司に配属された技術集団。租税の一部または全部が免除される代わりに、官衙《かんが》における技術労働や、定期的な技術生産物の貢納が求められた。品部は奢侈物生産や特殊技能に関わり、雑戸は軍事に関わる技術集団であった。両者ともに身分上は良民であるが、品部が一般戸籍であるのに対し、雑戸は雑戸籍という特殊な戸籍に登録された。

業的な職能のゆえにずっと差別の対象になってきたとみる説もありますけれど、すくなくとも鎌倉・南北朝期ごろはどうもそうとはいえないのではないか。これらの人たちはむしろ課役、交通税免除などの特権を持っていたし、やはりその主だった人は官位をもっていたと思うんです。

そのようなみかたに立って古代の奴婢《ぬひ》を賤民と位置づけたことの意味をもういちど考えてみる必要がある。つまりそれを、近世以降の賤民にたいする差別とストレートにつなげることが、はたして妥当なのかどうかという問題になると思うんですね。古代の奴婢を良民にたいする賤民というかたちでとらえたことに、どういう意味があるのかということをあらためて考えてみなくてはならないと思います。

**原田**　なるほど、その点は重要ですね。

**網野**　古代史は専門ではないのですが、古代の社会での賤民は、良民がとうぜん負うべき義務を負わないし、逆に権利もないわけです。たとえば軍役などは義務であると同時に良民の権利でもありますし、調庸もやはり共同体の成員であればとうぜん負うべきものですよね。賤民はそれを負う資格のない人間なんです。なぜそうなるのかについてはいろいろな原因があるのでしょうが、ともあれこの点が律令国家の身分秩序のなかで、賤と良とを区別する基準となっていたのだと思います。

中世でも、供御人や神人は、古代の良民にあたる平民とくらべて、やはり課役の負担をしていない。しかしそれはむしろ意識としても、また実態としても特権的なものなんですね。この点は品部・雑戸についてもおなじようなことがいえるのではないでしょうか。ただ、下人《げにん》や所従《しょじゅう》(12)のばあいは、まさしく負担から排除されていますね。これは古代の賤民とおなじなのだと思います。賤民を国家あるいは社会のなかで位置づけるばあい、そうした点にひとつ問題があると思うんです。

---

(10)　一九三四―二〇一六。歴史学者。専門は日本中世史。神戸大学卒業後、京都大学大学院へ進学。京都橘女子大学助教授、同教授、鳴門教育大学教授、大阪外国語大学教授、滋賀県立大学教授、石川県立歴史博物館館長などを歴任した。一九七七年に女性史総合研究会を発足し、二〇〇五年には女性史学賞を創設するなど、女性史の発展に寄与した。二〇一〇年に文化勲章を受章。著書に『日本中世商業発達史の研究』（御茶の水書房）、『日本中世女性史の研究』（東京大学出版会）、『日本中世被差別民の研究』（岩波書店）など。

(11)　供御人は天皇の直属民としてその飲食物（本書対談2、注(15)参照）等を貢納する人々のこと。また神人は神の直属民として神社に供祭物などを奉献する人々。ともに職能（芸能）を通じて、天皇や神仏に奉仕する聖別された存在である。彼らは国衙《こくが》に登録されて給免田を与えられた領主であり、天皇や神仏の権威のもとに自由通行権などのさまざまな特権を有していた。また網野は西国における武士も、「武」を芸能とする職能民であり、供御人・神人と同質であったとする。そして南北朝期の動乱を境に、天皇や神仏の権威の著しい低下が起こるとともに、神人という地位そのものの魅力も急速に失われていったとした。

それから、さきほどの高取さんのお話に関連することなんですが、神人や供御人のような技術者集団は、水田とあまりかかわりがないし、農業についても多少はやっているとしても、生活の中心はそちらにはないといっていいわけです。そのことをふくめてたしかにいままで、日本の社会を考えるばあい、あまりにも水田中心に考えすぎていたというのはまったく同感ですね。

たとえば、中世の平民が負担する年貢を調べてみますと、全国のなかで、米が圧倒的に多いというわけじゃないんです。むしろ絹・布とか、鉄や金だとか非水田的な産物のほうが全体としては多いといってもよい。にもかかわらず、年貢というとすぐ米と考えがちなのは、けっきょく水田が年貢の賦課の基準になっていて、ひじょうに制度的な地種であり、共同体のなかでも「ハレ」の世界でのものだから、いままでなんとなくそう考えてきたのだと思いますが、事実はまったくちがいますね。

**原田**　そうでしょうね。江戸時代に米を現物で年貢にとるようになってから、米がクローズアップされるわけでしょう。それまでは、年貢としての米は支配階級が食べるだけの飯米があればいいわけですから。

**網野**　ええ。もちろん農村だってお祭りのときなどは米を食べているでしょうけど、平民の日常生活では、粟《あわ》や稗《ひえ》やイモなどの畠作物が大きな意味を持っていたと思われますので、やはり実際は従来考えられてきたこととは、だいぶちがうんじゃないかという気がしますね。

**原田**　ただ思想としては、米の生産や流通からはずれたものは、社会のアウトサイダーの扱いをうけるようになってしまいますけどね。

**網野**　ただそれが中世以前の段階で、庶民のレベルまでいえるかどうか。たしかに古代の支配者は水田しか土地制度に入れていないわけですし、中世でも水田はあくまで、年貢の賦課基準として基本的な地種とされているので、そこに日本の国家、民族のありかたのひとつの特質があるといってもよいかもしれませんが、しかし一般庶民の生活レベルのなかで、そういう米や水田から除かれたものをすぐにいやしむという気持ちが、中世前期あたりまであったかどうか、そのへんは疑問だと思うんです。さきほどの話のように天皇だって牛乳を飲んでいたわけですからね。

また塚本学[13]さんによりますと江戸時代だって犬を喰っていますし、庶民のレベルで動物との接触を穢れと考える意識がどのへんからはじまったかということを、もっと歴史

(12)　中世において、寺僧・貴族・武士・上層百姓などに従属する隷属民であり、主人の固有財産として譲与・売買の対象となった。年貢の未納や借財などによって身を売った(売られた)者と、譜代の者とがいる。下人と所従は同義であるが、地頭の隷属民を所従、百姓の隷属民を下人と区別する事例もある。網野は彼らを人格的に隷属させられ、公的負担から排除された奴隷・賤民とした(網野『蒙古襲来』【著作集5】など参照)。

的に考えていく必要があると思うんです。

**原田**　その必要がありますね。それから、農耕や共同体から疎外されていった人びとが、一種の違和感をもってみられるわけですが、この人たちはいわば渡り者ですね。これに馬借《ばしゃく》・車借《しゃしゃく》[14]なんていうのも準じていくのでしょうけれども、とにかく移動していく連中は悪しき者だというみかたが出てくる。しかし井上鋭夫《としお》[15]さんの一向一揆に関する戦国期の渡り者の研究などをみると、中世にはそういうみかたはあまりなかったようですね。

**高取**　むしろ一種のオルガナイザーのような役としてみられていたようですね。

**原田**　そういう渡り者たちが真宗との関係で、江戸時代の被差別部落形成の契機になってくるという学説も最近出されているんです。つまり、農耕社会では、手足を使ってやる商売を低くみる、あるいはちがったものとしてみるわけですが、こういう賤視的なみかたというのはやはり鎌倉時代からでしょうか。

**網野**　いや、室町以降じゃないですか。まだ鎌倉の段階では、移動するから賤視するというよりも、むしろ自由に移動できるというのは、きわめて重要な特権なんだと思いますね。ただ、そういった室町以降に出てくる賤視の根をたどれば、いろいろ問題は出てくると思いますが、そういう賤視の観念が庶民の世界に定着する方向へ向かっていったのは、やはり室町以降じゃないでしょうか。

## 差別の元凶は米づくり

**高取**　差別観念の定着化ということについては、さきほど穢れの問題で、日本に入ってきた寺院の独特の論理から清めが出てきたといいましたが、もうひとつ米づくりに関

(13)　一九二七—二〇一三。歴史学者。専攻は日本近世史。東京大学文学部史学科卒業後、愛知県立高校教諭を経て、信州大学教授、国立歴史民俗博物館教授を歴任。網野とは東大文学部史学科の同期。『列島の日本史』誌の編者を網野とともに務めた。著書に『生類をめぐる政治』(平凡社選書、のち講談社学術文庫)、『近世再考　地方の視点から』(日本エディタースクール出版部)、編著に『村の生活文化』(中央公論社)など。

(14)　馬借は馬、車借は牛車を用いて、京都周辺の河・海・湖を結ぶ短い陸の道で、年貢・商品の輸送を担う職能民。網野は天皇家・摂関家の厩に所属し、神人・供御人制にかかわる職能民ではないかと推測した。また一四世紀を越える頃には「畜生」である牛馬を扱う職能民として賤視の対象となっていったとした(網野『日本中世の百姓と職能民』【著作集8】、「中世前期の都市と職能民」『日本の中世6　都市と職能民の活動』【著作集別巻】参照)。

(15)　一九二三—七四。歴史学者。専門は日本中世史。東京大学文学部国史学科卒業。新潟大学教授、金沢大学教授を歴任。一向一揆の研究において大きな足跡を遺した。著書に『本願寺』(至文堂、のち講談社学術文庫)、『一向一揆の研究』(吉川弘文館)、『山の民・川の民』(平凡社選書、のち、ちくま学芸文庫)など。

連していいますと、筋目という問題がありますね。スヂがいいとか悪いとかのスヂです。そのスヂというのはじつは種もみのことなんです。スヂダワラというのを正月に飾って年神を祀るわけですけど、そのスヂダワラをもっている家が筋目のある家ということになるんです。

これは現在のように筋を系譜とか系図とか抽象的にいっているのではなくて、ひじょうに具体的なんですね。だから筋が悪いということばはなくて、スヂがある、スヂがいいということがまず第一にあるわけです。それで、スヂダワラをもっている家というのは定着しており、種もみをもっていますから、昔でいう種子農料を支給して、人を集めてきて田んぼを作るわけです。集められる人間は出たり入ったりしますが、種もみをもっている人間はデンと動かないわけです。

で、大昔には種もみは郡衙《ぐんが》(16)の正倉《しょうそう》とか荘園の倉庫に納められましたが、やがて田堵《たと》や名主《みょうしゅ》(17)とよばれる階層がもつようになる。そして、だんだん種もみをもつ人間が増えてきて、惣村の段階になると種もみをもつ人間のほうが多数派になるんですね。そうしますと意識の質的な変化がおこり、種もみをもっていない人間は、スヂのない人間だということで排除されるようになって、そこで差別観念の定着化がおこったのではないかということなんです。ですから鎌倉のころはまだ、種もみをもっている人間のほうが少なかったんじゃないか……。

**原田**　それはおもしろい考えかたですね。いまの部落差別でも筋が悪いっていうんですよ。だけどその筋がいったい何なのかということは、だれもよくわかっていない。ばくぜんと、とにかく筋が劣っていると考える。それからそれにひっかかって朝鮮人は筋が悪いという考えかたが明治から加わってくるわけですけど。

**高取**　つまり筋というのは、系図の線ではない。種もみをもっているかどうかということで、家筋とか血筋とかいうことばは、むしろあとから出てくるんですね。で、その種もみを夫婦の寝室に置くんです。(18)かたちからいうと平安時代に三種の神器のうちの神璽と宝剣が清涼殿の夜御殿《よるのおとど》に置かれていたのとおなじで、そこがもともと家

(16)　律令制下における地方行政単位である郡の役所。郡衙には正殿などの郡庁のほか、郡で徴収した正税などを保管する正倉などが設置されていた。

(17)　田堵とは平安時代中期に荘園や公領の田地を請作《うけさく》する者。原則として一年間限りで、未墾地や荒廃地などの開発のために徴募された。名主とは荘園・国衙領における徴税の最小単位である名の納税責任者のこと。当初、田堵は各地の荘園・公領を請作するため移動・遍歴していたが、荘園・公領の支配者による安定的な税収への期待のため、名主として取り込まれていった。

(18)　西日本では種もみ俵を寝室である塗籠《ぬりごめ》(納戸)に置き、正月になると松飾やお供え物をして祀る風習があった。これは納戸(寝室)が生殖・再生産の場であり、神が宿る場と認識されていたためと考えられている。

のなかの聖なる場所だったからだと思います。

原田　カマドとおなじように、聖なる場所というわけですね。

高取　ええ、もちろんカマドもそうですが、むしろ寝室のほうが聖なる場所の意味あいが強かったんじゃないかと思います。

原田　カマドのばあいは、むしろギリシア・ローマなどの西洋的なものですね。

高取　そうですね。で、春先になると、苗代に納戸から田の神さまを迎え秋の終わりに、種もみの俵になって納戸におさめるという習俗があちこちにあるんです。

原田　そうなると、差別の元凶は種もみだな。

高取　米づくりなんですよ(笑)。とにかく日本のばあいは、いいことも悪いことも、みんな米づくりから出ている。

網野　日本人と米というのは、とにかく切っても切れない関係にあるわけで、満州開拓に出かけていっても日本人は米をつくるわけですね。それぐらい米というのは魅力があったということでもあるんでしょうけど、米と水田は本来、ハレの世界のもので、日本のばあいにはきわめて支配者的な性格を持つものだったような気がするんですが。

高取　それだからこそ逆に、満州へ行ってまで米をつくらなければおさまらなかったわけで、それほどに米はひとつの権威の証明だったといえましょうね。

## 清目と差別

原田　そうしますと、差別の観念とか意識の流れとして、一つは穢れの問題、もう一つには米の問題が出たわけですが、どうでしょうか、これは結びつきますか。

高取　私は米がもとにあって、それを理屈づけるのに、穢れとか、あるいはいろんなイデオロギーがくっついていったんじゃないかと思うんですが。

網野　すこし話がずれるかもしれませんが、「清目《きよめ》」[19]ということばも、鎌倉のはじめごろはべつに差別語じゃないんですね。たとえば主殿寮《とのものりょう》[20]の官人が、自分の職掌は殿上の「清目」にあるといってますが、そのばあいの「清目」は掃除の意味をふくめてまさに清めるという意味しかないんです。それが差別語として定着してくるのはいつごろかという問題がある。また散所《さんじょ》[21]ということばにしても鎌倉時代までは賤視の意味は入ってい

---

(19)　死、罪、災いなどの「穢《けがれ》」を祓い清めることを職掌とする人々で、刑吏・掃除・葬送・斃牛馬《へいぎゅうば》処理・皮細工などに携わった。給免田を与えられていたことが確認されており、身分的には神人・供御人（前掲注(11)参照）と同じ職能民に位置づけられる。また河原人や河原細工丸などの河原者（後掲注(24)参照）が清目を名乗っている事例もあり、両者は同一とも考えられている。

(20)　律令制下における官司。宮内省に属して、宮中の掃除・灯燭・薪炭などを司った。

(21)　本書対談5、注(1)参照。

ない。やはりそれが出てくるのは室町以降のようですね。

それからゲザイ(22)という鉱夫のことをいうことばがありますね。それが明治のころ「下罪」という字があてられている。これをある歴史学者が、囚人労働だから「下罪」と書いたといってますが、江戸時代には「下在」とか「下才」という字をだいたいは当てているんです。

原田　江戸時代は「下財」ですね。

網野　ところがこのことばの源流をたどっていきますと、「身体の外の財産」というのがほんとうの意味なんです。だからこれは職人の芸能と不可分の関係にあるんですね。たんに鉱山労働者や技術者だけじゃなくて、「内財」つまり家のなかの財産にたいする外の財産なんです。ですから供御人の課役は「外財」に賦課する課役なのだというようなことも出てくるわけです。

原田　それはいつごろですか。

網野　鎌倉時代ですね。つまりこのころは、「外財」で、なんら差別的な意味はないわけです。ところが室町以降になると、「下財」「下才」という字もつかわれ、いやしめる意味が入ってきて、特定の鉱夫という職業だけに、このことばが使われるようになる。これは散所のばあいもおなじで、もともと散所御家人とか散所召次《めしつぎ》のように、賤視の意味はなかったと思いますが、室町期以降、散所非人にもっぱら使われるようになり、その段階になってはじめて賤視の入ったことばになる。これは脇田晴子さんのいわれるとおりだと思います。それから「当道《とうどう》」[23]ということばがありますね。

**原田**　盲人のばあいにも使いますね。

**網野**　ところが鎌倉時代では、これは「道々の輩」らが自分たちの道をいうときのことばなんです。それがやはり江戸時代には特定の職掌のことばに分化・定着していくわけです。このことばの変化の裏にはずいぶん大きな社会的な転換があったと思うんです。つまりさきほどの農耕のなかの水田と畠・畑、あるいは農業と非農業という、日本人の生活のいちばん基本的なところでのかなり大きな変化があったんじゃないか。鎌倉と室町のあいだぐらいの時期にですね。それがおそらくいまの穢れの問題ともつながるし、また米の問題とはまちがいなくつながってくると思うんですが……。

**高取**　それから「穢多」[24]ということばが出てくるのもその時期ですね。

**網野**　ええ、鎌倉の末からですね。ただそれが定着するのは南北朝期以後からだと思

---

(22)　外財・外才・外在・外材・芸才・解才・下在・下財などと書き、中世において遍歴の職人・芸能者・細工人などを指す。近世には鉱山労働者を意味するようになった。

(23)　室町時代以降、幕府公認の盲人技芸者による職能団体。琵琶・三弦・箏・鍼灸などの職業を専有した。内部には検校《けんぎょう》、別当《べっとう》、勾当《こうとう》、座頭の四つの官位があり、さらにそのなかで細分化されていた。本来、当道とは自らの学芸・技芸の道を指していた。

うんです。これは、差別の問題を考えるうえで、ひじょうに大きな問題になるのではないでしょうか。

### 生活のちがいと差別

網野　それから、いままでの差別問題のとりあげかたで、被差別民対一般の人という考えかたがあると思いますが、どうもそれが気になっているんです。というのは一般の人のなかでも、たとえば日本を東と西に分けて、田畠のありかたとか社会的な慣習などの問題を考えてみると、大げさにいえば「民族」がちがうといっていいほどの生活や習慣のちがいがあると思うんです。ですから、日本は最初から単一民族だという観念を、いちおうとっぱらってみる必要があると思うんです。一般人を被差別民にたいしてひとしなみにしがちだけど、それ自体はきわめて多様なわけですよね。それとおなじように、被差別部落のありかたにしても東と西ではずいぶんちがうわけで、そこにも、東と西の、民族的といってもいいくらいのちがいからくる問題を考える必要があるのじゃないか。青屋[25]は西では差別されるけれども東ではされないですね。

それから差別の要因についても、遍歴からくる差別、穢れからくる差別、根拠のない「異民族」(たとえば朝鮮人)ゆえの差別、それから技術・職掌からの差別、課役を負担しないことからくる差別などひじょうに多様ですよね。これをたんに「被差別部落」として、ひとしなみにまとめたり、一つの要因だけに、差別の原因を求めるのではなくて、もっと相対化してみる必要があると思うんです。とくに歴史学の問題としてはですね。

**原田**　そうですね。いわゆる方言の「京へ筑紫に坂東さ」というくらいの、かなりのちがいといった問題はありますね。

**網野**　やはり穢れの問題、農耕化の問題に加えて、広い意味での「民族」の問題との関連を考える必要があると思うんです。これは短絡的にとらえるとまちがいのもとにもなるわけですけど。つまり逆にいえば、いままで「民族」の問題を差別の問題についての

---

(24)　江戸時代に幕府による被差別身分の呼称として制度化されていたことで知られる。その起源については、鷹の餌を捕るエトリであるとする説があるが、必ずしも定説にはなっていない。網野は河原人・河原細工丸、つまり南北朝期以降「河原者」と呼ばれる人々に対する蔑称として、穢多の呼称が生まれたとする。河原人・河原細工丸は給免田を与えられて、主に斃牛馬の処理のため、その皮を剝いだり、内臓から薬とされていた牛黄《ごおう》(胆石)を取る職能民であった。室町時代には禁裏・公家・武家・寺社などの作庭(本書対談2、注(14)参照)も担うようになるが、それは自然の改変によって生じた「穢」を清めるためであり、河原者はそうした清めの力を持つ者として、人々から畏れられる存在だった(網野「遊女と非人・河原者」【著作集11】、同『歴史を考えるヒント』新潮文庫など参照)。

(25)　藍染屋。穢多・非人同様に賤視された。近世には京都町奉行に属して、牢番や掃除などにも従事した。東日本でいう紺屋《こうや》にあたるが、東日本では賤視されていない。

考えることは、忌避される傾向があったわけですが、しかしいわゆる日本民族のほうを多元化してしまえば、これまでの「民族起源説」はもちろん成立しなくなるし、同時に差別の問題と「民族」の問題との深いところでの関係を考える道がひらけてくると思うんですね。

**原田**　つまり、日本が単一民族であるという前提をもういちど考えなおすということですね。

**網野**　ええ。そうしてみれば被差別部落の問題もいろんな意味で相対化できる。

**高取**　それは民族というよりはむしろ文化といったほうがいいんじゃないですか。民族というと、そのことばが逆に枷《かせ》になるおそれがあると思うんです。ですから文化ということでみて、たとえば主食にしても米ばかりではなくて、ハレの日にはさまざまなかたちで小豆を食べますね。小豆のあんは甘いから食べるのではなくて、やはり小豆の味が忘れられないんですよ。その小豆は焼畑作物ですね。このようにわれわれのもっているもの――文化は、大昔にさかのぼっていくと、ぜんぶ平等なかたちで先が割れていくわけです。

それらがいまのようなかたちで米を中心にまとまりはじめたのは室町時代ぐらいで、畿内から普及しだして、元禄期ぐらいに全国化してくると思うんです。

**原田**　けっきょくたんなる区別であったものが、ある特定の人びとに不利益や損害を与えるようになるのが差別だろうと思うんですけど、そういう意味ではなんでもかでも差別しようと思えばできるわけですよ。

従来の被差別部落史の研究は、差別的状況を追跡していくために、なにかちがったもの、不利益を与えられたもの、異端視されたもの、アウトサイダー的なものをぜんぶ差別と考えていましたから、供御人なども被差別民にしてしまったりしたのには私などにもいささか責任があると思っています。でも、たしかなところでは中世後期では獣の皮を扱っているもの、それから魚貝類を扱っているものが、あきらかに賤民視されてますね。それからイノシシの肉を扱っているようなのは、それほど賤民視されていない。

**網野**　魚貝類のばあいはどうでしょうねェ。魚貝のばあいは、鎌倉時代から室町時代になっても、とくに賤視されていないように思えますけど。たとえば堅田《かただ》の鴨社の供祭《くさい》人《にん》[26]になった人たちをもともと統轄していたのは、御厨子所《みずしどころ》の膳部《ぜんぶ》[27]で下北面[28]らしいんですね。それから琵琶湖の粟津橋本供御人[29]を統轄しているのも、やはり御厨子所預《あずかり》で御家人なんです。ですからすくなくとも鎌倉期には、魚貝を扱っているだけで差別されると

(26)　供祭人とは神人の一種で、供菜人とも書く。供祭物(供菜物)として真菜《まな》(魚)を神社に奉献し、漁撈権や自由通行権などが保証されていた。堅田(現・滋賀県大津市)は賀茂御祖神社(下鴨社)に供祭物を納める御厨《みくりや》で、のちに延暦寺の荘園となった(網野善彦「近江国堅田」『日本中世都市の世界』【著作集13】参照)。

いうことはないと思いますね。室町期でも魚貝は皮にくらべると差別はなかったんじゃないですか。

原田　そうだとすると、これまでなまぐさものを扱っているのが賤民だと考えて、とうぜん供御人も賤民に近いものだというようにみていたわけですけども、これはもういちど考えてみる必要がありますね。ただ、私は中世の職人や商人、それも問屋じゃなくて行商やそれに類している下層のものは賤民身分に近かったという考えはあまり修正しなくてもいいと思うんですが。

網野　それも職人のなかのある部分でしょうね。室町期以降についてはよくわかりませんけど。

原田　「職人歌合《しょくにんうたあわせ》」(30)などで、あきらかに賤民とみられていたものに対比されている商人や職人などは、ほとんど賤民に近かったといっていいように思うんですけどね。

網野　「歌合」のなかでそれを区別するばあい、ひとつの大きな要素は服装ですね。いまでも服装を通して区別、あるいは差別をすることがしばしばあるわけですから、ましてやあの時代なら、もっと重大な意味をもっていたと思うんです。われわれが「歌合」をみても、そのちがいというのは、かなりはっきりわかりますね。

ただ、たとえば鋳物師《いもじ》などは弾左衛門《だんざえもん》(31)の配下に入っているとした偽文書もあるわけですけど、けっして賤民ではなかったと思いますし、江戸時代になっても、被差別部落民のなかには入っていないと思うんです。そのように、「職人」のかなりの部分が差別の対象ではなかったわけで、だからどんな職人が差別の対象になっていたかをもういちど深く検討する必要がある。

ただ、だいじなことは、中世前期でも「職人」は課役を負担しないというところに、

(27)　御厨子所は令外官《りょうげのかん》のひとつ。宮内省内膳司に属し、蔵人所の管轄下にあった、天皇の飲食に供する食膳を司る所。諸国の御厨は御厨子所に属し、供御人の多くがその支配下にあった。膳部はその役職のひとつ。

(28)　北面の武士のうち、四位・五位などの諸大夫を上北面、六位以下の侍身分を下北面という。北面の武士とは院の御所の北面の詰所に祗候する院直属の武士。院政を開始した白河院によって組織された。

(29)　粟津御厨・橋本御厨(現・滋賀県大津市)を拠点にして、宮内省内膳司に属する供御人。京都六角町に店舗を構えて魚介類の販売を行っていた。

(30)　本書対談7、注(12)参照。

(31)　江戸時代に江戸に拠点を置く、関八州ならびに伊豆一国、甲斐・駿河・陸奥の一部に住む被差別民を統括する穢多頭。江戸時代初期は日本橋に拠点を置いていたが、やがて浅草に屋敷を移した。享保年中には非人頭の車善七との裁判に勝ち、非人も傘下に収めるようになった。江戸時代以前からの由緒をもつものの、いずれも確証はなく、その権力の起源は不明である。

身分としての特徴がありますね。これはもともと、自由通行権とおなじく特権だったと思うんです。この特権はずっとあとまでつづくわけですが、室町時代には、あるばあいその点がひっくりかえって、逆に差別の原因となりうることを考えておく必要がある。平民が、あの連中は自分たちとおなじように課役を負っていないのだといいだして、差別視するばあいがあるんですね。ですから、職人が現実にはすべて差別されたわけではないんですが、こうした平民の気分が、職人の一部を差別するときの根底にあるのではないか。そのことをもっとあきらかにすれば、被差別部落形成史のなかにある、職業起源論を克服する道もひらけるのじゃないでしょうか。

## 塩と差別

**原田**　そのへんから考えていくと、塩などは清めと関係あるんですが、塩を扱うのはそんなにいやしい職種じゃないでしょう。

**網野**　非人が塩を扱っているケースはまちがいなくありますね。『年報中世史研究』の四号〔「非人と塩売」【著作集11】〕に紹介しておきましたが、たしかに非人が塩を売るのは清めと関係があると思いますけど、だからといって塩売りがすべて非人だったとは、すぐにはいえないんじゃないかとも思うんです。鎌倉時代には、百姓も塩を売っていますからね。

ただ有名な山椒太夫のように、塩売り・塩焼と散所はつながりをもちますし、畿内近辺の塩売りのばあい、かなり非人が扱っていたと思いますが、しかし、史料がひじょうに少ないですね。塩座(32)といわれていたものと、非人がどのような関わりをもっていたか、一方には非人の塩売りの座もあきらかにあるわけだし、それがどう関わっていたかといった角度からの研究を今後する必要があると思いますが、まだやられていない。

**高取**　村では、塩売りというのをひじょうにマジカルな力のある商人として扱っているんです。たとえば、育ちの悪い子を塩の荷物の上にのせて隣の家まで運んでもらうとか、名付け親になってもらうとかですね。つまり常民(33)とはちがう、マジシャン類似の特別の人として扱われているわけですから、それが逆転すれば、差別になる可能性は、な

(32)　塩や塩合物《しおあいもの》(塩魚・塩干物)を本所に公事《くじ》として納めることで、それらの独占販売を許可された集団。

(33)　民俗を伝承してきた人々を指す言葉であるが、その定義については一致を見ない。初期の柳田國男は山人に対する平地人を指し、渋沢敬三は「コモンピープル」の意味で使った。網野は彼らが「常民」の語を使った背景に、「庶民」「百姓」などの手垢のついた語を避けたかったこと、また歴史学と異なり容易に変化しない人々の生活を探究する民俗学を目指すのに「常」の字が適合したこと、などがあるのではないかと推測した(網野『歴史を考えるヒント』新潮文庫)。

くはないでしょうね。

網野　鎌倉期の非人は、「清目」が基本的な職掌になっていると思うんですが、掃除だけでなく、葬送にもたずさわるとかいろいろなことをやっている。大山喬平さんがそれをあげていますが、この時期には、そのそれぞれが職掌として分化していないんじゃないかと思います。これは鋳物師でもおなじですね。タテマエは鋳物師で、それがおもな生業なんですけど、じっさいには絹や米・麦なども売ったりしているんです。要するに、鎌倉期の職人、供御人や神人は表に出している看板はあるけれども、じっさいにはかなりべつのこともやっていて、まだかなり未分化な状態にあるんじゃないか。そういった意味で、非人も「清目」が看板になっているわけですけど、葬送だけをやるとか、もっぱら土木工事をするとか、掃除専門とかいうほど機能分化はしていなかったんじゃないかと思いますね。

しかし、鎌倉後期に入るとそういう機能がだんだん分化しはじめて、室町期になると、五カ所・十座の声聞師《しょうもじ》とか、河原者《かわらもの》、廟聖《びょうひじり》(34)というように、非人の職掌がいくつかに分化してくる。その過程で塩売りもその一つとして分化してくることはじゅうぶんありえますね。

原田　「御伽草子《おとぎぞうし》」のなかにも『文正草子《ぶんしょうぞうし》』でしたか、塩売りの話がありますね。ただあれは身分上昇の脱賤化の過程の物語ですけど。

**高取**　たしかに村を歩いてみると塩浜は別扱いですね。漁村のなかに点々と塩を焼く部落がありましたが、だいたい宗旨もちがう。浄土真宗が多いんです。たとえば若狭あたり、被差別部落じゃないけど、一段下にみられていた。

**網野**　若狭には塩師が出てきますが、あれはかなり動きやすい性格をもってますね。

**高取**　そうですか、それが定着したんでしょうね。あとから定着した可能性はあるかもしれませんが。

**網野**　江戸時代になるとはっきり塩師として区別されて出てきますね。田烏《たがらす》のそばの須浦というところですけど。

**高取**　田烏は漁村ですが、その近くで塩を作ってましたね。

**網野**　ただ塩づくりそのものが差別されていたというわけじゃないと思うんです。塩は年貢にもなりますし、平民がつくっているのがむしろ一般的なわけですからね。

**高取**　あとから複合的に出てきたんじゃないかという感じがしますね。近世に定着的な村をつくっていくときに、村の格式というのが出来てきますから。

---

(34)　声聞師は家々の門前で卜占、読経、曲舞《くせまい》などの芸能を行う人々で、室町時代以降に見られる。河原者は河原に住む人々で皮革産業、死体埋葬、清掃、染色などに従事した。また寺社などの作庭も河原者が担った(前掲注(19)(24)参照)。廟聖は三昧聖《さんまいひじり》、隠坊《おんぼう》ともいい、埋葬・墓守に従事する人々を指す(後掲注(38)参照)。

## 立地と差別

原田　いままでのいろいろな話から考えて、だいたい鎌倉末期から南北朝期がひとつの転機になっているような感じがしますね。古代の賤民制と中世の賤民制とは、差別の意識とか社会構造などは変わらないけど、直接にはつながらない。その意味では古代の賤民身分と中世の賤民身分はいちおうべつのところから出てきたと考えていいのかという問題になる。もちろん個々のケースをたどっていけばつながるものも出てくるとは思いますけど。

そこでひとついえることは、古代の賤民は法制的身分だけど、中世の賤民はモヤモヤした社会的身分で、習俗的・慣習的なものだということですね。これは大きなちがいだと思います。それとおなじように中世と近世の賤民を分けるばあいも、近世のほうはあきらかに法律上の身分なんで、そこを重視する必要があると思うんです。だからいまの被差別部落を問題にする観点から部落史というものを考えたばあいには、やはり近世初期につくられた賤民の身分制度を重視する必要がある。たしかに個々人の系譜や立地的な系譜をたどっていったら、中世から古代までつながるケースはあると思いますけど、しかし、社会的な系譜からみたら、中世の賤民身分が、近世の賤民身分として法制化・制度化されたとはいえないんじゃないかと考えているんですが。

**網野**　しかし、近代以降は、すくなくとも制度的には被差別身分はなくなっているわけですね。ところが現在でも被差別の問題は解消されていないわけで、これはやはりある種の習俗のなかに存在している差別を考えなければ解決できない問題です。こういう視角から考えると、近世のばあいでも法制面に出てくる差別だけが差別だったのじゃなくて、習俗的にみて、いろいろな多様な要因による差別もあったんじゃないか。だから被差別部落の問題は、もちろんそうした習俗を利用した支配者側の意図をふくめて、そういう問題を全体的にとらえて解決していかなければならない段階にきていると思うんです。

ですから、つながらないといえば、それぞれ個々の要因に即して、時代によって切ることはできますけど、しかし習俗の問題ということになると、個々の系譜がつながるつながらないという以前に、やはり習俗そのものが形成されていく過程を考えていくために、やはり古代、中世からの連続性を考えざるをえない一面があるわけですね。その時代時代の支配者の意図はもちろんそこに入りこんでいるわけですし、それは古代・中世・近世・近代という時代区分に即して、その独自なありかたを考えてみる必要はありますが、その根底にある習俗も同時に考えなくてはならない。

たとえば、いま原田さんが「立地」ということをいわれましたが、たしかに近世以降に被差別部落ができる特有の場があるわけです。その場の歴史を考えてみますと、たとえば河原のばあい、鎌倉以前でももちろんいろいろな穢れを清める場であったり、あるいは皮などを処理する場であると同時に、高札が立つのは河原ですね。二条河原の落書のような痛烈な諷刺をもった落書が貼り出されるのも河原です。猿楽などの芸能のおこなわれるのも河原。とすると、河原というのは差別される場というだけでなくて、芸能や強烈な諷刺を生みだす場として積極的な意味をもっていたわけです。それが近世のほうからみると、河原者・河原乞食などといって、そこにいるだけで差別の対象になっているのだと考えてしまうわけです。ですが河原のはたした役割というのはたしかにふつうの場とは異質だけれども、もっと積極的な意味があったと思うんです。

たとえば市なんかができるのも河原がひじょうに多いし、川の中洲なども市が立つのにちょうどいい場所です。それが都市になった例がヨーロッパにはありますし、日本でもありうると思うんです。そう考えていくと、被差別部落の存在する場として近世以降に特徴づけられる場には、たしかに特異性はありますけど、その意味を歴史的に考えれば、むしろ逆転した積極的な意義が出てくることもあると思いますね。その意味で制度上の問題ももちろんひじょうに重大だと思いますが、それだけではなくて、もっと習俗の問題として、部落史を古代のほうからもういちど実証的に洗いなおしてみるという作業が必要じゃないかと思うんです。

**原田**　たしかに戦国期までの河原は、プラザ(広場)なんですね。それが江戸時代になって、プラザに住んでいた人びとを村や町の周辺に追いやったということはいえる。

**高取**　河原とおなじように山の隠田《おんでん》村(35)も幕藩制になると体制に組みこまれていきますね。それまではあそこも作り穫りの勝手なところですから、米をじゅうぶんに食べようと思わなかったら、暮らしやすいところだったんじゃないでしょうか。

**網野**　〝なぎさ〟や浜もおなじようなところですね。

**高取**　そうですね。けっきょく、かつては条里制にくみ入れられた土地のほうが少数派だったのが、室町時代ぐらいになると、それ以外の地域との比重が面積的にも人口的にも逆転してくるわけですね。

**原田**　なるほど。信州あたりでは川の合流点のこともなぎさといいますね。たとえば川中島はなぎさです。

**高取**　淀川ぞい、枚方《ひらかた》の渚院というのはそういうところに別荘があったからなんでしょうね。

(35)　隠田集落、隠田百姓村ともいう。室町時代から江戸時代初期にかけて、山間僻地に逃亡してきた人々によって作られた集落。田畑の開墾、焼畑耕作、杣稼《そまかせ》ぎなどを営んだ。開拓の担い手は、戦敗による落武者や租税を逃れてきた百姓などであった。

## 非人のこと

原田　ところで、中世の雑多な賤民のなかで、やはり中心をなしたのは非人でしょうね。最近では散所の評価が後退した関係もあって、以前ほどには重視されないようですが。

網野　それについては、私は多少疑問があるんです。

原田　文献のうえでいちばん多く出てくるのは、なんといっても非人でしょう。

網野　たしかにそうですけど、ただ江戸時代の「非人」と中世の非人、とくに中世前期の非人のありかたとでは、かなり感覚を変えて考えないといけないと思うんです。だから、中世の賤民はすなわち非人だといわれますと、それでいいのかなという感じをもたざるをえない。

というのは、さっきもいいましたけど、「清目」というのはひとつの職掌・芸能ですよね。しかもひじょうにだいじな職掌なんですが、その面だけでみると、鋳物師が鋳物を朝廷に奉る職掌と区別ができないわけです。ですから、身分的にいったら、むしろ職人とおなじになる。その意味ですぐに中世の賤民とイコールにもっていきにくいんです。ただ非人というのは、まさに「人に非ず」ということばそのものに現われているように、なかには意識的に飛び出している人もいるにせよ、病気とか、不具とか、罪を犯したとか、とにかく共同体からはずれた人たちの集団であることははっきりしていますね。この面で黒田俊雄さんは身分外身分(36)ということを強調されるのだと思うので、そういう特質をもった集団であることは否定できないと思います。

ですから時代が下がって、室町以降になって、さきほどからいっていますような社会の転換があり、差別が固定化されていく過程で、差別の対象になりやすい性格はもっていたと思いますけど、しかし、中世前期の段階では、まだ非人イコール中世賤民というようにはいえないのじゃないか。

それを考えるうえで参考になるのは外国人の扱いですね。最近教えてもらった史料で、鎌倉期に唐人が日本国内を集団で交易して歩いていたことがわかったんですが、考えてみればあたりまえで、唐人の石工も集団をなして、いろいろな作品を残し、土木工事もやっているわけです。宋人はたくさん日本に来ていますね。当時、そういった外国人を、いまのわれわれとおなじようにどこまで外国人と意識してみていたかどうかが問題なので、朝鮮人の集団、唐人の集団は、われわれがこれまで考えている以上に多人数、日本のなかで動いていたと思うんです。

(36)　黒田俊雄(本書対談3、対談者紹介参照)は、非人と呼ばれた人々には、乞食・雑芸人・穢多などの区別があるものの、いずれも権門体制=荘園制社会の支配秩序の諸身分から原則としてはずれている点で共通しており、非人とは身分外の身分呼称であるとした(「中世の身分制と卑賤観念」『黒田俊雄著作集』第6巻)。

**原田**　それにそう差別もしていないでしょう。たとえば織田信長が安土城をつくるとき、唐人の一観を重用して瓦を焼かせている。この唐人が、中国系か朝鮮系かはともかくとして、外人の技術者を優遇していることはたしかです。

外国人にたいする差別意識は国家意識の成立と関係すると思いますが、私は安土桃山時代の西洋文化との接触後に本格化するのだと思うんです。あの時期に国家意識がはっきりすることによって、中国とか朝鮮も意識するようになるのであって、それ以前の段階で、中国人や朝鮮人にたいする差別意識は存在しなかったでしょうね。

**網野**　そうなんです。唐人の扱いは職人の扱いとおなじですね。やはり給免田(37)を与えられているし、たぶん、自由通行権も保証されていたでしょう。それから唐人座というのが越前にありますね。あれは唐人の流れを汲んでいる薬売り商人の座といってまずまちがいないと思うんです。

このように社会そのもののありかたが、中世の前期にはまだ「開放的」で、平民の共同体から離れたりはずれたりした集団をすぐに賤民として固定的に差別する構造にはなっていない。だから、非人も「清目」を職掌とする職人として取り扱われる一面をあきらかに持つことになるのだと思いますね。

しかしそれとともに、たとえば先ほど出た穢れにたいする嫌悪感とか、農業以外の生業をもつものにたいする農民の差別感とかが、中世前期の段階ではひじょうに多元的に、いろいろな局面や場にあって、それがしだいに支配者の志向ともからみあってかたまってくる。室町期以降に、だんだん一定の方向で鮮明化してくる、というふうに考えたらどうかと思うんですが。

**原田**　江戸時代の被差別民は「身分外身分」あるいは「人間外人間」――これは差別のきびしさをいう意味で使われたんでしょうけど――であったわけですけど、中世の賤民のばあいは、すくなくとも「身分内身分」であったわけですね。で、その賤民身分というなかにいったいどのていどまでのものを入れるかについて、現在まだ整理がついていないと思いますし、それを整理しないと、近世との関係がはっきりしてこないというのはたしかですね。

**網野**　たとえば三昧《さんまい》僧など(38)は非人の仕事だと思いますけど、それ自体が穢れた仕事ではなかったのではないか。むしろそれを清める「聖」なる仕事だった。それが近世以降には、それ自体穢れた仕事のように考えられるようになっていったのだと思いますが。

---

(37)　荘園・公領を構成する耕地の一種で、荘園領主に対して年貢納入を免じられた田地。主に各種荘官・手工業者・運送業者・職人などに給分として給付される。網野は受給者を広く職能民として捉え直し、給免田制を神人・供御人制と合わせて理解しようとした。

(38)　三昧聖。死者の火葬・埋葬や墓地の管理にあたる下法師。墓守・御坊(隠亡)ともいう(前掲注(34)参照)。

**高取**　桂女《かつらめ》(39)なんかも、もともと巫女《みこ》的な性格があって、それが白拍子《しらびょうし》になり、さらに御陣女郎として従軍したりしたわけですけど、これにしてもやはり近世の被差別民とはちがう……。

**網野**　そうでしょうね。桂女はもともと鵜飼《うかい》の女性なんですからね。三昧僧とか隠亡《おんぼう》にたいする賤視というのも、法制的にあったわけじゃないですね。それが習俗的に近世に伝わり、さらに近代にまでつながってくる。

**高取**　遺体処理の問題についても、京都のような町では古くからやかましくいいますけど、村によっては、みんなで穴を掘って埋めてますね。べつに村の外の人間にまかせなければならないという意識はない。

**原田**　村のなかの特定の個人にやらせるということもありませんしね。

**高取**　要するに念仏講があって、交替で隣組がやるシステムなんです。特定の人間にやらせるような習俗は、やはり京都から教えられたようですね。けっきょく「キヨメ」ということばに、のちにいう「穢れ」の意味をくっつけるのは、『小右記《しょうゆうき》』(40)の書かれた一一世紀ぐらいから京都の貴族・僧侶たちのあいだにはじまって、だんだん広がっていったような気がします。ですが、そういうことに染まらない村も、地方にはたくさんあったわけです。

**網野**　それに、さきほどもいいましたが東のほうと西のほうでもだいぶちがうでしょうしね。

**高取**　ちがいますね。おなじ西のなかでもちがいます。たとえば浄土真宗の村では、遺体をひと晩かけて焼くんですが、それを村のなかでたがいに交替してやっているんです。真宗の信仰をおなじくする講の組織をつくっていたんですね。ところが明治になって信仰が薄れてくると、火葬をやめて土葬になる。それに野焼きというのはかなりむずかしくて技術もいるし、しなくてすむのならばそうしたいものでしょう。だから京都の南の浄土真宗の村などで、明治になってから土葬になった例はたくさんあるんです。そして、それと同時に両墓制(41)になっていくわけです。かつて火葬の単墓制だったものが、

(39)　中世から近世にかけて、京都市西京区桂に住み、桂包と呼ばれる白布を頭に巻き、鮎や飴などを売り歩いた女性の一群。もとは桂供御人として、天皇に桂川の鮎を貢献する鵜飼集団の女性であった。

(40)　平安時代の公卿・藤原実資《さねすけ》によって書かれた日記。実資が小野宮流藤原氏の当主であり、右大臣であったことから『小右記』と呼ばれている。当該期における中央政界の動向を知る好史料である。

(41)　遺体を埋葬する墓地(埋《う》め墓)と、死者を供養するための石塔を建てる墓地(詣《まい》り墓)とを別々の場所に設ける墓制。近畿地方を中心に関東から中国・四国にかけて分布している。埋め墓には目印になるものが置かれたり、竹囲いや家型の装置などが設えられ、詣り墓には石造墓塔が建立される。

明治になっていろいろ教育された結果、両墓制になっていった面があるんですね。ですから、神道家たちの説くような穢れの問題は、明治になるまで知らなかったというところが、かなりあるわけです。

## 門の内と外

**網野** ところで、はじめにでたことですが、課役を負担できないという意味で古代の奴婢、五色の賤につなげるとしたら、中世では下人・所従がそれにあたるわけですね。これは、自由民と不自由民との基本的な身分差別であることはあきらかですが、ふつうこれは差別の問題とはかならずしもつなげて考えられていない。つまり「職人」は自由民の一種だと思うので、その意味では、非人も自由民だと思うんですね。この二つの差別のありかたのちがいと関連を考えてみる必要があるのじゃないでしょうか。

**高取** そういったいろんな条件のなかで、生活程度があがっていくと、差別意識が出てくるんですね。つまり生活程度があがった部分で、差別というものが理由に使われてくる。中世までのふつうの村では、おたがいに差別できるほどの差はなかったと思います。

**原田** たしかに巨視的にみれば、民衆の世界では、中世末まで男女の差別もありませんね。男だって女とおなじようにみじめなんだから差別のしようがない。

**高取** そういう意味では、むしろ明治になって生活程度のあがったところから差別意識がひどくなっていく面がありますね。

**原田** 生活程度が大幅にあがればいいんだけど、中途半端にしかあがらないから差別が出てくるんですね。だからもっとあがりたいんだけどあがれないから、けっきょく下をみて弱いものをみつけてくることになる。これは世界に共通する差別心理じゃないですか。

そういう意味では、中世の惣村というのは、以前にくらべればかなり生活がよくなったんだけれど、全体としてはもうひとつあがりきれない。

**高取** しかも自分のところだけでしょう。だからどうしても自分の村さえよければいいということになる。

**原田** そのばあい、まだ惣村の仲間に入りきれないものがあって、それを差別するんですか。それとも惣村外のものを差別するのか……。

**高取** あの段階になると、村外のものになると思います。だから近世の村に似てくるわけです。

**原田** そうしますと、惣村のなかには被差別はなくなるわけですね。

**高取** そうですね。ただ階層はあります。たとえば下人みたいなものは差別じゃなくて通常の身分階層ですよね。ですから宮座のなかの座席の格差はありますけど、御神酒《おみき》をもらって飲みまわししたりするわけですから、同一グループの人間のなかには入っているわけです。

**網野**　間人というのは村の周辺にいるようですね。

**高取**　間人は正規の村落民とはいえない。出たり入ったりしている。

**網野**　琵琶湖の北の端に菅浦《すがうら》(42)という有名な集落があります。ここは中世の段階では惣村というより、むしろ小さな都市といったほうがいいと思いますけど、あそこでは門があって、火事を出した人はその外に追い出してしまうんです。たぶん、間人もはじめは門の外に住まわされたのでしょうね。だから門の外に追い出されればある種の差別をされたのでしょうけど、門の内にいれば、これは階層のちがいはあったでしょうけど、差別されるというのとはちがうようです。

**高取**　差別ではないですね。

**網野**　そういった門とか堀のようなものが南北朝ごろからはっきり出てきて、その内にいるか外にいるかということが差別の意識につながるというケースは、かなり出てくるでしょうね。

**高取**　けっきょく中世のばあいは、門の外にはじき出されたのが被差別民になるわけですし、それが近世になると、はじき出された人間をまとめて場所を指定するようになる。それが被差別部落になるわけでしょう。

そこのところが中世と近世のもっともはっきりしたちがいですね。たとえば遊廓なんかにしても、中世では遊女じゃなくて、遊行の女婦（うかれめ）だったのが、近世になると遊廓という特定の場所を指定されて、そこから出てはいけないことになる。そうすると遊女という存在におし込められる。それとおなじことですね。

つまり、おなじ非人ということばをつかっても、定着している人間にたいして、村の外を移動して歩いているから非人というばあいと、住む場所を指定されたものにたいして非人というばあいとは、差別のニュアンスはずいぶんちがうんじゃないでしょうか。

**原田**　「カイト」[43]という言葉に、「垣内」と書くのと、「垣外」と書くのがありますけど、あのちがいはそのあたりと関係してくるんでしょうかね。

**高取**　「カイト」というのは、ことばがさきにあって、あとから漢字をあてはめたようですが、しかし、「垣」ということばにすでに、ずっと昔からなにか一種の境界を意

---

(42)　近江国浅井郡にあった荘園（現・滋賀県長浜市西浅井町菅浦）。山門檀那院領。中心となる荘民は菅浦供御人として朝廷に供御を貢進し、漁撈や自由通行の特権を保証された。

(43)　古代・中世において新たに開墾を予定した一区画を意味すると考えられている。漢字は垣内・垣外のほか、皆戸・貝戸・海戸・海渡・街道などがあてられ、読みはカイトのほか、カキツ・カキウチなどがある。現在でも、土地の一区画（屋敷地・耕地・原野・地字など）のほか、地域結合・部落共有林・同族集団・屋号などを指す言葉として残っている。

識するような意味があったと思うんです。で、それが村、つまり惣村とか集落にあてはまるんじゃないでしょうか。

原田　垣内は惣村で、垣外は被差別部落的なものとなっていく……。

高取　そのへんは一概にそういっていいかどうかわかりませんけど。

網野　環濠集落のばあいは濠ですけど、あれも一種の垣でしょうね。

高取　だと思います。

中世の惣村では、村の外で動いている人間にたいして、祝儀・不祝儀、あるいは農繁期の手伝いをたのむときだけ接触するというかたちで済んでいたのが、近世になると村落民の定住化がいちだんと進み、そこに入らない人間たちの住む場所も指定されるようになるんでしょう。

網野　ただそのばあい、指定するといっても、外で動いていた人たちが、ある特質をもった場所におのずと定着していく一面もあったと思うんです。

高取　いずれにせよ、そういう動きの出てきた段階から、さっきいった「筋」ということばを意識しだすようですね。そしてそれがすぐ「氏素姓」というほうに転化していくわけです。

## 賤民の解体

**原田** そのはみだした連中が、こんどは筋の仲間入りをしようとする動きが戦国期になると出てきますね。どうも戦国期というのは、ある意味において、社会的な賤民身分が解放のほうへ向かっていった時期だったような気がするんです。その理由の一つは流通過程の重要度が増してきたことであり、一つは彼らが農業をやるようになって惣村のなかに入っていくか、あるいは惣村でなかった惣村外の集団が惣村的な農民社会になっていたことですね。それにもう一つは、武力です。そういった集団から武士化してきた連中もかなりいるんじゃないかと思うんです。そういうことで、この戦国期には中世賤民制が解体の方向へ向かった、つまり賤民身分が解放されたときだったのじゃないかと思うんです。ところが、これにたいして、むしろこの時期に差別は強まってきたという説もあるわけです。まだ実証されたわけではありませんけど。

で、私の考えでいえば、室町時代まではたしかに差別が質・量ともに増大してきたけれども、戦国期に入ると、賤民身分がつくりだされるよりも、むしろ減っていくほうが多いんじゃないかと思うんですが、このあたりはどうでしょう。

**高取** 量についていえば多くなったんじゃないですか。水田耕作が増えているわけですから。

**原田** なるほど。しかし量のうえではかりに増えたとしても、社会的な制度としての中世の賤民制はいちおう解体に向かうんじゃないかと思うんですよ。ところが幕藩体制になると、こんどはあらためて制度化し、賤民身分の固定化が進んで近世の賤民制が出てくる。中世から近世にかけての賤民の歴史には、こういった筋書が考えられると思うんですけど、なにせ史料が少ないから断定的なことはまだいえませんね。

**高取** たとえば京都の南の棚倉《たなくら》とか上狛《かみこま》といった筋目正しい村落では中世以来おなじ系統の人が住んでいるようですけど、丹波などでは、あの戦国の時期に住民がぜんぶ入れかわっているような気がするんです。というのは、戦国の戦乱が、賤民身分から離脱して新天地をひらくチャンスをかなりつくったし、逆にかつては筋目正しい人が難民化し、はじきだされるような状況をつくったんじゃないか。こういう戦乱のもっている副次的な意味というのは、ずいぶん大きかったと思うんです。

**網野** 私はむしろある種の差別構造が、室町時代ぐらいから以降、戦国時代もふくめて強くなってくると思うんです。これは中世の賤民身分を具体的にどのような人びとと考えるかという前提が、原田さんとちがっているからかもしれませんが、だからといって原田さんのお考えを否定するということではなくて、原田さんのいわれる解放の方向と私のいう差別構造が強まっていることと、どのようにかみあっていくかというのが問題なのだと思うんです。

たしかに戦国期に身分上の移動はあると思いますけど、田地の耕作が安定しはじめること自体が、むしろその人たちを土地にしばる一面があるんじゃないでしょうか。それと裏腹に、差別構造そのものがむしろ強くなっていくという感じがする。だから江戸時代がいちばんきびしいわけで、その点は原田さんとまったくおなじなんです。戦国期もその方向に進む過程の一つと考えるわけです。

**原田**　私の考えかたは簡単なんですよ。たとえば下剋上にしても、賤民身分の下剋上を考えなければいけないわけで、彼らだけ下剋上ができなかったと考えるのはおかしいと思うんです。下剋上は賤民身分を考える場合かなり重要な意味をもっている。それがあったからこそ、逆に差別の構造が強くなるといった面も出てくるんじゃないか、ということなんです。

**網野**　差別の構造が強くなって、賤視や差別を固定化しようとするからこそ、逆に差別される人間の抵抗が強くなることはたしかにあったと思いますね。

**高取**　下剋上には階層の上下もありますけど、そればかりでなく文化の大規模な攪乱現象もあるんですね。それまで地方の文化であったものが中央の文化になったりする。たとえば長いS〔ʃ〕と短いS〔s〕の発音が逆転するんです。ロドリゲスの『大文典』(44)をみると、当時の貴族のSの発音は長い発音、つまりシャ、シ、シュ、シェ、ショであり、

(44)　近世初頭、ポルトガル人イエズス会宣教師ジョアン・ロドリゲスが、当時の日本語の発音や文法などをポルトガル語でまとめた日本語文典。ドミニコ会宣教師コリャードのまとめたラテン語の『日本文典』と区別するため、『日本大文典』とも呼ばれる。

下賤な身分の人は短いサ、シ、ス、セ、ソなんですね。いまでは、シェカイ(世界)とかシェンシェイ(先生)というのは田舎の発音になってしまっていますけど、その逆転は下剋上のなかでなされたものと考えられる。そういういわば社会全体の攪乱現象のなかでは、賤民身分からそうじゃなくなる人間もいたでしょうし、逆に新たに賤民身分にくりこまれる人間もいたというわけで、一律には整理できないのじゃないかと思いますね。

**網野**　徳政一揆なんかについても、最近の研究では、当時、土地はもとの持主に返るのがあたりまえだと考えられていたというんですね。つまり永代売りはなかなかむずかしいわけです。土地を質入れしても返ってくるのがふつうであって、それが室町時代ころからだんだん永代売りの方向が進んできて、売れば向こうへいってしまうという傾向が強くなる。しかしそれでも江戸時代になってからも永代売りはなかなか実現しなかったようですね。

**原田**　そうすると、江戸時代の永代売買禁止令との関係はどうなんですか。

**網野**　あの法律はむしろ本来あったそういう習慣をもとにして、法的に確定、表現した、ということになりそうですね。

しかし一方では、室町時代のころから売れば永代、買手のものになってしまう危険性が強くなるわけで、このことと差別の構造が強くなることとは、どこかで関係があるように思うんです。

そこでそういう動きにたいする反発が強くなって、徳政一揆が庶民のなかからおこってくる。つまり、永代売りの方向がきつくなればなるほど本来の状態に返せという要求も強くなるわけで、下剋上といわれる社会現象の裏には、こういったものがあるんじゃないか、というのが、勝俣鎮夫(45)さんあたりのお考えですね。

**高取**　文化の下剋上と関連して、これは私の仮説なんですけど、「四つ」という差別語がありますね。あれはふつうの意味の「四つ」じゃなくて、もともと四進法を示したのではないかと思うんです。四つまでしか数えないという。障害のある子供のなかに四つまでしか数えない子がいるという話を聞いたことがあるんですが、これは無意識のうちに伝えられた古いかくれた文化の露頭ではないでしょうか。日本には古く四進法の文化があったと思います。一両は四分、一分は四朱ですね。「八百万《やおよろず》の神々」とか、「八日八夜の啼哭悲歌」とか、暦も六〇、一二、四を基数にしますが、その四進法の文化に十進法の文化が重なると、「四つ」ということばが四つまでしか数えないという、差別語になって出てくるのじゃないか。それがのちには別の意味になって現代の差別につながる

(45)　一九三四―二〇二三。歴史学者。専門は日本中世史。東京大学文学部国史学科卒業。岐阜大学助教授、東京大学教授、神奈川大学短期大学部特任教授、静岡文化芸術大学教授、同大学学長を歴任。戦国時代の法慣習などに注目し、中世の基層文化を分析した。著書に『戦国法成立史論』(東京大学出版会)、『一揆』(岩波新書)、『戦国時代論』(岩波書店)など。

ってくるわけですけど、これはやはり文化の重層と攪乱現象のなかで発生した差別語ではないかと思うんです。

網野　四進法というのはたしかにありますね。

高取　あるでしょう。だからそういうふうに考えてもいいのじゃないか。「穢れ」という意識が歴史的にそう古くさかのぼれないとすると、べつのほうからこういうことばの発生を考える必要があると思います。

赤のこと

網野　すこし話はずれますが、柿色《かき》の帷子《かたびら》をつけた馬借が一揆をおこしますね。これも勝俣さんに教えられたんですが、美濃の斎藤が近江に出兵したとき、これをたたきのめすのが、その馬借なんです。それがみんな柿色の着物を着ているわけです。そこから思いついたんですが、『峯相記』の悪党や山伏《やまぶし》も柿色の着物を着てますね。近世には有名な渋染《しぶぞめ》一揆がある。だから柿色の着物を着るというのは、意思の表示として何らかの意味があったんじゃないかという気がするんですが。

高取　大和十津川郷《やまととつがわ》で里イモを焼いて食べる格好がデコ(木偶)を舞わしているようだからデコマワシというんですが、それがひとつの差別語にもなっているんですね。米を食べないで里イモを食べているということで。山間部にはもともとこうした焼畑農耕民が多くいたわけですが、藤布を柿渋で染めるのが彼らの仕事の一つなんです。で、これが山の民の衣装です。ですから山伏が柿色の着物を着るのもそのためで、平野の米づくりの村から外へ出たら、とうぜんそういった山の作業着になるわけです。それが中世になると、ひとつのグループの標識になって史料のうえに姿を現わす機会も多くなるんじゃないでしょうか。

**網野**　それから赤ですね。興福寺の非人を統轄しているトガメ（戸上）、カサイデ（膳手）という公人がいるんですが、この二人は嗷訴《ごうそ》のときや祭りのときに真赤な狩衣を着ているんです。検非違使《けびいし》の看督長《かどのおさ》(46)も赤い狩衣を着るし、やはり、赤は非人と関係があるようですね。

おそらく赤は、清めの機能とひじょうに関係があるんじゃないでしょうか。破邪という意味でね。

**高取**　火事のとき、赤い腹巻を振りまわすでしょう。そのばあいの赤は魔除けの色ですね。

**網野**　おそらくこういった赤は、さっきの柿色のばあいと、またべつの意味があると

(46)　検非違使は、京内外の巡検と盗賊・無法者の追捕《ついぶ》のため設置された令外官《りょうげのかん》。看督長は検非違使の下級職員。本来は牢獄の看守であるが、犯人の追捕、荘園・邸宅の捜査や差し押さえなども行った。

思いますね。

高取　その赤色は、悪党、悪七兵衛の悪とおなじような意味じゃないんでしょうか。

網野　たぶんそうだと思います。赤は歌舞伎のほうまでつながるんでしょうね。ただ民俗学でもあまり色のほうはやっておられないんですね。

高取　そうですね。

網野　色の民俗学をもうすこしやってほしいですね。

原田　だけど、だいたい近世のはじめまでは原色ばかりで、色が渋くなったのは元禄からでしょう。

高取　ただ原色が染められるのは絹と木綿でしょう。そうするともう上流階級しかないわけですよ。麻とか藤布というのは、柿渋の色しかない。やはり色が庶民に開放されたのは、木綿着が普及した元禄からですね。

網野　そういうことでしょうね。

原田　たいへん多岐にわたって話が出たわけですが、とにかく中世後期の賤民にはいろいろなものがあって、ひとつにまとめるわけにはいかないし、従来、賤民身分と考えられてきたなかにも、どうもそうじゃないのもたくさん出てきたわけです。ただ中世のばあい、賤民身分と称された人たちが、法制的な身分でなかったのはたしかだと思うんです。

たとえば永正一五年(一五一八)の「蜷川文書」に、河原者の小五郎の子どもが、京都の絹屋を打擲《ちょうちゃく》して訴えられ評定されてますけど、その子が一六歳になっていないので罪は問わない、一六歳以上ならば問題にすると書かれているんですけれど、その評定内容をみても河原者にたいする法制上の差別がなされていない。ですから室町幕府も身分として法的に差別をすることは考えていなかったといえるわけです。そういう意味では中世の身分というものはひじょうに流動的なものなんですね。ただし中世の末期にあった特定の人びと、グループ、地域にたいするいろいろなかたちの差別と、近世の差別とのつながりをもういちど、根本的に考え直してみる必要がありますね。近世になって、賤民身分を法的に制度化するときに、従来の習俗的な感情が大きな力になった面もあったと思うと、中世の賤民と近世の賤民は大きくつながってきますね。

ただ、私がこだわっているのは、すくなくとも現在の部落問題を考えたばあい、近世初期の賤民身分の法的な設定が大きなポイントになるわけで、それ以上さかのぼって中世や古代までもふくめると、問題が拡散してしまって、けっきょくわけのわからないことになってしまう。これが近世の被差別部落史の研究のなかで、中世とのつながりを追究していくことをためらっていた一つの理由なんです。ホンネとしては、広い意味での中世とのつながりを認めていても、タテマエとしては積極的に認めるのを躊躇していたわけです。そういう考えかたを再検討する動きがあることも事実だし、これからもそういった業績がたくさん出てくることと思います。それらの業績がより有機的につながって、新しい展望が開けることを期待したいですね。

中泉 憲◆網野善彦

# 9 転形期の民衆像——同時代としての中世

**中泉 憲**(なかいずみ・けん) 一九四三—二〇一九。本名・岩松研吉郎。国文学者。専門は中世文学。慶応義塾大学文学部を卒業後、大学院へ進学。博士課程の頃から同大学助手を務めるあいだ、「中泉憲」の筆名で『現代の眼』誌などで活発な評論活動を展開した。同大学教授を務めた。著書に『日本語の化学』(ぶんか社)、『日本語の化学変化』(日本文芸社)など。

●**初出/底本** 『同時代批評(「詩と思想」増刊)』三号、一九八一年八月/『網野善彦対談集』5。

**網野** 戦後すぐの研究では、芸能の変化と村の成立とを関連させて考えていたと思います。たとえば村寄合《むらよりあい》が生まれると、それを背景として茶寄合が行なわれる(1)。茶道の源流はそういう茶寄合と、以前からの数寄《すき》(2)茶の伝統とが綜合されて大成されるという見方で、いまでも一応有効な考え方なのではないでしょうか。確かに村の寄合は南北朝頃から非常にはっきりしてまいりますからね。それに対応して、都市が鮮明な姿を現わします。そういう変化と関連があるのでしょうが、教育の問題、読み・書き・算盤《そろばん》の問題がありますね。その能力が庶民のレベルまで広がり始めるのもどうも南北朝・室町のような気がするんです。仮名交りの百姓の申状《もうしじょう》が広く現われるのもその頃からですし、数字に関する能力も高くなる。これは鎌倉の末から南北朝にかけて金属貨幣、銭が盛んに使われ始めることと関係しているのではないか。要するにすべて銭に換算するようになってきたわけで、そうするとかなり複雑な計算をやって収支決算をやらなくてはならない。あちこちの荘園や寺院でそういう決算書を作ったり、監査をやったりすることになると、そういう能力が庶民の上層クラスの人までは必要となってくるわけですね。荘園の公文《くもん》―下級荘官や名主《みょうしゅ》は、読み・書き・算盤はできるようになったと思いますよ。言語自体の変化(3)もそれと無関係ではないでしょう。そういう南北朝期の転換が何によって起こってきたのかとなると、銭の問題だけでなくて、色々な要因があるとは思いますがね。それから、少し別のことですが、勧進《かんじん》(4)をやって、ある特異な場で芸能を興行するという形態は大体、南北朝前後からと考えてよろしいでしょうか。

**中泉**　小笠原恭子さんのもの(「中世京洛における勧進興行――室町期」『文学』一九八〇年九月号)ぐらいでしか知らないですけれども、やはり室町幕府の段階になるのでしょうか。もちろん南北朝と重なりますが。それがもう少しさらに遡れるのかどうかは、寺社との関係というところで部分的にはあるということになると思います。

網野　なるほど。ありますでしょうね。

中泉　ただ、ああいう勧進というのが定着するためには、ある程度の都市の成立がな

(1) 中世後期以降、百姓による村落の自治が進むにしたがい、村落の意思決定を行う寄合の場が設けられるようになった。寄合では共同飲食を行うことで、構成員が神を媒介として一体化し、寄合での決定は神の意思と考えられた。また世俗と切り離された場であるため、構成員間の世俗的な関係は持ち込まれず、一人ひとりの意思が等価値であるとされた。茶寄合もそうした共同飲食の場であり、茶道における平等性・結座性・閉鎖性はこうした共同飲食の性格による。

(2) 室町時代に書かれた『正徹物語』によると、「茶の数寄と云ふ者は、茶の具足をきれいにして、建盞・天目・茶釜・水差などの色々の茶の具足を、心の及ぶ程たしなみ持ちたる人」を指すという。

(3) 文法・文体・語彙・音韻などにおいて南北朝時代を境に変化したと言われる。特に口語の変化が大きく、言文不一致がはなはだしくなった。柳田國男は「世間話の研究」(『定本 柳田國男集』七、筑摩書房)で、句形を揃え、譬喩・韻・対句などを用いた荘重で古風な物言いを指す「カタリ(語り)」とは異なる技法、「ハナシ(話し)」という単語が室町時代より見られるようになったとしている。

(4) 本書対談3、注(9)参照。

いと駄目だろうと思うんですが。その意味ではやはり一四世紀から一五世紀にかけてぐらいのところじゃないかと思います。

**網野**　小笠原さんの論文はとても面白く読みました。勧進興行をやる〝場〟の問題ですね。偶然なのかもしれないけれども、私が平凡社から出した本〔『無縁・公界・楽』【著作集12】〕で、「無縁」の場とか「公界《くがい》」(5)とか勝手なことをいったのと、うまく重なってしまうようですね。河原とか寺の門前とかね。大道や辻だってそうだろうし、勧進や芸能の興行がみんなそういう場と結びついていると言われているので、わが意を得たと、一人で喜んでいたのですが。

## 芸能の職域の変遷

――芸能に関係してくる興行の問題なんですけれども、最初は大社寺の勧進のための興行であったものがだんだん崩れてきて名分になっていくのか、それとももともと世俗の権力の外側にある民が興行を行なうための方便としての大義名分として必要だったのか。

**中泉**　それは、いわゆる網野先生のおっしゃる狭い意味での芸能の職域がどういう形で存在していたかということだろうと思うんですけれども、ある種の理解ですと、たとえば寺社なんかの隷属民なのだという形があるわけで、ただそれだけじゃないというふうに網野先生はおっしゃるんだろうと思いますが。

網野　そうです。そのへんの構造は十分にはつかめないんですが、平安末期から鎌倉期と室町期以後とでは、もちろんつながってるところもあるんだけれども、やはりかなり変化があるような気がいたします。たとえば傀儡《くぐつ》のあり方は、あまりよくわからないわけですが、『日本中世の民衆像』(岩波新書)【著作集8】で紹介した通り、後藤紀彦さんから教えてもらった史料で多少ははっきりつかめたような気がします。どうも傀儡のあり方は、広い意味での「職人」、たとえば鋳物師《いもじ》や轆轤師《ろくろし》のような商工民のあり方と少なくとも制度上は全然変わったところがないんですね。(6) ですから、そういう傀儡のようなタイプの人びとを、最初から国家組織や制度の外に初めからはじき出されていたというふうに考えてしまうこと自体が実は近世的な、あるいは現代的な発想だといわざるを得ないと思うんです。単純に制度の外と中の違いというふうに言ってしまうことは、中世前期以前の場合には言えないところがある。中世後期以後になると、寺社や天皇に奉仕

(5)　本書対談7、注(9)参照。
(6)　「伊予国分寺文書」には建長七年(一二五五)十月日に伊予の国衙《こくが》が作成した「伊予国神社仏閣等免田注記」と題する巻子が残されている(『鎌倉遺文』一一巻、七九一二号)。この目録のなかには「道々外半(外才)人」(本書対談8、注(22)参照)として経師・傀儡師・轆轤師などの免田も注記されている。傀儡師も轆轤師などと同様に国衙によって給免田を保証された職能民であった。

していた、こういう芸能民が興行の場を持って庶民を対象に広く芸能をやるようになると同時に、賤視され始める。そのへんの問題をこれからもっと突込んで考えてみたいと思っています。もうひとつ猿回しですね。猿曳《さるひき》については傀儡よりももっと史料がないからわからないけれども、柳田國男(7)さんや宮本常一《つねいち》(8)さんも言われていることですが、もともとは猿回しの芸能は、猿が馬の守護神だったということ、厩《うまや》につないで馬と遊ばせるということから始まっているようですね。だから、あちこちの厩を回り歩いたのではないかと宮地正人さんが言っていましたが、おそらくその通りだと思います。中世の猿回しがどういう集団だったかはわかりませんが、たとえば天皇のところに琵琶法師や遊女などと同じように出かけている。『花園天皇宸記』(9)のなかに出てきますが、猿曳の雑芸を天皇が見て喜んでいる。江戸的な観点からこういう事実をみると、何か非常に卑賤視された人間と天皇とが直ぐパッとつながったというふうに考えてしまう面がある。そういう見方も必要だとは思いますが、中世の問題に即していうと、そう簡単に割り切るわけにはいかない。つまり傀儡や猿曳に対する観念が、江戸時代以後の人形回しや猿回しに対する観念と違うのではないか。その違い方の意味の問題をもっと考えてみる必要があると思うんです。

**中泉**　傀儡については、たとえば『六百番歌合《うたあわせ》』という貴族の歌合(10)がありまして、非常にまあ「品たかい」歌合なんですけども、あの最後の方の題の立て方で、「恋」の部分の終わりは「傀儡に寄する恋」、それから「遊女に寄する恋」、「商人《あきうど》に寄する恋」、それと「海人《あま》に寄する恋」と「樵夫に寄する恋」だったと思いますけれども、歌の内容を見てみますと、遊女についての歌というのは、みんなそろって海辺、水辺。それに対して、傀儡はどうも道を行っているというか、内陸といいますか、むしろ道ぞいという感じですが、そういう形で歌が詠まれているようです。そのこと自体にも色々な問題が含まれていると思うんですけど、傀儡というようなものを、一番正式なハレの歌合の題にもってくるという形で、傀儡が目にうつっているというのか、反映している。そういうことは、どうも随分古くからあるんじゃないかという気がしますが。

(7) 本書対談8、注(1)参照。

(8) 一九〇七—八一。民俗学者。生活用具に関心を寄せ、民具学を提唱した。大阪府天王寺師範学校(のちの大阪教育大学)卒業後、小中学校教員を務めるかたわら、近畿民俗学会で活躍。一九三九年、渋沢敬三のアチック・ミューゼアム(のちの日本常民文化研究所)の研究所員となる。一九四九年、水産庁から日本常民文化研究所に委託された「漁業制度資料調査保存事業」に参加。一九六四年に武蔵野美術大学教授。著書に『忘れられた日本人』(未来社、のち岩波文庫)、『宮本常一著作集』(全五一巻・別集二、未来社)など。

(9) 本書対談7、注(14)参照。

(10) 本書対談7、注(12)参照。

網野　古くはというのは、いつですか。

中泉　これは、一一九〇年代です。一二世紀の一番終わりですね。

網野　『尊卑分脈』(11)をひっくり返してみると、遊女を母にもったということが平気で書いてある。何らマイナス要因になっていないと思いますね。やっぱりこれも平安末・鎌倉だと思います。南北朝以降にはあんまり例はみないし、そういう世界のあり方の違いをもうちょっときちんと考えなきゃいけないんじゃないかと思うんですけれども。

## 和歌と非農業民の世界

中泉　中世の軍記ですとか謡曲なんかですと、盛んに宿《しゅく》の長者というのが出てくるんですね。宿の長者ってのは、平宗盛の思いものであったり、あるいは義経の相手であったりという形で出ているわけだけれども、その場合の宿というのが、青墓《あおはか》とか池田とか(12)の形で出てきます。そういう遊女とその集団はどの辺から変わっていくのかということですね。

網野　いまおっしゃった陸の遊女は傀儡とかなりつながりがあるんじゃないでしょうか。

中泉　実際には傀儡で出てくる地名と……。

網野　重なってるわけですよね。遊女と海とおっしゃいましたが、遊女と海の民は確実に関係があると思います。遊女というと、海や浦や津泊が出てくる。絵巻でもそうだし、文献でもそうですね。江口・神崎《かんざき》(13)はもちろん九州でも呼子《よぶこ》浦(14)の「遊君」などが史料に出てくる。ぼくは東国はちょっと違うのではないかと思うんですが、少なくとも西の

(11)　南北朝時代に編纂された諸家の系図集成。公卿・洞院公定《とういんきんさだ》によって編纂され、その後も洞院家によって代々継続編纂された。洞院家が一度断絶した際にその一部が散逸し、現存しているのは源平藤橘などの諸氏系図である。誤りも見られその扱いには十分な注意が必要であるが、系図中の注記には他では見られない所伝があり、それらは確実な史料から裏付けられることもある。

(12)　青墓宿は東山道の宿駅(現・岐阜県大垣市青墓町)。金売吉次が牛若丸(源義経)を連れて陸奥国に下るため同宿の長者の館に泊まっていたところ、盗賊熊坂長範が夜討ちをかけるも、牛若丸に返り討ちにされたという話が、謡曲などで語られている。池田宿は東海道の宿駅(現・静岡県磐田市池田)。謡曲『熊野《ゆや》』は、平宗盛が宿の長者の娘熊野を都にとどめて寵愛するという内容。

(13)　江口(現・大阪市東淀川区)は淀川と三国(神崎)川との分岐点にある港で、神崎(現・兵庫県尼崎市)は三国川の河口にある港。いずれも西国から京への交通上の要所で、大江匡房の『遊女記』に「天下第一之楽地也」と記されるほど栄えていた。

(14)　肥前国松浦郡(現・佐賀県唐津市呼子町)の港湾で、古代より中国大陸へ渡る船の寄港地であった。

場合はそうですね。しかも非常に宮廷と直結した形で出てくる。先程の和歌の場合は、まさしくそういう環境から生まれるのだろうと思いますが、和歌のことは何も知りませんが、もっと古くから和歌の世界に出てくる人、歌材の対象になる人たちに農民はあまり出てこないような気がするんですがそんなことはありませんか。

**中泉**　「田子」というふうな形では出てまいりますが。

**網野**　そうですか。ただ私の関心が偏っているせいか、歌材として取り上げられてる人の中に、万葉からアマの釣舟のように非農業民的な集団が目につくような気がしますが。それからこれもそれとつながるかどうかはわかりませんけれども、菅原道真の漢詩のなかで非常に有名な『寒早十首』というのがありますね。彼はもちろん貴族・国守の眼で見ていますけれども、あそこに出てくるのはみな非農業民ですね。そういう人たちが詩や歌の題材に広く取り上げられるというのは、どこに理由があるのか。そういうことと、遊女が和歌の対象になることは、どこかでつながりがありはしないかと思うんですが、もしそうならばその大もとのところは何に由縁しているのか。

**中泉**　どうなんでしょうか。折口信夫(15)なんかの考えですと、それはそれぞれの歌を管理していた集団というものが考えられるだろうというふうな、一種の芸能としての問題なんだということになりますね。その考え方ですと、遊女とか海人とか、そういうものが歌になるということは一部説明できるでしょうけれども、いわゆる農民があまり出てこないということの説明にはなかなかつながらないわけです。

**網野**　もちろん細かくはぼくも調べているわけではないんで全く素人考えなんですが、いま私が言ったことは、大体よろしいんでしょうか、傾向としてそう考えても……。

**中泉**　そうですね。歌の題を拾っていきましても、実際に田んぼでの労働というふうなものを詠むっていうのは、五月雨とかを詠むところでかすかに出てくるんですけどね。それもほとんど田子とか井ぜきなどの形で出てくるだけで、一種儀礼化されたものです。あとは、田の穂波がどうであるというふうな叙景的な問題もありますが、これも、漁《すなどり》する火を見るとか舟を見るとかに比べると、むしろ少ないように感じます。

**網野**　非農業民に関心をもちながら和歌をずーっと眺めてみると、思いなしかこういう非農業民的な世界の方が芸能として出てくるような気がして仕方がないんですね、ひが目かもしれませんが。鵜飼の資料も万葉にはいくつもありますね。そういう世界が貴族の関心の対象になるということの意味ですね。そのへんの問題と、「傀儡に寄する恋」というテーマが出てくることや、なぜ後白河が傀儡にあれだけ熱を入れたかということは関連があるのかどうか。

——いまおっしゃったことはこういう受けとめ方をしてもいいんでしょうか。武力も直

(15)　本書対談7、注(2)参照。

接生産、農耕生産そのものではなくてひとつの技術であるとすれば、またいわば遊女、白拍子なども技術だと思いますが、上に疎外された武力権力と下に疎外された色々な技術があって……。

**網野**　それが疎外であるかどうかが問題なんで……。近世以前の世界は、どうもそうはいかないらしい。そこをちゃんとおさえませんと間違うのではないでしょうか。近世の構図だけで現代の問題を考えますと、かなりの現実からのズレが逆に出てくる可能性があると思うわけですけども。そのへんの問題については、何かの解答は出ているんですか。

**中泉**　ひとつの雛形として、たとえば和歌というものを中心にして考えると、「和歌」ジャンルの発生・整定の問題に関わるいくつかのことがあります。「和歌」を厳密な意味で区切ると、『古今集』以後ということになりますね。で、『古今集』以後の歌というのは、世界を色々な題という角度から少しずつ切り取っていくという形になるわけです。その場合の一番基本になる題のシステムというのは、季節の題の秩序で、あとで季題という形になるわけです。その季題システムというものそれ自体はおそらく自然暦のようなものから出てくる農耕上の自然を見る眼なんだろうというふうに普通考えられている。たとえばほととぎすが問題になるとか、あるいは秋がきたというと風が問題になる。そういうところはやっぱり農耕生活というものを文学化するといいますか、制度化する形でもって出来上がってくる。ですから、その面から言えば今度は逆に、和歌の世界というのは基本的にはすべて農耕の世界なんであるとも考えることができるわけです。農耕民が貴族的に洗練される——というのはそれこそ疎外された形でもあるのですけれども、その視座で物を見ていくことになる。それに対して、その周辺への別な興味があって、その対象がいわば業《わざ》の世界であったり芸能の世界であったりするんだろうとも考えられます。和歌というのはもちろん、作者は貴族であるということが一応自明の前提となっている形で、同時に作者が京都にいるということがまた自明の前提になっている。とくに断らないかぎりは、京都にいる貴族の立場で、それは実際はいわば農耕を儀礼化したような形の物の見方で組み立てていく。したがって、農民というのは人としては特別な形で目についてこない、目にしないというようになるのだとも思うのですが。

**網野**　そういう季題という形が固まってくる以前の万葉はどうでしょうか。

**中泉**　たとえば大伴氏一族が自分の田を見に行って、その時つくったという歌や何かがいくつかありますから、その意味ではあることはあるんですが、ただ万葉といいましても幅があるわけで、随分個人詩風に近づいていくものも多いわけですから、もう少し前のところをのぼって見ていくということになる。それでも、「農民」はなかなか見つけにくいということはありますね。たとえば春の野焼きということから、若草などの歌の題がまた出てくるという経過があるわけで、その面では、遡っていって、いわゆる記紀歌謡のなかにそういうものを見つけることは、できることはできるわけですけれども。

**網野**　その世界のなかで、傀儡とか遊女とか海人だとか鵜飼だとか、そういう人たちはどういう位置づけになるんでしょうかね。

**中泉**　たとえば山の民というのがあるんだというふうに一応仮説を立てるわけです。山の民というのは、海の民というのとも概念では同じで、山の民なり海の民というものが平地の民といいますか、それと色々な交換を行なう。その時に芸能が伴なうというわけですね。したがって、平地の民の方からつくられ整理されていく歌謡なり和歌なりというもののなかに、そういう山や海の民の芸能が部分的に取り入れられてくるんだというふうに芸能史の方で整理することなどはあると思います。

**網野**　ただ平安期になって傀儡とか遊女になってくると、いまのような整理の仕方からですと、まだまだズレるところが出てくるような気がしますね。

**漂泊する芸能民**

**中泉**　結局、動いているという要素もかなりあるんではないかと思うんですけど。つまり動いているということによって、実際にたとえば芸能的な流通のなかに入ってくる、色々な視野のなかに入ってくるというふうなところで、それも何かまだ抽象的ですしね。——定住、非定住とは関係ないわけですね。

**網野**　非定住という言葉は使えないことはないと思います。確かに傀儡にせよ遊女にせよ、遍歴していることは間違いないでしょうから。ただ定住の方それ自体がまだそれほど固まっていない。つまり近世的な意味での定住じゃないんですね。それほど、非定住と定住というふうに分けられないところがあるんだろうと思うんです、鎌倉の頃あたりは。そのへんがはっきり分かれてくるのが、南北朝以降だということになりはしないかと思うんですがね。

**中泉**　定住しないという形ですけれども、漂泊する芸能民がいたのだというふうなことが一応芸能史のなかでも、ある程度前提において語られているわけですが、しかし、実際にその場合の非定住あるいは漂泊ということの中味は実際何なのかということになると、そこもはっきりしたものはないんじゃないですか。

**網野**　漂泊する芸能民というのはある意味ではやはり近世的なイメージといってよいかもしれませんね。確かに大江匡房《おおえのまさふさ》の『遊女記』や『傀儡子記』[16]をみるとそうもみえるんですが、実際に古文書のような史料に出てくる傀儡を見ますと、別のところで書いたことがありますが、櫛などの商売をやっているんですね。有名な鎌倉時代の駿河今宿の

(16)『遊女記』は、江口・神崎(前掲注(13)参照)などの歓楽地における遊女について書かれた風俗誌。卿相から庶民までを寝室に導く様などが描かれている。『傀儡子記』は遍歴民である傀儡の生態誌であり、遍歴民に対して肯定的に描かれている。

傀儡の史料を見ても、かなり堂々たる実力を持った集団で、地方に下ってくる預所《あずかりどころ》をみんな婿に取っちゃって自由に動かしている。世俗的な勢力ももってるわけです。これは全く推測ですけども、蔵人所牒《くろうどどころのちょう》の中に傀儡が出てくるのをみると、傀儡のなかで実際に天皇から過所《かしょ》――自由通行証をちゃんともらって諸国遍歴自由という特権を保証されて動いている人もあったと考えた方が自然な理解のような気がします。だからこそ、櫛造が傀儡に対して、あまり勝手に商売されては困ると蔵人所に訴えることになるわけですね。こうなると、匡房のいうような水草を追って漂泊する芸能民というイメージとは大分違ってくるんですね。(17)確かに遍歴をしていることは間違いないんだけれども。これまで、遍歴・漂泊する職人と捉えられてきた鋳物師《いもじ》も、古文書に出てくる時には、蔵人所に所属するれっきとした供御人として、かなり権威のある姿で出てくる。中央の官庁のなかでちゃんとした官位までもって動いているわけです。その人たちが廻船で遍歴する鋳物師でもあるわけで、単色に捉えてしまうわけにはいかない。おそらくこういう漂泊する鋳物師と、供御人としての鋳物師のイメージの違いは、江戸以降の傀儡、人形使いと、鎌倉ないしそれ以前の傀儡との違いにも重なりはしないかというふうに思うんです。できればそのへんをもう少し芸能に即して、これから勉強したいと思っているんですが、まだどうも……。

――いまおっしゃったことは、権力から疎外されたものが権威を上にいただくということはあるけれども、それだけでなく権力ももっていたということですね。

**網野**　そうですね、ある種の権力ももってたと言わざるを得ない。権威と権力の二つの論理が単純にそこには通らないわけですね。その通らないところを、しかし逆に、どう処理するかという問題まで掘り下げてみる必要があると思うんですね。

――花柳幻舟さんと違った意味で家元制度に関心をもっておりまして、江戸時代以降に確立される家元制度と、たとえばサンカが何々親皇を戴いて山中を自由往来しているということとか、いまおっしゃった傀儡が天皇の権力をもって登場してる、そのような天皇なり何とか親皇というのは、後の時代の家元などと重なっているのかなというふうに考えていたんですけど。

**網野**　それは大いに関係あると思いますよ。江戸時代の職人や芸能民の由緒書に出て

(17)　和泉国日根郡にあった内蔵寮領近木保《こぎのほ》の御櫛生《おくしし》供御人《ょう》が唐人・傀儡を訴えた件で、「香取田所文書」の年未詳の蔵人所牒に見られる。網野はこの文書から「供御人の称号を与えられることが、諸国の自由な往反を保証されるための要であったこと」を確認し、さらに「唐人・傀儡子がその「本業」以外に、櫛をはじめとするさまざまな品物を交易し、諸国七道で活動していた事実」から「異国の商人――唐人も、今様《いまよう》を謡い人形を使う芸能民――傀儡子も、諸国往反自由の特権を天皇によって保証されていたのではなかろうか」と推測した(網野「天皇の支配権と供御人・作手」『日本中世の非農業民と天皇』【著作集7】参照)。

くる伝説化した天皇と家元とは、ぼくは詳しくは知らないけど、重なる可能性はあるんじゃないですか。ただ、鎌倉時代以前は、天皇がまだ実体をもってるわけです。天皇自身が権力をもっている。権威だけじゃないわけで、その権力をもった天皇から特権を保証されて、傀儡は動いている。遊女もあるいはそうかもしれない。傀儡がそうなら、遊女だってそうあってもおかしくはないことであって、だからこそ、武士にせよ貴族にせよ、遊女を母にもつということを何の抵抗もなしに堂々と言えるとみることもできるわけですね。そう考えると、こうした傀儡や遊女のあり方を、その時期の社会のなかに、どう位置づけるかということは、一応、私流に処理はできるんですけれども、その事実を現代の問題とどうつながりをつけて考えるべきかについては、まだぼく自身にも整理がついていない。それはやはり天皇そのものの問題でしょうね。ちょっと話がずれるかもしれませんが、去年〔一九八〇年〕ペルーにまいりました時の経験ですが、(18)ペルーには移住民が非常にたくさんおいでになるわけですね。もう二世、三世になっているんですが、私は随分お世話になったし、とってもいい方々ばかりだったんで、親近感を強くもった。なぜ親近感をもったかといいますとね、そういう人たちの集まりで出たことですが、日本からくる商社の連中ぐらい厭な連中はない。商社マンは商社マンだけで集まりをもって、絶対に現地に定住した人たちを仲間に入れないというんですね。それからインテリですね、スマートで立派な背広を着てやってきて調子のいいことをしゃべっていくインテリどもがどんなに真実味がないかといきまく人もいるわけです。私はこれには全く共感しましたし、実際、それで非常に親しくなった方々もいるんです。ところが、そういう方々が「天長節」ってことをおっしゃるわけですよ。それは、本当にショックでしたね。日本人が日本人であるということを外国で意識する場合に、天皇が大きな意味をもっているわけですね。しかも、正月とかお盆とか、みんな集まりをもつんだけれども、天長節は全員が集まって一番盛大にやるんだそうですよ。中国人の場合をよく知りませんけども、おそらく彼らは、昔から決して皇帝の誕生日を祝ったりはしていないんじゃないかと思うんですよね。ところが、日本の移住民の場合、天皇が一種の年中行事化された形で入り込んでくる。天皇のもってる一つの特質は確かにそこに出ているし、そこに大事な問題があるわけですが、そう考えてみますとね、やっぱりこれはそう簡単な問題じゃないという気がするわけですね。これは日本の年中行事の形成されてくる過程とか、天皇と年中行事との関係とか、色んなことが、全部絡んでくるわけで、それを

(18) 一九八〇年八月、網野は大学の同学年でラテンアメリカ史が専門の歴史家増田義郎と、日本文学研究者ロベルト・オエストとともにペルーに出かけた。このとき首都リマのカトリック大学のために用意された日本史概説のレジュメ、また実現に至らなかったスペイン語による日本史教科書の草稿などをもとに、九七年に『日本社会の歴史』(全三冊、岩波新書)【著作集16】がまとめられた。

根底から止揚する論理を組み上げるとすると、これは大変なことで、実にたくさんの未解決な問題が残ってるというのがぼくの率直な感じだったんですけれども。この感想と先ほど来の問題とは全然結びつかないかもしれないけれども、鎌倉時代の遊女や傀儡の天皇とのつながり方、農民―一般平民と天皇とのつながり方のなかに、それ以後の問題のある原基が孕まれているわけで、無関係ではないと思うんです。とにかくこれはなかなか容易ならぬ相手だという気がするわけですね。

## 遊女にみる海・性・職能化

**中泉**　先ほどからのお話ですと、いわゆる芸能のさまざまな民というのが、実際上、法体系の上でも天皇を頂点としたシステムのなかに組み込まれていて、別の社会ではなくてひとつの社会的な体制のなかに入っている形だったことがわかります。ただその場合に、遊女だけがなぜそのなかでも特別に出てくるのだろうか、あるいはもう少し広げますと、日本のいわば高級な芸といいますか、和歌とか物語とか、そういうもののなかで海人の要素、海の方の要素というのがかなり強く出てきている。それは何故か、広い意味での職人というもののなかでも海や水に関連する部分というのがある程度別にというか重視されるというふうなことは、何か理由があるんでしょうか。

**網野**　むしろそちらに伺いたいことですが、それは、中世の問題にとどまらない、古代・原始まで遡る日本の民族的組成みたいなことと絡みますから、ちょっと私には何も言うことはできないですけれども、海の要素は中世ではやっぱりかなり強いような気がしますね。少なくとも江戸時代に比べたらはるかに実生活のなかでも大きな意味をもっていたと思います。文献的には農村や田畠の方が多くて海の方は残りにくいところがあるんで、はっきりわかっていないんですけれども。「職人」でも一般の平民でも、そういうことは十分に言えると思います。平民的な海民もたくさんいるし、廻船鋳物師[19]とか魚売の商人とか、海に関連する「職人」―供御人[20]・供祭人[21]は随分出てきますし、比重は大きいですよ。だから中世では海はまだ、人を隔てる要素ではなくて、人を結びつける要素である一面が強かったということをもっともっと考えておく必要があるだろうと思うんです。ちょっと話がとんでしまうけれど、面白い話だから紹介しておきたいと思うんですが、名古屋大学の大学院の博士課程にいる方で、高橋公明さんという人が最近史

(19)　蔵人所に属し殿上の燈炉を天皇家に貢納する燈炉供御人のうちの一集団。燈炉供御人は右方左方の二つに分けられ、前者を土鋳物師と呼び、後者を廻船鋳物師と呼ぶ。彼ら燈炉供御人は諸国を遍歴して、市庭《いちば》などで古鉄を回収しつつ、鍋釜などの鋳物や鋤鍬などの鍛造物を販売していた。特に廻船鋳物師は、西日本一帯を広域的に遍歴していたと考えられている。

(20)　本書対談8、注(11)参照。

(21)　本書対談8、注(26)参照。

学会で報告して、日本人が古くから朝鮮人を一段下の民族とみてきたという見方は全くのウソでドグマだということを中世の外交関係を通じて証明する試みをやったんです〔高橋公明「朝鮮遣使ブームと世祖の王権」、田中健夫編『日本前近代の国家と対外関係』吉川弘文館〕。全体を通じて非常に面白かったんですが、そのなかでとくに面白いと思ったのは、応仁の乱の頃のことなんですが、朝鮮で何かおめでたいこと、「観音の奇瑞」とかいう慶事があった。そしたら西国の海辺、瀬戸内海近辺にいる大名や大小の領主が先を争って、「おめでとうございます」という慶賀の遣いを送るわけですよ。これは、海を通じてかなり日常の関係があったと考えないとわからないし、朝鮮国王の権威は彼らにとっては大きな意味があったとしなくてはわからない。まあ、自然に考えれば当然のことでしょうね。それから室町幕府の中でも有力な山名氏とか伊勢氏のような大名が最大級の敬意を表して、米や布をもらいたいと朝鮮国王に願っているわけです。朝鮮を一段下の民族とみていたら、こんなことは起こるはずがないわけですよ。もうひとつ、面白いと思ったのは、やはり高橋さんに聞いたのですが、一五世紀、応仁の乱より少しあとで、「夷千島王《えぞがちしまおう》」(22)という王様が、昆布や織物をもって朝鮮国王に遣いを送ってくるわけですよ。これはまず間違いなく北海道なんで、アイヌ人自身の王かもしれないし津軽から行った安東氏かもしれない。とにかく北海道に一つの政治勢力がちゃんとできている。これは『大日本史料』(23)というよく知られた史料のなかにずっと前に印刷されてるんですけどね。お前は勉強不足だと彼に叱られました(笑)。

――遊女に対する差別は、ひとつには性的な倫理みたいなものをやっぱり考えてしまうわけです。「性の定住」というと非常に変な話になりますが、一夫一婦制と乱婚との関係とか、漂泊していく性と定住する性の関係ですね、そのへんのいわば性的な差別意識というのはなかったというふうに見ていいわけですか。

**網野**　それも江戸期とは大分違いますでしょうね。遊廓という形ができる前ですからね。『古今著聞集』のなかに遊女の宿に山伏や鋳物師が泊まり合わせるというような話が出てますね。ああいう感じを見ましても、江戸以後とは大分違っていたように思うんですが。

**中泉**　たとえば室町時代に幾つもの小歌[24]が残されておりますね。あれを見ると、どうも印象としては遊女がうたってたんじゃないかというふうな形のものになっている。ただ中味の形式というのは、和歌や何かの恋という形の形式を踏んでいくという形がある

(22)　本書対談1、注(25)参照。
(23)　東京大学史料編纂所が編纂する、日本史の一大編年史料集。編纂事業は、明治以来、現在も続いている。古代に編纂された六国史(日本書紀にはじまり順次編纂された六つの歴史書)の後をうけ、仁和三年(八八七)から明治維新直前の慶応三年(一八六七)に至るまで政治経済など各分野における事件に関して、古文書・古記録類などの史料を網羅している。

わけで、そこでの遊女というふうなものが文学的に仮設された形なのか、あるいは実際上どうだったのかという、そこがやっぱりどうもよくわからないですね。

**網野**　最近、歴史学の方も非常に進んでまいりまして、男色の問題について論じた東野治之さんという方の立派な論文(「日記にみる藤原頼長の男色関係——王朝貴族のウィタ・セクスアリス」)が『ヒストリア』(八四号)という学会誌に、私は巻頭に出してもよい論文だったと思うんですが、ともあれ二番目にせよ堂々と出てくるようになりました。『台記《たいき》』[25]の頼長の男色関係と主従関係との関連を論じた立派な論文でしたが、そうした問題を含めて性の問題は歴史家ももっと考える必要がありますね。ただ江戸期に「苦界」といわれる、ああいう言葉が出てくるのは、遊廓がひとつの場所にかこい込まれるのと同じような根から出てくるものだろうと思うんです。それ以前、遊女がもっと自由だった時代の問題を、やはり近世の投影ではなくて、独自に考えてみる必要があるでしょうね。庶民の場合の婚姻関係は、公的な史料に出る可能性は非常に少ないでしょうから、まるっきりわからないんです。だから他の方法で何か近づいていくより仕方がないですね。文学ではいかがですか。

**中泉**　武家の相続などの面で、女性の地位が、たとえば江戸時代以降のものと違うのだというのはふつう言われますね。狂言などの女も割に生き生きしているというように把握してゆく、そこまではあると思うんですけどもね。実際、むしろ問題になるのは、もっとふつうの定住の村落のなかで、あるいはだんだんのちの村落が形成されていくところで、どうだったのかという問題になりますね。

**網野**　ただ、こういうことはあるようですよ。婚姻のあり方を見てると、定住民の婚姻圏はそれほど広くない。大体、近辺の同じ階層の人同士が結婚しているようですが、非定住民というより、かつての非農業民の流れをくむ都市民の婚姻圏は大分違うと思いますよ。近江の堅田という町、昔は鴨社の神人《じにん》の根拠地だったところですが、戦国時代の頃の堅田の人の婚姻圏は大分広い。和泉の堺の人とか、琵琶湖のなかでも海民的な性格の強い浦浜の人たちと結婚してるんですよ。それから同じようなところで船木北浜(26)というところがあるんですが、これも昔は賀茂社の神人で、やはり都市的な場所(27)、中洲に

(24)　室町時代に民間で流行した五七調の短い歌謡。色恋をテーマにしたものが多い。中世後期に放下《ほうか》や猿楽法師などの芸能民を通じて伝承され、『閑吟集』『宗安小歌集』『隆達小歌集』などに集成された。

(25)　平安時代末期の鳥羽上皇による院政期に、左大臣藤原頼長によって書かれた日記。太政大臣・左大臣・右大臣を唐名で「三台」と呼ぶことから、『台記』と呼ばれている。

(26)　安曇川河口の北側にある浜。同じ近江国蒲生郡の船木庄とは別。船木北浜には賀茂社領の安曇川御厨があり、住民たちは賀茂社の供祭人として安曇川流域に独占的漁撈権を持っていた。詳しくは網野善彦「近江国船木北浜」『日本中世都市の世界』【著作集13】を参照。

住んでるんですが、ごく最近、そこに住んでおられる橋本鉄男さん——木地屋《きじや》の研究などで高名な民俗学者ですが——橋本さんが船木北浜の人たちだけは周辺の村と違っていまでも婚姻圏が非常に広いといっていらっしゃいました。滋賀県外との婚姻がたくさんあるのだそうです。だから、ムラとマチ、定住民と非定住民とではかなり婚姻のあり方が違うんではないでしょうか。もうひとつ、日本の社会にとってとくに西国の方では非常に大きな問題だと思うのは、すべてが世襲的な職能になっていくところがあるんですね。たとえば遊女とすぐにはつながりませんけれども、聖《ひじり》、上人《しょうにん》[28]ですね。もともとこれは新仏教——宗教運動の大きな原動力になっているわけです。もちろん聖のなかから色々な性格の人たちが出てくるわけだけれども、それが職能になってしまうわけですよ。宗教運動として大きくなっていくことにならないで、三昧聖《さんまいひじり》[29]とか清目《きよめ》[30]とかという形で、職能になっていく。非人も「清目」の職能をもって社会に対して……。

——一種の芸人ですね。

**網野** ぼくも、そう捉えていいと思ってるんですけれども。遊女もやはり一種の職能になっていくというところがあるわけですね。被差別部落の場合、遊女の場合、それから鍛冶屋、鋳物師もみんな同じなんだけれども、そういう職能集団が一カ所にまとまって住むという事態が出てくるのが、西国では、どうも室町以降じゃないかという感じがするわけです。それはやっぱり「職人」の定住、遍歴民の定着であるわけですね。それを権力の側が体制として固定化してしまう。遊廓や被差別部落はまさしくそうですね。ですから、西の方の部落問題を考える時には、そうした社会の奥深くまで見ておく必要がある。東の方はこれとはちょっと違うような気がして仕方がないんです。まだ自分で本格的に調べてるわけではないんですけどね。東と西の差別については共通する問題と異質な問題をはっきりしておかないと工合が悪いんではないでしょうか。現代の運動でも多分東の運動形態を西にもち込んでも西は受けつけないだろうし、西の運動形態を東へもってきても多分通らないだろうというようなことがありはしないかと思うんですよ。

**中泉**　東国のその違いというのは、どんな点ですか。

**網野**　たとえば東には座がないわけですね。職能集団という性格が東の場合はずっと少ないんじゃないかという気がする。文学の方からごらんになっていかがでしょうか。もう少し広く社会的な実態から見ますと、どうも宮座がないんですよ、東には。座がな

---

(27)　神人・供御人などの「聖別」された遍歴民が集まる、河原・中洲・浦・浜・山の根・国《くに》境《ざかい》・峠といった聖俗の境界となる無縁の場を、網野は「都市的な場」と呼んだ(網野「都市の起源」『海と列島の中世』【著作集13】参照)。

(28)　本書対談3、注(11)参照。

(29)　本書対談8、注(34)(38)参照。

(30)　本書対談8、注(19)参照。

いということは、職能集団のでき方についても東の場合には西とは違う形を考える必要があるような気がする。

**中泉**　古いものがずっと残っているということですか。

**網野**　古いものというより東と西の社会構造の違いではないでしょうか。たとえば皮を扱う集団の長吏は東でも出てきますが、後北条氏の支配の体系のなかで果たして西のように差別されていたかどうか、かなり問題なんですね。

――ぼくは、乞食の呼び名に興味をもっておりまして、そこに当時の物の見方が出るんじゃないかと思うんですね。たとえば「かったい」というと癩病差別と重なるが、さっき勧進の話が出ましたけど、勧進というのも乞食の呼び名になっていく。聖もそうですね。定住しない宗教と定住しない芸能と、それから無宿乞食ですね、非人や被差別民といってもいいですが、三位一体に見なされていく、誰が見なしたかはともかくとしてね。

**中泉**　その場合、乞食というものの内容が何なのかということがおそらく問題になると思いますね。網野先生が本のなかで、南米の贈与の話を書いておられましたね。

**網野**　ちらっと書いただけですけど。

**中泉**　とくに近世以降の、それこそ職能が固定している、で、生産というのがそれぞれに応じた形でもって行なわれている、そういうところの全く外にある乞食という場合、とくに貨幣なり消費なりの外にいるという形の乞食(31)の場合と、それ以前の乞食というのは、あり方が違う。そういう意味で、それこそ最近の経済人類学の問題になるかもしれません。

**網野**　それにも絡むでしょうね。

**中泉**　贈与というところまで問題をもっていかないにしても、途中の中世の、あるいは古代から中世の「饗応」などということで考えると、生産活動自体のなかに乞食というのが、いまで言えば乞食なんだけれども、いまと違う形でかなり組み込まれている面があると思います。それはまた、いわゆる宗教活動ということの、江戸時代以降の檀家制度(32)みたいな形で固定されてくるような、そういうものと全然違う宗教のあり方——信仰のあり方と言った方がいいかもしれませんけれども、そういうふうに考えると、やはりどうもそこでも、中世のある段階から前というのはとくに大きく違ってると思うんです。——喜捨やお布施。あれは門付《かどつけ》芸に対するものと同じ性格で、喜んで捨てるためには、代わりに真理を受けとったり救済を受けとったり慰藉《いしゃ》を受けとったり乞食に対する優越

(31)　もとは経済システムから脱落した人々ではなく、修行として人家を訪れては食を乞う僧のことを指していた。

(32)　江戸時代に、すべての人の宗旨を確定させるため、いずれかの寺の帰依者として人別帳(戸籍)に登録させる制度。寺檀制度ともいう。寺は登録した者の一家(檀家)の葬儀・法事等を独占的に執り行った。キリシタン弾圧の強化とともに制度的に発展した。

感を受けとったりという、そういうのをひっくるめて言うのですか。

網野　それは大いに関わりあるでしょうな。施行《せぎょう》という行為ですね、貴族が非人に対して施行するわけですよ。一一世紀ぐらいから非人に対する施行は文献に出てきますが貴族にとってはこれが喜捨になるわけですね。非人の方では、これがもはや当然のこととして出てくる。それも職能になっていくわけです。そういう段階の乞食《こつじき》と、江戸時代以後のそれと、もちろんつながる面もあるでしょうね。乞食自身が一種の職能としてちゃんと社会の中での役割を果たしてるわけで、江戸でもそういうところはなきにしもあらずかもしれませんが、やはりさきほどの遊女のあり方の変化と同じような変化をここにも考えてみる必要があると思います。

## 一揆と党

――一揆的なものと、非定住との関係は、具体的なケースとして、どうなんでしょうか。

網野　一揆というのはその言葉の通り、ある集団が特別の場を設定して、行動をいっしょに起こすということになるわけで、定住、非定住の両方にありうるでしょう。

――馬借の一揆は、むしろ非定住民ということで、被差別民と言っちゃ若干違うかもわからないけれども。

網野　これは面白いんですね。これも別のところで触れましたが、馬借が柿色の帷子《かたびら》を着て起こした一揆というのがあるんです。柿色の帷子を意識的に着て起こしたということは、何かの意味があるんだろうと思います。悪党は柿帷子を着てるし……そう書きましたら、砂川博さんが、『源平盛衰記《げんぺいじょうすいき》』にも柿帷子を着た癩者が現われるということを教えてくださった。柿帷子というのは何か意味があるんだろうと思います。すごく大事なことですね。これも中世の前期と後期では違うので、前期には悪党は柿帷子を着て堂々と活動しているわけですが、これを嫌う方の側からは悪党を非人のイメージで捉えていたんじゃないかと思う。

**中泉**　党と一揆というのは、何か違いがあるんですか。

**網野**　党という言葉は一揆とは別の系列からきた言葉ですね。色々議論はあるんですけれども……。

**中泉**　党という言葉は中世で消えちゃうわけですね、いったん。

**網野**　そうです。近代になって……いや江戸にもありますでしょう。

**中泉**　私もよくわかりませんが、どうもないような気がするんですけれども。

――江戸時代に徒党を組むのは大変でしょうからね。

**網野**　徒党っていう言葉がありますでしょう。だから、非常にマイナス・イメージの言葉で……。

**中泉**　ですから、党を名乗るかどうかという問題がありますね。それが「自由党」なんて名乗り始める。

網野　そう、そう。近代になってからプラスの方向で名乗り始めるのはなかなか面白い。その時、彼らが党という言葉を使ったというのは、案外かなり革命的なことだったかもしれませんよ。江戸時代ではマイナス・イメージでしょうからね、党は。

――柿色の帷子は、その他に古代末期の文学に出てこないですか。

中泉　柿色はたくさん出てきますね、山伏に関連して。

網野　山伏は柿色の衣を着てるからどこでも歩けるんじゃないかしら。

（編集担当・岡庭　昇）

# 解題　日本史を読み直す

山本幸司

『網野善彦対談セレクション1』に収録した全九篇の対談相手は順番に、司馬遼太郎・森浩一・黒田俊雄・石井進・永井路子・永原慶二・廣末保・高取正男・原田伴彦・中泉憲の諸氏である。詳しくはそれぞれの対談冒頭に示した略伝を参照していただきたいが、一九二八年生まれの網野氏と比較する意味で各氏の生年を並べると、司馬遼太郎(一九二三年)、森浩一(一九二八年)、黒田俊雄(一九二六年)、石井進(一九三一年)、永井路子(一九二五年)、永原慶二(一九二二年)、廣末保(一九一九年)、高取正男(一九二六年)、原田伴彦(一九一七年)、中泉憲(＝岩松研吉郎、一九四三年)となる。中泉憲氏を除けば、少し網野氏より年長から、ほぼ重なるくらいの年齢層となる。大筋として時代感覚の共有がなされている人たちだといってよいだろう。

1「多様な中世像・日本像――現代日本人の源流をさぐる」は、日本史について独自の史観を持つ小説家・司馬遼太郎氏との対談である。

専門研究者同士の対談とは異なり、農具と鉄器などの生活文化の話から始まって、司馬氏の中世に対するイメージの原像ともなっている加賀平野の話、職能の世襲、さらには平仮名と片仮名の使い分けの歴史など、文化史的な話題を中心に、司馬氏のいう「中世の景色」を巡って語り合う。奔放自在に展開する司馬氏の話題に、網野氏が歴史学的注釈をつけていくような趣がある。

2「東と西――歴史に息づく〝地域〟の特色」は、考古学の森浩一氏と、日本の地域的差異をどのように考えるかについて議論する。

森氏は考古学的には小さな単位の地域が重要であり、例えば奈良県でも少なくとも四つの地域があるという持説から始める。そして森氏が、このような考え方を歴史学ではどう捉えるかを網野氏に問う形で対談は始まり、森氏の問題提起に対し、網野氏はその日本論の中心的図式である東西日本の差異の話で応じる。

鉄仏が流行した背景にあった地域の文化的特性から、大陸と地域文化とのつながりの可能性まで想定するような、スケールの大きな議論が展開される。森氏の南九州の文化への着目などは、あるいは網野氏にとって、その後、列島社会論を展開する上で一つの示唆ともなったかと考えられる。二人に共通するのは、単純に文化に先進・後進の差をつける考え方に対する厳しい批判であり、それが地域の多様性に対する偏見のない眼を養ったのだと納得される。

3「北条政権をめぐって――北条氏の執権政治は東国国家を目指したのか」は、「権門体制論」で著名な中世史家・黒田俊雄氏との対談。

北条政権という主題に即して、政権の政治体制としてのあり方や、仏教との関係、あるいは歴代執権の人物論などを論じているが、平将門に始まり、鎌倉幕府を経て江戸幕府に至る東国の武家政権の流れを、日本史の中にどのように位置づけるかをめぐって、東西の対比を強調する網野氏と、天皇を中心とする西の政権の求心性に重きを置く黒田氏の対照が、かなり際立っている。

東国政権も結局は独自の国家を樹立することはなかったという黒田氏の指摘に対して、東国の独自性をより強調する網野氏という対立の背後で、「この発想は東京の人に強いですね」「西のかたは一つに見たがる傾向がある」といったやりとりの中に、それぞれの歴史家の出身地が影響していることが窺われる。東と西との対比をめぐる議論に、歴史家の出身地の問題が影を落としていることは、時に指摘されることであるが、このように明確な形で発言されることは珍しい。

4「鎌倉北条氏を語る――境界領域支配の実態とその理由」は、日本中世史の石井進氏との対談。

伊豆の小豪族に過ぎなかった北条氏が、源頼朝との縁をテコに、執権一族として鎌倉幕府で重きをなすに至った背景を探る。

もともと海上交通との結び付きを持つ北条氏が、幕府成立後は全国的に分布する所領によって、河・海の交通の要衝、あるいは諏訪社や阿蘇社などの狩猟・山の神と関係する場所を押さえるようになったことに着目する。その点では、三浦氏とか千葉氏などのような東国の大豪族たちとは、かなり異質な性格を持つ武士団であった北条氏は、鎌倉の境界的な場所をすべて押さえ、日本全国でも同様に境界的な場所の支配を手に入れる。しかしその結果、新たに支配下に入れた武士たちと、従来の東国的な武士団との両方に足場を置くことの矛盾を解消できず、それが幕府倒壊に結び付いたのだという仮説が述べられている。

5「楠木正成の実像をさぐる」では、歴史小説家の永井路子氏と対談する。戦前は建武中興の忠臣、戦後は悪党的武士と評価の変転した楠木正成。飛礫を使うなど特異な戦法で散々に鎌倉幕府方を悩ました、この謎の多い武将について、名字の地、寺社との結び付き、鎌倉幕府とのつながりなど、数少ない史料を手がかりに大胆な推測を繰り広げる。

この時点で正成について考えられる、ほとんどすべての要素を挙げ尽くしたような対談だが、共通した関心を持つ二人の話題はさらに広がって、後醍醐天皇の人物論、南北朝時代の評価、さらには文学としての『太平記』の性格などにも及んでいる。一九七〇年に書かれた網野氏の「楠木正成に関する一、二の問題」(『網野善彦著作集』第六巻)で提起された問題の、網野氏の内部で展開していく過程の一端が、この対談に示されているように見える。

6「後醍醐天皇と内乱をどうみるか」は、日本中世史の永原慶二氏との対談。後醍醐政権の歴史的評価の問題から、天皇制理解の二つの流れにも及ぶ。後醍醐の武士掌握方法をめぐって、後醍醐が封建的主従制の掌握に失敗したとみる永原氏に対し、封建的主従制だけを武家の編成原理と考えるのは東国的な考えで、西国の御家人編成は職に基づいた編成だと網野氏は言う。悪党的な武士や神人・海賊などを組織化する後醍醐政権の性格を、否定的に捉える永原氏と、そこに少なくとも新たな権力の萌芽を見ようとする網野氏との対立の背景には、大きく歴史における進歩をどう考えるかという点に関する見解の相違が存在する。

歴史的転換期としての南北朝の捉え方において、農業中心に社会構成を考える伝統的な歴史認識に立って、網野氏は「悲観説」だという永原氏と、非農業的な要素を重視し、未開の「無縁」「自由」を主張する網野氏とは対照的である。

前述のように日本史を二分するような画期を想定するのは網野氏の歴史観の特徴だが、時期によって網野氏の中でもその画期についての考え方には変化がある。こうした対談などで自説を鍛え直す経験が、著作としてまとまる網野氏の見解に、どのように影響を及ぼしていたかというのは興味深い問題である。

戦後歴史学の流れを代表する中世史の先輩である永原氏との、この対談は、かなり緊張に満ちたもので、時には一瞬火花が散るような感情的なやりとりがあったのではないかと推測させるような場面もある。

7「歴史からみた天皇制」は、近世文学研究の廣末保氏との対談。

戦中経験を潜《くぐ》って天皇制についてのこだわりを捨てきれない網野氏と、同じ戦中経験から網野氏以上に天皇制への恐怖感を実感している廣末氏との天皇制論議。王権論や比較王制論に解消できない天皇制に固有の問題は何なのか、日本社会固有の性格と天皇制とのつながりは、など、かねてから抱いている疑問点を語りあう。昭和天皇の代替わりを機に再び活発となった天皇制論議が、この対談の背景にあるが、二人の問題意識は、そうした当時の一般的な天皇制論とは異なる。二人にとって天皇制は、言うなれば終生の課題だったのである。

廣末氏は四季を詠う美意識や俳諧などに含まれる伝統的美意識など、すべてを短絡的に天皇制的美意識と捉えることに疑問を呈し、天皇を万能化せずに一つのヴァリアントとして考えることはできないかと投げかける。廣末氏の発想の背後には、多義的な領域が出現し、求心的でない方向でものを考えるようになった近世社会について、廣末氏自身が研究から得た認識が働いている。

一方、網野氏は天皇制的でないもの、あるいはそれを異化するものを探すことで、天皇制を超えられるのかと反問する。この議論はすぐに結論が得られるような問題ではないが、全体としてずっしりとした重量感のある対談である。

8「中世の賤民とその周辺」は、被差別部落史に詳しい中近世史の原田伴彦氏に、歴史民俗学・宗教史の高取正男氏を交えた鼎談。

近世から近代にかけて日本社会に定着する被差別部落の歴史を考える上では、古代や中世の、いわば前史の研究を欠くわけにはいかない。しかし古代の賤民、中世の非人・河原者・供御人・神人など、後の被差別民に系譜的につながると考えられる社会層は、呼称自体も変遷するし、実態も一元的に把握するのは難しい。この間の連続性をどのように考えるかについて、各人の立場から種々言及される。

差別の発生も諸説があって難しい問題だが、ここでは稲作と差別の発生との関連、あるいは穢れと農耕儀礼の関係など、注目すべき指摘が見られる。米と水田はハレの世界・支配者の世界のもので、そのハレの世界と定住しないで移動する人々の世界との関係の中で、差別が生まれると考えたらよいのだろうか。

また一口に差別といっても内実は多様で、地域的にも異なるし、言葉や色など文化的事象にも差別の問題は関わっている。大事なのは差別の根源にある意識の問題を考えることであり、法制的な制度ではなく、習俗の中の差別を考える必要があるという論点は重要だ。

9「転形期の民衆像——同時代としての中世」は、中世文学・文学評論の中泉憲(岩松研吉郎)氏との対談。

遊女や傀儡などの芸能民に対する賤視は近世以降に始まるもので、それ以前は特に差別された存在ではなかったという考えは、網野氏のかねてからの持論であった。この点を含め、都市の成立、読み書き能力の普及、貨幣経済の浸透などを指標として捉えると、日本史の転換期は南北朝期に求められるという。対談では、この時期を挟む日本文化の変化について、芸能史を軸に論じられる。

和歌や芸能は非農業民的な世界とつながるという指摘から、天皇と年中行事や和歌・芸能との関係などへと話題は展開する。季題の成立によって、農耕の世界が儀礼化・洗練化された形で貴族世界に吸収される反面、農民自体は和歌の世界の視野から外れてしまうとか、和歌や物語に海や海人の要素が見られるとかいった指摘は興味深い。

『網野善彦対談セレクション』(全二冊)は、二〇一五年一月—六月に岩波書店より刊行された『網野善彦対談集』(全五冊)収録の対談・鼎談をもとに新たに編成された、岩波現代文庫のためのオリジナル版である。初出・底本についての情報は、各対談の冒頭ページに示した。

網野善彦対談セレクション　1 日本史を読み直す

2024年2月15日　第1刷発行

編　者　山本幸司《やまもとこうじ》

発行者　坂本政謙

発行所　株式会社 岩波書店
〒101-8002 東京都千代田区一ツ橋 2-5-5

案内 03-5210-4000　営業部 03-5210-4111
https://www.iwanami.co.jp/

印刷・精興社　製本・中永製本


ISBN 978-4-00-600472-9　　Printed in Japan

# 岩波現代文庫創刊二〇年に際して

二一世紀が始まってからすでに二〇年が経とうとしています。この間のグローバル化の急激な進行は世界のあり方を大きく変えました。世界規模で経済や情報の結びつきが強まるとともに、国境を越えた人の移動は日常の光景となり、今やどこに住んでいても、私たちの暮らしは世界中の様々な出来事と無関係ではいられません。しかし、グローバル化の中で否応なくもたらされる「他者」との出会いや交流は、新たな文化や価値観だけではなく、摩擦や衝突、そしてしばしば憎悪までをも生み出しています。グローバル化にともなう副作用は、その恩恵を遥かにこえていると言わざるを得ません。

今私たちに求められているのは、国内、国外にかかわらず、異なる歴史や経験、文化を持つ「他者」と向き合い、よりよい関係を結び直してゆくための想像力、構想力ではないでしょうか。

新世紀の到来を目前にした二〇〇〇年一月に創刊された岩波現代文庫は、この二〇年を通して、哲学や歴史、経済、自然科学から、小説やエッセイ、ルポルタージュにいたるまで幅広いジャンルの書目を刊行してきました。一〇〇〇点を超える書目には、人類が直面してきた様々な課題と、試行錯誤の営みが刻まれています。読書を通した過去の「他者」との出会いから得られる知識や経験は、私たちがよりよい社会を作り上げてゆくために大きな示唆を与えてくれるはずです。

一冊の本が世界を変える大きな力を持つことを信じ、岩波現代文庫はこれからもさらなるラインナップの充実をめざしてゆきます。

（二〇二〇年一月）

## 岩波現代文庫［学術］

G425
### 岡本太郎の見た日本
赤坂憲雄

東北、沖縄、そして韓国へ。旅する太郎が見出した日本とは。その道行きを鮮やかに読み解き、思想家としての本質に迫る。

G426
### 政治と複数性
—民主的な公共性にむけて—
齋藤純一

「余計者」を見棄てようとする脱－実在化の暴力に抗し、一人ひとりの現われを保障する。開かれた社会統合の可能性を探究する書。

G427
### 増補 エル・チチョンの怒り
—メキシコ近代とインディオの村—
清水透

メキシコ南端のインディオの村に生きる人びとにとって、国家とは、近代とは何だったのか。近現代メキシコの激動をマヤの末裔たちの視点に寄り添いながら描き出す。

G428
### 哲おじさんと学くん
—世の中では隠されているいちばん大切なことについて—
永井均

自分は今、なぜこの世に存在しているのか？友だちや先生にわかってもらえない学くんの疑問に哲おじさんが答え、哲学的議論へと発展していく、対話形式の哲学入門。

G429
### マインド・タイム
—脳と意識の時間—
ベンジャミン・リベット
下條信輔
安納令奈 訳

実験に裏づけられた驚愕の発見を提示し、脳と心や意識をめぐる深い洞察を展開する。脳神経科学の歴史に残る研究をまとめた一冊。〈解説〉下條信輔

2024. 2

G430
## 被差別部落認識の歴史
―異化と同化の間―
黒川みどり

差別する側、差別を受ける側の双方は部落差別をどのように認識してきたのか――明治から現代に至る軌跡をたどった初めての通史。

G431
## 文化としての科学/技術
村上陽一郎

近現代に大きく変貌した科学/技術。その質的な変遷を科学史の泰斗がわかりやすく解説、望ましい科学研究や教育のあり方を提言する。

G432
## 方法としての史学史
―歴史論集1―
成田龍一

歴史学は「なにを」「いかに」論じてきたのか。史学史的な視点から、歴史学のアイデンティティを確認し、可能性を問い直す。現代文庫オリジナル版。〈解説〉戸邉秀明

G433
## 〈戦後知〉を歴史化する
―歴史論集2―
成田龍一

〈戦後知〉を体現する文学・思想の読解を通じて、歴史学を専門知の閉域から解き放つ試み。現代文庫オリジナル版。〈解説〉戸邉秀明

G434
## 危機の時代の歴史学のために
―歴史論集3―
成田龍一

時代の危機に立ち向かいながら、自己変革を続ける歴史学。その社会との関係を改めて問い直す「歴史批評」を集成する。〈解説〉戸邉秀明

G440
## 私が進化生物学者になった理由
長谷川眞理子

ドリトル先生の大好きな少女がいかにして進化生物学者になったのか。通説の誤りに気づき、独自の道を切り拓いた人生の歩みを語る。巻末に参考文献一覧付き。

G441
## 愛について
―アイデンティティと欲望の政治学―
竹村和子

物語を攪乱し、語りえぬものに声を与える。精緻な理論でフェミニズム批評をリードしつづけた著者の代表作、待望の文庫化。〈解説〉新田啓子

G442
## 宝塚
―変容を続ける「日本モダニズム」―
川崎賢子

百年の歴史を誇る宝塚歌劇団。その魅力を掘り下げ、宝塚の新世紀を展望する。底本を大幅に増補・改訂した宝塚論の決定版。

G443
## 新版 ナショナリズムの狭間から
―「慰安婦」問題とフェミニズムの課題―
山下英愛

性差別的な社会構造における女性人権問題として、現代の性暴力被害につづく側面を持つ「慰安婦」問題理解の手がかりとなる一冊。

G444
## 夢・神話・物語と日本人
―エラノス会議講演録―
河合隼雄
河合俊雄訳

河合隼雄が、日本の夢・神話・物語などをもとに日本人の心性を解き明かした講演の記録。著者の代表作に結実する思想のエッセンスが凝縮した一冊。〈解説〉河合俊雄

2024.2

## 岩波現代文庫[学術]

G445-446
### ねじ曲げられた桜(上・下)
―美意識と軍国主義―
大貫恵美子

桜の意味の変遷と学徒特攻隊員の日記分析を通して、日本国家と国民の間に起きた「相互誤認」を証明する。〈解説〉佐藤卓己

G447
### 正義への責任
アイリス・マリオン・ヤング
岡野八代
池田直子 訳

自助努力が強要される政治の下で、人びとが正義を求めてつながり合う可能性を問う。ヌスバウムによる序文も収録。〈解説〉土屋和代

G448-449
### ヨーロッパ覇権以前(上・下)
―もうひとつの世界システム―
J・L・アブー＝ルゴド
佐藤次高ほか訳

近代成立のはるか前、ユーラシア世界は既に一つのシステムをつくりあげていた。豊かな筆致で描き出されるグローバル・ヒストリー。

G450
### 政治思想史と理論のあいだ
―「他者」をめぐる対話―
小野紀明

政治思想史と政治的規範理論、融合し相克する二者を「他者」を軸に架橋させ、理論の全体像に迫る、政治哲学の画期的な解説書。

G451
### 平等と効率の福祉革命
―新しい女性の役割―
G・エスピン＝アンデルセン
大沢真理監訳

キャリアを追求する女性と、性別分業に留まる女性との間で広がる格差。福祉国家論の第一人者による、二極化の転換に向けた提言。

2024. 2

## 岩波現代文庫［学術］

G452
### 草の根のファシズム
―日本民衆の戦争体験―
吉見義明

戦争を引き起こしたファシズムは民衆が支えていた――従来の戦争観を大きく転換させた名著、待望の文庫化。〈解説〉加藤陽子

G453
### 日本仏教の社会倫理
―正法を生きる―
島薗進

日本仏教に本来豊かに備わっていた、サッダルマ（正法）を世に現す生き方の系譜を再発見し、新しい日本仏教史像を提示する。

G454
### 万民の法
ジョン・ロールズ
中山竜一訳

「公正としての正義」の構想を世界に広げ、平和と正義に満ちた国際社会はいかにして実現可能かを追究したロールズ最晩年の主著。

G455
### 原子・原子核・原子力
―わたしが講義で伝えたかったこと―
山本義隆

原子・原子核について基礎から学び、原子力への理解を深めるための物理入門。予備校での講演に基づきやさしく解説。

G456
### ヴァイマル憲法とヒトラー
―戦後民主主義からファシズムへ―
池田浩士

史上最も「民主的」なヴァイマル憲法下で、ヒトラーが合法的に政権を獲得し得たのはなぜなのか。書き下ろしの「後章」を付す。

2024. 2

G457
# 現代《いま》を生きる日本史
須田努
清水克行

縄文時代から現代までを、ユニークな題材と最新研究を踏まえた平明な叙述で鮮やかに描く。大学の教養科目の講義から生まれた斬新な日本通史。

G458
# 小国
―歴史にみる理念と現実―
百瀬宏

大国中心の権力政治を、小国はどのように生き抜いてきたのか。近代以降の小国の実態と変容を辿った出色の国際関係史。

G459
# 〈共生〉から考える
―倫理学集中講義―
川本隆史

「共生」という言葉に込められたモチーフを現代社会の様々な問題群から考える。やわらかな語り口の講義形式で、倫理学の教科書としても最適。「精選ブックガイド」を付す。

G460
# 〈個〉の誕生
―キリスト教教理をつくった人びと―
坂口ふみ

「かけがえのなさ」を指し示す新たな存在論が古代末から中世初期の東地中海世界の激動のうちで形成された次第を、哲学・宗教・歴史を横断して描き出す。〈解説〉山本芳久

G461
# 満蒙開拓団
―国策の虜囚―
加藤聖文

満洲事変を契機とする農業移民は、陸軍主導の強力な国策となり、今なお続く悲劇をもたらした。計画から終局までを辿る初の通史。

## 岩波現代文庫［学術］

G462
### 排除の現象学
赤坂憲雄

いじめ、ホームレス殺害、宗教集団への批判——八十年代の事件の数々から、異人が見出され生贄とされる、共同体の暴力を読み解く。時を超えて現代社会に切実に響く、傑作評論。

G463
### 越境する民
近代大阪の朝鮮人史
杉原達

暮しの中で朝鮮人と出会った日本人の外国人認識はどのように形成されたのか。その後の研究に大きな影響を与えた「地域からの世界史」。

G464
### 越境を生きる
ベネディクト・アンダーソン回想録
ベネディクト・アンダーソン
加藤剛訳

『想像の共同体』の著者が、自身の研究と人生を振り返り、学問的・文化的枠組にとらわれず自由に生き、学ぶことの大切さを説く。

G465
### 我々はどのような生き物なのか
—言語と政治をめぐる二講演—
ノーム・チョムスキー
福井直樹
辻子美保子編訳

政治活動家チョムスキーの土台に科学者としての人間観があることを初めて明確に示した二〇一四年来日時の講演とインタビュー。

G466
### ヴァーチャル日本語 役割語の謎
金水敏

現実には存在しなくても、いかにもそれらしく感じる言葉づかい「役割語」。誰がいつ作ったのか。なぜみんなが知っているのか。何のためにあるのか。〈解説〉田中ゆかり

# 岩波現代文庫[学術]

G467
## コレモ日本語アルカ？
―異人のことばが生まれるとき―
金水 敏

ピジンとして生まれた〈アルヨことば〉は役割語となり、それがまとう中国人イメージを変容させつつ生き延びてきた。〈解説〉内田慶市

G468
## 東北学／忘れられた東北
赤坂憲雄

驚きと喜びに満ちた野辺歩きから、「いくつもの東北」が姿を現し、日本文化像の転換を迫る。「東北学」という方法のマニフェストともなった著作の、増補決定版。

G469
## 増補 昭和天皇の戦争
―「昭和天皇実録」に残されたこと・消されたこと―
山田 朗

平和主義者とされる昭和天皇が全軍を統帥する大元帥であったことを「実録」を読み解きながら明らかにする。〈解説〉古川隆久

G470
## 帝国の構造
―中心・周辺・亜周辺―
柄谷行人

『世界史の構造』では十分に展開できなかった「帝国」の問題を、独自の「交換様式」の観点から解き明かす、柄谷国家論の集大成。佐藤優氏との対談を併載。

G471
## 日本軍の治安戦
―日中戦争の実相―
笠原十九司

治安戦(三光作戦)の発端・展開・変容の過程を丹念に辿り、加害の論理と被害の記憶からその実相を浮彫りにする。〈解説〉齋藤一晴

2024. 2

岩波現代文庫[学術]

G472

# 網野善彦対談セレクション

## 1 日本史を読み直す

山本幸司編

日本史像の変革に挑み、「日本」とは何かを問い続けた網野善彦。多彩な分野の人々との対談を、没後二〇年を機に改めて編成する。(全二冊)

2024. 2